« **LES GRANDS TEXTES** »
BIBLIOTHÈQUE CLASSIQUE DE PHILOSOPHIE
dirigée par C. Khodoss et J. Laubier

DESCARTES

LETTRES

Textes choisis

par

Michel ALEXANDRE
Professeur de philosophie au Lycée Louis-le-Grand

PRESSES UNIVERSITAIRES DE FRANCE
108, Boulevard Saint-Germain, PARIS

—

1964

DÉPOT LÉGAL
1re édition .. .. .. 4e trimestre 1954
2e — .. .. .. 1er — 1964

TOUS DROITS
de traduction, de reproduction et d'adaptation
réservés pour tous pays

© 1954, *Presses Universitaires de France*

DESCARTES
LETTRES
Textes choisis

AVERTISSEMENT

Ce recueil devait être la première contribution de Michel Alexandre à la Collection « Les Grands Textes », dont il a été l'un des fondateurs. Au début d'octobre 1952, deux mois avant sa mort, il écrivait à une jeune étudiante : « Indignez-vous assez, tout en apprenant et fournissant ce qu'il faut, mais pour cela ne vous coupez jamais des vraies sources. Je tâtonne en ce moment dans la Correspondance complète *de Descartes. C'est un jaillissement inexprimablement sublime. Sublime comme du Balzac, à grandes gorgées, comme tout ce qui constitue l'impossible, l'incroyable Humanité. Le reste, nécessaire et bien honnête, est gagne-pain. » — Cette lecture enthousiaste, il l'a continuée jusqu'à ses derniers jours, mais le choix des textes est resté inachevé. Ceux qui ont été ses élèves ou ses amis sauront mesurer tout ce qu'il aurait mis de lui-même dans l'achèvement, la révision, la présentation d'un tel choix. Le présent recueil contient l'essentiel de son premier travail ; pour le reste on a tenté de suivre, le plus fidèlement possible, les directives que Michel Alexandre s'était données à lui-même.*

    1° *Chercher à faire paraître l'homme que fut Descartes. Ses* Lettres — *qui ont été sauvées de tant de hasards* — *contiennent ce qu'il avait consenti à livrer aux autres de lui-même. On se trouve, en les lisant, gardé contre la tentation de recourir aux fables, conjectures et autres vaines curiosités* — *et l'on découvre, sous le « masque » de Descartes, qu'en lui l'homme, le savant et le philosophe ne font qu'un.*

    2° *Aider à lire de plus près et à mieux comprendre les* Œuvres. *C'est pourquoi malgré l'unité de la vie de Descartes, telle qu'elle se confirme par ses* Lettres, *on a cru pouvoir, non pas distinguer des étapes mais,* — *tout en maintenant strictement l'ordre chronologique,* — *grouper les textes choisis autour des Œuvres dominantes* — Discours, Méditations, Traité des Passions — *afin d'en éclairer la création ou le sens.*

    3° *Écarter ce qui ne pourrait apporter profit qu'aux spécia-*

listes ou aux érudits. C'est ainsi qu'on n'a conservé des recherches et débats de mathématiques — qui tiennent tant de place dans la Correspondance — *que quelques courts exemples, parmi les plus simples. De même pour les nombreuses expériences de physique et de biologie. On a également réduit à l'extrême les allusions aux controverses avec les théologiens et les savants de France ou de Hollande. On a au contraire retenu presque en totalité les lettres de morale et un assez grand nombre de textes de métaphysique.*

4° *Laisser le lecteur, tout novice qu'il soit supposé, en tête à tête avec l'auteur. Conformément à l'esprit de la Collection, on souhaite que les textes de ce recueil s'éclairent les uns par les autres, et que si quelque question reste sans réponse à l'issue de la lecture, la réflexion de l'élève en soit d'autant éveillée. Les notes ont donc été réduites à quelques renseignements de fait, à l'exclusion de tout commentaire philosophique. Afin de faciliter le maniement et l'analyse des lettres, des titres — dont un petit nombre seulement sont de Michel Alexandre — ont été ajoutés, mais toujours nettement distingués du texte par la disposition et les caractères.*

5° *Inviter enfin le lecteur à se reporter — de ce Choix si restreint et si souvent fragmentaire — à la* Correspondance *complète de Descartes — et si possible lui en donner l'envie.*

J. A.

***

Descartes a consacré beaucoup de son temps à la correspondance. Il y avait un « jour du courrier » chaque semaine, et ce n'était pas suffisant. Beaucoup de Lettres manquent, perdues ou égarées. Il semble qu'on n'ait pas fini d'en retrouver ; témoin les 121 lettres échangées entre Descartes et Huygens, en grande partie inconnues, découvertes et publiées à Oxford en 1926. Les contemporains attachaient déjà beaucoup de prix à ces Lettres, dont un assez grand nombre de minutes étaient dans les papiers apportés par Descartes à Stockholm. « Le plus considérable de tous les ouvrages posthumes de M. Des-Cartes, écrit Baillet (1),

---

(1) Adrien BAILLET, en collaboration avec l'abbé J.-B. Legrand, à qui Clerselier avait légué les papiers de Descartes en 1684, fit paraître en 1691 la *Vie de Monsieur Des-Cartes*, biographie révérente, et source principale de tout ce qui a été écrit depuis sur ce sujet.

est le trésor inestimable des Lettres qui se sont trouvées dans son coffre » — *Clerselier en a publié un premier recueil (1657-1667)*

Si l'on en croit Baillet, ces Lettres faillirent disparaître ; le bateau qui les ramenait en France, en 1653, coula sur la Seine, peu avant Paris, et les manuscrits de Descartes restèrent trois jours au fond de l'eau, « *au bout desquels Dieu permit qu'on les retrouvât à quelque distance de l'endroit du naufrage* ».

Le lecteur désireux de connaître d'autres Lettres de Descartes pourra se reporter d'abord au Descartes *publié dans la Bibliothèque de La Pléiade, par André Bridoux (N. R. F., 1937, nouvelle édition 1953) qui comprend plus de 400 pages de* Lettres choisies.

La grande édition des Œuvres *de* Descartes *publiée par Ch. Adam et Paul Tannery (Léopold Cerf, 1897-1913) contient (tomes I à V) toutes les Lettres connues à l'époque, Lettres écrites par Descartes et Lettres adressées à Descartes.*

Depuis lors, une édition de la Correspondance *de Descartes a été entreprise par Ch. Adam et G. Milhaud (P. U. F., 1936-1963). Elle est enrichie des Lettres retrouvées depuis 1913 (notamment des Lettres à Huygens) ; elle met à profit les recherches historiques qui ont permis de préciser ou de rectifier les dates ou le nom des correspondants ; elle donne la traduction des Lettres écrites en latin.*

Le présent recueil adopte, entre plusieurs versions, le texte de cette édition ; il la suit également en ce qui concerne la détermination de la date et du destinataire de chaque lettre ; il utilise, en la remaniant légèrement, la traduction qu'elle donne des Lettres en latin.

*On trouvera, à la fin du volume, outre l'*Index analytique, *qui est de règle dans notre Collection :*

1º *Un* Index des Correspondants, *cités dans ce recueil.*

2º *Une* Table analytique *détaillée, qui permettra au lecteur de remplacer éventuellement l'ordre chronologique par un ordre méthodique.*

CHRONOLOGIE
DE LA VIE DE DESCARTES

1596. — Naissance de René Descartes, le 31 mars, à La Haye en Touraine (aujourd'hui : La Haye-Descartes). Son père était conseiller au Parlement de Bretagne. Sa mère mourut un an environ après sa naissance.

1606-1614. — Descartes est élève au Collège des Jésuites de La Flèche. (Il jouit d'un régime de faveur en raison de sa santé délicate.)

1615-1616. — S'exerce aux armes, à l'équitation et au Droit : est reçu bachelier et licencié en Droit à Poitiers.

1617. — Séjourne sans doute à Paris.

1618. — En Hollande. S'engage comme volontaire dans l'armée de Maurice de Nassau, Prince d'Orange (protestant). Séjourne à Bréda, s'occupant de mathématiques et de musique.

1619. — En avril quitte la Hollande pour le Danemark, puis l'Allemagne. Prend du service dans l'armée du duc de Bavière (catholique). Quartiers d'hiver à Neubourg, près d'Ulm, où il « découvre les fondements d'une science admirable » (10 novembre) ; à la suite de quoi il fait vœu d'un pèlerinage à N.-D. de Lorette. Il a alors 23 ans.

1620. — Passe pour avoir assisté à la bataille de Prague (Montagne Blanche) où l'Électeur Palatin perdit son trône. Quitte le service, traverse l'Allemagne du Nord, la Frise, etc.

1621. — Séjourne à La Haye, en Hollande.

1622. — Rentre en France, s'occupe à vendre ses biens pour s'assurer l'indépendance matérielle, renonce à acheter la charge de Lieutenant Général à Châtellerault.

1623-1625. — Voyage en Italie (entre autres lieux passe à Venise, Rome, Lorette).

1625-1628. — Descartes revenu en France séjourne surtout à Paris. Est en relations avec la plupart des savants de l'époque, tout en essayant, avec l'aide du Père Mersenne, de défendre sa solitude. Aurait rencontré le Cardinal de Bérulle et été invité par lui à « réformer la philosophie » (1627).

1628. — A l'automne, Descartes part pour la Hollande, où il demeura plus de vingt ans, changeant souvent de résidence, mais s'assurant toujours une vie aisée de gentilhomme. Compose les *Règles pour la Direction de l'esprit* (qui ne seront publiées qu'après sa mort, en 1701).

1633. — Condamnation de Galilée (juin). Descartes renonce à publier le Traité du *Monde*.

1635. — Baptême de sa fille naturelle Francine.

1637. — En juin, publication du *Discours de la Méthode*, et des trois *Essais* : *La Dioptrique, Les Météores, La Géométrie*. Les *Essais* provoquent tout de suite de vives polémiques (Fermat, Roberval, etc.).

1640. — En septembre, mort de Francine, à 5 ans. En octobre, mort du père de Descartes.

1641. — Publication des *Méditations*. En décembre, Voetius, ministre, et recteur de l'Université d'Utrecht, ouvre les hostilités contre Descartes, qu'il accuse d'athéisme. En 1642, l'Université d'Utrecht prononce un jugement en faveur de la philosophie de l'École.

1643. — Descartes entre en relations avec la Princesse Élisabeth. En septembre, le Conseil de la ville d'Utrecht rend un arrêt contre lui, et il peut un moment craindre pour sa liberté et pour ses livres, menacés d'être brûlés par le bourreau.

1644. — Voyage en France (mai). Publication des *Principes de la philosophie*, dédiés à la Princesse Élisabeth. Retour en Hollande (novembre).

1645. — Nouvelle polémique avec les magistrats d'Utrecht : le Conseil de la ville fait interdire de rien publier contre Descartes.

1647. — Débats avec l'Université de Leyde et les Professeurs Revius et Triglandius ; l'ambassadeur de France et le Prince d'Orange doivent intervenir pour faire cesser les attaques. En juin, deuxième voyage en France. Entrevue avec Pascal (septembre). Reçoit du roi de France une pension des 3.000 livres, qu'il semble n'avoir jamais touchée. Querelle avec Regius (décembre).

1648. — Troisième voyage en France, interrompu à la fin d'août par les premiers troubles de la Fronde. — Mort du P. Mersenne (septembre).

1649. — Descartes est invité par la Reine Christine de Suède à venir à Stockholm. Celle-ci envoie, pour le ramener, un de ses amiraux et un navire de la flotte. — En novembre, publication du traité des *Passions de l'âme*, en préparation depuis plusieurs années. Descartes écrit les vers d'un ballet pour la fête du 19 décembre en l'honneur de la paix.

1650. — 11 février, Descartes meurt d'une pneumonie à Stockholm.

PREMIÈRE PARTIE

JEUNESSE
(1619-1632)

A Beeckman. *Bréda, 24 janvier 1619* (Traduction).

[*Compliments et amitiés. — Sur les lois de la musique.*]

J'ai reçu votre lettre ; je l'attendais ; et j'ai été heureux, en l'ouvrant, lorsque j'y ai vu des notes de musique : vous ne sauriez témoigner plus clairement que vous ne m'oubliez pas. Mais il y a autre chose que j'attendais aussi, et qui compte davantage : dites moi ce que vous avez fait, ce que vous faites, comment vous vous portez. Car je ne m'intéresse pas seulement à la science, mais aussi à vous-même, croyez-le bien ; et non seulement à votre esprit, bien que ce soit là le principal, mais à toute votre personne.

Pour moi, toujours dans le désœuvrement à mon ordinaire, à peine ai-je rédigé le titre des traités que vous m'avez conseillé d'écrire. Pourtant n'allez pas me croire désœuvré au point de perdre tout à fait mon temps ; et même je ne l'ai jamais employé si utilement, mais c'est à des choses que votre esprit, avec ses occupations plus relevées, méprisera sans doute et regardera du haut de l'édifice des Sciences : c'est le dessin, l'architecture militaire, et surtout le flamand. Le progrès que j'ai fait dans cette langue, vous le verrez bientôt : car j'irai à Middelbourg, s'il plaît à Dieu, au début du Carême.

Quant à votre question, vous la résolvez vous-même. et on ne saurait mieux. Mais il y a une chose, à mon avis, à laquelle vous n'avez pas fait suffisamment attention, en écrivant, c'est que, dans un chant à une voix, tous les sauts se font par consonances exactes. [...] Je me souviens d'avoir noté cela dans ce que j'ai écrit antérieurement sur les dissonances ; si vous y regardez de près, ainsi qu'à tout le reste de mon *Abrégé de Musique*, vous trouverez des démonstrations mathématiques pour toutes les remarques que j'ai faites sur les intervalles des consonances, des degrés et des dissonances ; mais c'est mal digéré, confus, et expliqué trop brièvement.

Mais c'est assez sur ce sujet. Une autre fois j'en dirai davantage. Conservez-moi votre amitié, et soyez assuré que je ne pourrai pas plus vous oublier que les Muses elles-mêmes. Car ce sont elles qui nous ont pour toujours liés d'amitié.

A Beeckman. *Bréda, 26 mars 1619* (Traduction).

[*Premières lumières sur une Méthode universelle.*]

Et certes, pour ne vous rien cacher de ce qui fait l'objet de mon travail, je voudrais donner au public [...] une science toute nouvelle, qui permette de résoudre en général toutes les questions qu'on peut se proposer en n'importe quel genre de quantité, continue ou discontinue, chacune suivant sa nature. En Arithmétique, certaines questions peuvent se résoudre avec des nombres rationnels, d'autres avec des nombres irrationnels seulement, il en est d'autres enfin qu'on peut bien imaginer, mais sans les résoudre (1) : de même, j'espère le démontrer, dans la quantité continue, certains problèmes peuvent être résolus avec des lignes droites ou circulaires toutes seules, d'autres ne peuvent l'être qu'avec des lignes courbes autres que des cercles, mais qui ont pour origine un seul mouvement, ce qui est possible à l'aide de nouveaux compas que je n'estime pas moins justes et tout aussi géométriques que le compas ordinaire avec lequel on trace les cercles ; d'autres problèmes enfin ne peuvent se résoudre qu'au moyen de lignes courbes engendrées par des mouvements différents les uns des autres sans subordination entre eux, et ce ne sont sans doute que des lignes imaginaires : telle la ligne quadratrice (2) qui est assez connue. Et j'estime qu'on ne peut rien imaginer dont on ne puisse avoir la solution au moins avec de pareilles lignes ; mais j'espère

(1) Probablement les équations de degré supérieur à quatre.
(2) La quadratrice de Dinostrate, géomètre grec du IVe siècle av. J.-C., est une courbe inventée pour parvenir à la quadrature approchée du cercle.

démontrer quelles sortes de questions peuvent se résoudre de telle ou telle manière et non autrement, si bien qu'il ne restera presque rien à trouver en Géométrie. Ce ne peut être l'œuvre d'un seul et on n'en aura jamais fini. Quel projet ambitieux ! C'est à peine croyable ! Mais, dans le chaos obscur de cette science, j'ai aperçu je ne sais quelle lumière, grâce à laquelle les plus épaisses ténèbres pourront se dissiper. [...]

[Navigation.]

Venons à mes voyages. Le dernier s'est bien passé, et d'autant mieux qu'il m'a paru offrir plus de danger, surtout au départ de votre île [Walcheren]. Le premier jour, à Flessingue, les vents m'ont forcé de rentrer au port ; mais le jour suivant, embarqué sur un bateau des plus petits, j'ai essuyé une tempête encore plus furieuse. J'ai eu toutefois plus de satisfaction que de peur : c'était une occasion de m'éprouver ; je n'avais jamais tenté une traversée sur mer et je l'ai faite sans nausée. Me voilà devenu plus brave pour entreprendre un plus long voyage. Les troubles qui éclatent en Allemagne ne m'ont pas fait changer de projet. Ils me retiennent ici toutefois pour quelque temps. Je ne partirai pas avant trois semaines ; mais j'espère gagner à ce moment Amsterdam, de là Dantzig ; puis passant par la Pologne et un coin de la Hongrie, j'arriverai en Autriche et en Bohême. C'est assurément la route la plus longue, mais je trouve aussi la plus sûre.

En outre, j'emmènerai un serviteur avec moi et peut-être des compagnons que je connais ; ne vous alarmez donc pas pour moi, mon ami.

A Beeckman. *Amsterdam, 29 avril 1619* (Traduction).

[Un Charlatan : l'art de Lulle.]

Il y a trois jours, dans une auberge de Dordrecht, j'ai fait la rencontre d'un savant homme, avec qui j'ai causé de l'*Ars parva* de Lulle (1). Il se vantait de savoir s'en servir, et

---

(1) Lulle (Raymond) (1232-1315), né à Majorque, entré dans le Tiers Ordre de Saint-François, surnommé le « Docteur Illuminé », à cause de ses visions, célèbre pour avoir inventé une Méthode générale

avec un tel succès, qu'il était capable de discourir une heure entière sur n'importe quel sujet ; puis, s'il fallait une heure encore traiter le même sujet, il saurait trouver des choses toutes différentes des précédentes et ainsi vingt heures de suite. Vous verrez vous-même si vous pouvez le croire. C'était un bonhomme, quelque peu bavard, qui avait puisé toute sa science dans les livres : aussi ne l'avait-il que sur le bout des lèvres, plutôt que dans sa tête.

Mais, je le questionnais avec assez d'intérêt : cet *Art* ne consisterait-il pas dans un certain arrangement des lieux communs de la Dialectique, où l'on emprunte des arguments ? Il en convint, mais il ajoutait que ni Lulle ni Agrippa (1) n'avaient révélé dans leurs livres certaines « clefs » nécessaires, disait-il, pour ouvrir les secrets (2) de cet *Art*. Et je le soupçonne de m'avoir dit cela (ou plutôt, j'en suis sûr), pour capter l'admiration d'un ignorant, plutôt que pour dire la vérité. [...]

Je m'embarque aujourd'hui pour visiter le Danemark. Je serai quelque temps à Copenhague où j'attends une lettre de vous. Tous les jours, il part d'ici des bateaux pour cette ville ; sans doute vous ne saurez pas l'adresse où je logerai ; mais j'aurai soin de m'informer auprès des bateliers si l'un d'eux n'a pas de lettre pour moi ; il est difficile ainsi qu'il s'en perde en route.

A X. *Septembre 1629.*

[*Les magies mathématiques.*]

Il y a une partie dans les Mathématiques, que je nomme la Science des Miracles, parce qu'elle enseigne à se servir si à propos de l'air et de la lumière, qu'on peut faire voir par son moyen toutes les mêmes illusions, qu'on dit que les

---

pour résoudre toutes les questions. Exposée dans de nombreux ouvrages, dont les principaux sont l'*Ars magna*, et l'*Ars brevis* (c'est sans doute ce dernier ouvrage que Descartes désigne, par erreur, sous le nom d'*Ars parva*) ; elle consiste à formuler toutes les questions au moyen de lettres, et à combiner ces formules selon des règles ou des « clés » compliquées.

(1) Agrippa de Nettesheim (1486-1535). Commentateur de Lulle.
(2) D'une lettre de Descartes à Mersenne, 20 novembre 1629 : « Sitôt que je vois seulement le mot d'*arcanum* [secret] en quelque proposition, je commence à en avoir mauvaise opinion. »

Magiciens font paraître par l'aide des Démons. Cette science n'a jamais encore été pratiquée, que je sache, et je ne connais personne que lui (1) qui en soit capable ; mais je tiens qu'il pourrait faire de telles choses, qu'encore que je méprise fort de semblables niaiseries, je ne vous cèlerai pas toutefois que, si je l'avais pu tirer de Paris, je l'aurais tenu ici exprès pour l'y faire travailler et employer avec lui les heures que je perdrais dans le jeu ou dans les conversations inutiles.

A MERSENNE. *8 octobre 1629.*

[*Contention d'esprit : les futurs* Météores.]

Je ne pense pas avoir été si incivil que de vous prier de ne me proposer aucunes questions ; c'est trop d'honneur que vous me faites lorsqu'il vous plait d'en prendre la peine, et j'apprends plus par ce moyen que par aucune autre sorte d'étude. Mais bien sans doute vous aurai-je supplié de ne trouver pas mauvais, si je ne m'efforce pas d'y répondre si exactement que je tâcherais de le faire, si je n'étais tout à fait occupé en d'autres pensées : car je n'ai point l'esprit assez fort, pour l'employer en même temps à plusieurs choses différentes ; et comme je ne trouve jamais rien que par une longue traînée de diverses considérations, il faut que je me donne tout à une matière, lorsque j'en veux examiner quelque partie.

Ce que j'ai éprouvé depuis peu, en cherchant la cause de ce Phénomène (2), duquel vous m'écrivez ; car il y a plus de deux mois qu'un de mes amis m'en a fait voir ici une description assez ample, et m'en ayant demandé mon avis, il m'a fallu interrompre ce que j'avais en main pour examiner par ordre tous les Météores, auparavant que je m'y sois pu satisfaire. Mais je pense maintenant en pouvoir rendre quelque raison, et je suis résolu d'en faire un petit Traité, qui contiendra la raison des couleurs de l'arc en ciel, lesquelles m'ont donné plus de peine que tout le reste, et généralement de tous les phénomènes sublunaires.

---

(1) FERRIER. Ouvrier opticien qui « possédait la théorie de sa profession » (Baillet) et que Descartes aurait voulu s'attacher, surtout au temps où il préparait la *Dioptrique.*
(2) Des parhélies ou faux soleils, observés à Frascati, le 20 mars 1629.

A Mersenne. *18 décembre 1629.*

[*Expériences* « *universelles* ». *La couronne de la chandelle. Résistance de l'air.*]

Monsieur et Révérend Père, vous m'étonnez de dire que vous avez vu si souvent une couronne autour de la chandelle, et il semble, à voir comme vous la décrivez, que vous ayez une invention pour la voir quand il vous plait. Je me suis frotté et tourné les yeux en mille sortes pour tâcher à voir quelque chose de semblable, mais il m'est impossible. Je veux bien croire toutefois que la cause en doit être rapportée aux humeurs de l'œil, ce que vous pouvez aisément justifier, si tout le monde ne les voit pas à même temps. Et je serais bien aise de savoir quand vous les voyez : si c'est la nuit, lorsque vos yeux sont fort chargés des vapeurs du sommeil, ou bien après avoir beaucoup lu ou veillé ou jeûné ; si c'est en temps clair ou pluvieux, si c'est dans une chambre ou bien dehors en un air plus libre, etc. [...]

Je vous remercie des autres remarques que vous m'écrivez ; et vous m'obligerez, s'il vous plaît, de continuer à m'envoyer celles que vous jugerez plus dignes d'être expliquées touchant quoi que ce soit de la nature, mais principalement de ce qui est universel et que tout le monde peut expérimenter, de quoi j'ai entrepris de traiter seulement. Car pour les expériences particulières, qui dépendent de la foi de quelques-uns, je n'aurais jamais fait, et suis résolu de n'en point parler du tout. [...]

Aux empêchements de l'air pour les mouvements, il ne faut point considérer celui qui suit et celui qui précède, mais seulement l'un des deux. Pour le *quantum*, je l'ignore ; et encore qu'il se pût faire mille expériences pour le trouver à peu près, toutefois, parce qu'elles ne se peuvent justifier par raison, au moins que je puisse encore atteindre, je ne crois pas qu'on doive prendre la peine de les faire.

A Mersenne. *Amsterdam, janvier 1630.*

[*Vertus chrétiennes.*]

Pour ce que vous demandez, comment les vertus chrétiennes s'accordent avec les naturelles, je ne saurais dire autre chose, sinon que de même que pour rendre droit un bâton qui est courbé, on ne le dresse pas seulement, mais on le plie de l'autre côté, de même, parce que notre nature est trop portée à la vengeance, Dieu ne nous commande pas seulement de pardonner à nos ennemis, mais encore de leur faire du bien, et ainsi des autres.

A Mersenne. *4 mars 1630.*

[*De l'agréable et du doux.*]

Je vous ai déjà écrit que c'est autre chose de dire qu'une consonance est plus douce qu'une autre, et autre chose de dire qu'elle est plus agréable. Car tout le monde sait que le miel est plus doux que les olives, et toutefois force gens aimeront mieux manger des olives que du miel. Ainsi tout le monde sait que la quinte est plus douce que la quarte, celle-ci que la tierce majeure, et la tierce majeure que la mineure ; et toutefois il y a des endroits où la tierce mineure plaira plus que la quinte, et même où une dissonance se trouvera plus agréable qu'une consonance. [...]

Vous m'empêchez autant de me demander de combien une consonance est plus agréable qu'une autre, que si vous me demandiez de combien les fruits sont plus agréables à manger que les poissons.

A Mersenne. *18 mars 1630.*

[*Réflexes conditionnés.*]

La même chose qui fait envie de danser à quelques-uns, peut donner envie de pleurer aux autres. Car cela ne vient que de ce que les idées qui sont en notre mémoire sont excitées ; comme ceux qui ont autrefois pris plaisir à danser lorsqu'on jouait un certain air, sitôt qu'ils en entendent de semblables, l'envie de danser leur revient ; au contraire, si quelqu'un n'avait jamais ouï jouer des gaillardes, qu'au même temps il ne lui fût arrivé quelque affliction, il s'attristerait infailliblement, lorsqu'il en ouïrait une autre fois. Ce qui est si certain, que je juge que, si on avait bien fouetté un chien, cinq ou six fois, au son du violon, sitôt qu'il ouïrait une autre fois cette musique, il commencerait à crier et à s'enfuir.

A Mersenne. *15 avril 1630.*

[*Règles de vie et rédaction du* Discours de la Méthode.]

Monsieur et Révérend Père, votre lettre datée du 14 mars, qui est celle, je crois, dont vous êtes en peine, me fut rendue dix ou douze jours après ; mais pource que vous m'en faisiez espérer d'autres au voyage suivant, et qu'il n'y avait que huit jours que je vous avais écrit, je différai à vous faire réponse, jusques à maintenant que j'ai reçu vos dernières datées du 4 avril. Je vous supplie de croire que je me ressens infiniment obligé de tous les bons offices que vous me faites, lesquels sont en trop grand nombre pour que je vous puisse remercier de chacun en particulier, mais je vous assure que je satisferai en revanche à tout ce que vous désirerez de moi, autant qu'il sera en mon pouvoir ; et je ne manquerai de vous faire toujours savoir les lieux où je serai, pourvu, s'il vous plaît, que vous n'en parliez point ; et même je vous prie d'ôter plutôt l'opinion à ceux qui la pourraient avoir, que j'aie dessein d'écrire, que de l'augmenter ; car je vous jure que si je n'avais pas ci-devant témoigné avoir ce dessein, et qu'on pourrait dire que je n'en ai su venir à bout, je ne m'y résoudrais jamais. Je ne suis pas si sauvage que je ne sois bien aise, si on pense à moi, qu'on en ait bonne opinion ; mais j'aimerais bien mieux qu'on n'y pensât point du tout. Je crains plus la réputation que je ne la désire, estimant qu'elle diminue toujours en quelque façon la liberté et le loisir de ceux qui l'acquièrent, lesquelles deux choses je possède si parfaitement, et les estime de telle sorte, qu'il n'y a point de monarque au monde qui fût assez riche pour les acheter de moi. Cela ne m'empêchera pas d'achever le petit traité que j'ai commencé ; mais je ne désire pas qu'on le sache, afin d'avoir toujours la liberté de le désavouer ; et j'y travaille fort lentement, pource que je prends beaucoup plus de plaisir à m'instruire moi-même, que non pas à mettre par écrit le peu que je sais. J'étudie maintenant en chimie et en anatomie tout ensemble, et apprends tous les jours quelque chose que je ne trouve pas dedans les livres. Je voudrais bien être déjà parvenu jusques à la recherche des maladies et des remèdes, afin d'en trouver quelqu'un pour votre érésipèle, duquel je suis marri que vous êtes si longtemps affligé. Au reste je passe si doucement le temps en m'instruisant moi-même, que je ne me mets jamais à écrire en mon traité que par contrainte, et pour m'acquitter de la résolution que j'ai prise qui est, si je ne meurs, de le mettre en état de vous l'envoyer au commencement de l'année 1633. Je vous détermine le temps pour m'y obliger davantage, et afin que vous m'en puissiez faire reproche si j'y manque. Au reste vous vous étonnerez que je prenne un si long terme pour écrire un Discours qui sera si court, que je m'imagine qu'on le pourra lire en une après-dîner ; mais c'est que j'ai plus de soin et crois qu'il est plus important que j'apprenne ce qui m'est nécessaire pour la conduite de ma vie, que non pas que je m'amuse à publier le peu que j'ai appris. Que si vous trouvez étrange de ce que j'avais commencé quelques autres traités étant à Paris, lesquels je n'ai pas continués, je vous en dirai la raison : c'est que pendant que j'y travaillais, j'acquérais un peu plus de connaissance que je n'en avais eu en commençant, selon laquelle me voulant accommoder, j'étais contraint de faire un nouveau projet, un peu plus grand que le premier : ainsi que si quelqu'un ayant commencé un bâtiment pour sa demeure, acquérait cependant des richesses qu'il n'aurait pas espérées et changeait de condition, en sorte que son bâtiment commencé fût trop petit pour lui, on ne le blâmerait pas si on lui en voyait recommencer un autre plus convenable à sa fortune. Mais ce qui m'assure que je ne changerai plus de dessein, c'est que celui que j'ai maintenant est tel que, quoi que j'apprenne de nouveau, il m'y pourra servir, et encore que je n'apprenne plus rien, je ne laisserai pas d'en venir à bout.

Je m'étonne de ce que vous me mandez de Ferrier (1), qu'il fonde ses espérances sur l'invention des verres, vu qu'il néglige de m'écrire : car je ne pense pas, encore que je lui aie décrit fort particulièrement les machines nécessaires pour la construction d'iceux, qu'il se puisse encore passer de moi, et qu'il n'y trouve quelque difficulté qui l'arrêtera ou le trompera. Mais il y a des gens qui pensent savoir parfaitement une chose, sitôt qu'ils y voient la moindre lumière. [...]

[*Lassitude à l'égard des mathématiques.*]

Pour des problèmes, je vous en enverrai un million pour proposer aux autres, si vous le désirez ; mais je suis si las des

(1) Cf. p. 5, n. 1.

mathématiques, et en fais maintenant si peu d'état, que je ne saurais plus prendre la peine de les soudre moi-même. J'en mettrai ici trois que j'ai autrefois trouvés sans aide que de la géométrie simple, c'est-à-dire avec la règle et le compas.

Invenire diametrum sphæræ tangentis alias quatuor magnitudine et positione datas.

Invenire axem parabolæ tangentis tres lineas rectas positione datas et indefinitas, cujus etiam axis secet ad angulos rectos aliam rectam etiam positione datam et indefinitam.

Invenire stilum horologii in data mundi parte describendi, ita ut umbræ extremitas, data die anni, transeat per tria data puncta, saltem quando istud fieri potest (1).

J'en trouverais bien de plus difficiles si j'y voulais penser ; mais je ne crois pas qu'il en soit de besoin. [...]

[*Dieu et les vérités éternelles.*]

Pour votre question de théologie, encore qu'elle passe la capacité de mon esprit, elle ne me semble pas toutefois hors de ma profession, parce qu'elle ne touche point à ce qui dépend de la révélation, ce que je nomme proprement théologie ; mais elle est plutôt métaphysique et se doit examiner par la raison humaine. Or j'estime que tous ceux à qui Dieu a donné l'usage de cette raison, sont obligés de l'employer principalement pour tâcher à le connaître, et à se connaître eux-mêmes. C'est par là que j'ai tâché de commencer mes études ; et je vous dirai que je n'eusse su trouver les fondements de la physique, si je ne les eusse cherchés par cette voie. Mais c'est la matière que j'ai le plus étudiée de toutes, et en laquelle, grâce à Dieu, je me suis aucunement satisfait ; au moins pensé-je avoir trouvé comment on peut démontrer les vérités métaphysiques, d'une façon qui est plus évidente que les démonstrations de géométrie ; je dis ceci selon mon jugement, car je ne sais pas si je le pourrai persuader aux

---

(1) « Trouver le diamètre d'une sphère tangente à quatre autres sphères de grandeur et de position données.

« Trouver l'axe d'une parabole tangente à trois lignes droites de position connue et indéfinies, et dont l'axe coupe à angle droit une autre droite de position donnée et indéfinie.

« Trouver le style d'un cadran solaire, connaissant la partie du monde où il se trouve, pour que l'extrémité de l'ombre, le jour de l'année étant donné, passe par trois points donnés, du moins quand cela est possible. »

autres. Les neuf premiers mois que j'ai été en ce pays, je n'ai travaillé à autre chose, et je crois que vous m'aviez déjà ouï parler auparavant que j'avais fait dessein d'en mettre quelque chose par écrit ; mais je ne juge pas à propos de le faire, que je n'aie vu premièrement comment la physique sera reçue. Si toutefois le livre dont vous parlez (1) était quelque chose de fort bien fait, et qu'il tombât entre mes mains, il traite des matières si dangereuses et que j'estime si fausses, si le rapport qu'on vous en a fait est véritable, que je me sentirais peut-être obligé d'y répondre sur-le-champ. Mais je ne laisserai pas de toucher en ma physique plusieurs questions métaphysiques, et particulièrement celle-ci : Que les vérités mathématiques, lesquelles vous nommez éternelles, ont été établies de Dieu et en dépendent entièrement, aussi bien que tout le reste des créatures. C'est en effet parler de Dieu comme d'un Jupiter ou Saturne, et l'assujettir au Styx et aux Destinées, que de dire que ces vérités sont indépendantes de lui. Ne craignez point, je vous prie, d'assurer et de publier partout, que c'est Dieu qui a établi ces lois en la nature, ainsi qu'un roi établit des lois en son royaume. Or il n'y en a aucune en particulier que nous ne puissions comprendre si notre esprit se porte à la considérer, et elles sont toutes *mentibus nostris ingenitæ* (2), ainsi qu'un roi imprimerait ses lois dans le cœur de tous ses sujets, s'il en avait aussi bien le pouvoir. Au contraire nous ne pouvons comprendre la grandeur de Dieu, encore que nous la connaissions. Mais cela même que nous la jugeons incompréhensible nous la fait estimer davantage ; ainsi qu'un roi a plus de majesté lorsqu'il est moins familièrement connu de ses sujets, pourvu toutefois qu'ils ne pensent pas pour cela être sans roi, et qu'ils le connaissent assez pour n'en point douter. On vous dira que si Dieu avait établi ces vérités, il les pourrait changer comme un roi fait ses lois ; à quoi il faut répondre que oui, si sa volonté peut changer. — Mais je les comprends comme éternelles et immuables. — Et moi je juge le même de Dieu. — Mais sa volonté est libre. — Oui, mais sa puissance est incompréhensible ; et généralement nous pouvons bien assurer que Dieu peut faire tout ce que

---

(1) On ignore quel est ce livre.
(2) « Innées dans nos esprits. »

nous pouvons comprendre, mais non pas qu'il ne peut faire ce que nous ne pouvons pas comprendre ; car ce serait témérité de penser que notre imagination a autant d'étendue que sa puissance. J'espère écrire ceci, même avant qu'il soit quinze jours, dans ma physique ; mais je ne vous prie point pour cela de le tenir secret ; au contraire, je vous convie de le dire aussi souvent que l'occasion s'en présentera, pourvu que ce soit sans me nommer ; car je serai bien aise de savoir les objections qu'on pourra faire contre, et aussi que le monde s'accoutume à entendre parler de Dieu plus dignement, ce me semble, que n'en parle le vulgaire, qui l'imagine presque toujours ainsi qu'une chose finie.

A MERSENNE. *Amsterdam, 27 mai 1630.*

[*Dieu auteur de toute vérité.*]

Vous me demandez *in quo genere causæ Deus disposuit æternas veritates* (1). Je vous réponds que c'est *in eodem genere causæ* (2) qu'il a créé toutes choses, c'est-à-dire *ut efficiens et totalis causa* (3). Car il est certain qu'il est aussi bien auteur de l'essence comme de l'existence des créatures : or cette essence n'est autre chose que ces vérités éternelles, lesquelles je ne conçois point émaner de Dieu comme les rayons du soleil ; mais je sais que Dieu est auteur de toutes choses, et que ces vérités sont quelque chose, et par conséquent qu'il en est auteur. Je dis que je le sais, et non pas que je le conçois ni que je le comprends ; car on peut savoir que Dieu est infini et tout-puissant, encore que notre âme étant finie ne le puisse comprendre ni concevoir ; de même que nous pouvons bien toucher avec les mains une montagne, mais non pas l'embrasser comme nous ferions un arbre, ou quelqu'autre chose que ce soit, qui n'excédât point la grandeur de nos bras : car comprendre, c'est embrasser de la pensée ; mais pour savoir une chose, il suffit de la toucher de la pensée. Vous demandez aussi qui a nécessité Dieu à créer ces vérités ; et je dis qu'il a été aussi libre de faire qu'il ne fût pas vrai que toutes les lignes tirées du centre à la circonférence fussent égales, comme de ne pas créer le

(1) « Par quel genre de causalité Dieu a produit les vérités éternelles. »
(2) « Par le même genre de causalité. »
(3) « Comme cause efficiente et totale. »

monde. Et il est certain que ces vérités ne sont pas plus nécessairement conjointes à son essence que les autres créatures. Vous demandez ce que Dieu a fait pour les produire. Je dis que *ex hoc ipso quod illas ab æterno esse voluerit et intellexerit, illas creavit* (1), ou bien (si vous n'attribuez le mot de *creavit* qu'à l'existence des choses) *illas disposuit et fecit* (2). Car c'est en Dieu une même chose de vouloir, d'entendre, et de créer, sans que l'un précède l'autre, *ne quidem ratione* (3).

2. Pour la question *an Dei bonitati sit conveniens homines in æternum damnare* (4), cela est de théologie : c'est pourquoi absolument vous me permettrez, s'il vous plaît, de n'en rien dire ; non pas que les raisons des libertins en ceci aient quelque force, car elles me semblent frivoles et ridicules ; mais pource que je tiens que c'est faire tort aux vérités qui dépendent de la foi, et qui ne peuvent être prouvées par démonstration naturelle, que de les vouloir affermir par des raisons humaines, et probables seulement.

A Beeckman. *Amsterdam, 17 octobre 1630* (Traduction).

[*Des choses qui peuvent s'enseigner.*]

Que vous soyez assez stupide, assez aveugle sur vous même, pour croire que j'aie jamais reçu de vous quelque instruction, ou que j'en puisse encore recevoir, autrement que j'ai coutume avec tout ce qui est dans la nature, que j'ai, dis-je, coutume avec des fourmis même et des vermisseaux : pouvais-je avoir de cela le moindre soupçon ? Vous ne vous en souvenez donc plus : alors que j'étais occupé à des études, dont vous n'étiez pas capable, de votre propre aveu, et que vous étiez si curieux de m'entendre sur d'autres sujets, que j'ai depuis longtemps abandonnés comme des exercices de jeunesse : à quel point vous m'avez alors importuné ! [...]

Réfléchissez d'abord à ceci : quelle sorte de choses peut-on enseigner à quelqu'un ? Sans doute les langues, l'histoire, les expériences, et aussi des démonstrations certaines et

---

(1) « Par le fait même qu'il les a de toute éternité voulues et comprises, il les a créées. »
(2) « Il les a disposées et faites. »
(3) « Pas même selon la raison. »
(4) « S'il est compatible avec la bonté de Dieu de damner les hommes pour l'éternité. »

évidentes, et qui convainquent l'esprit, comme celles des géomètres : tout cela peut s'enseigner. Mais des maximes et des opinions de Philosophes ne font pas d'emblée un enseignement, du fait seul qu'on les débite. Platon dit une chose, Aristote une autre, Épicure une autre, Telesio, Campanella, Bruno, Basson, Vanini (1), tous les novateurs disent chacun une chose différente des autres. Qui de ces personnages enseigne vraiment, je ne parle pas pour moi, mais pour un étudiant quelconque en philosophie ? Est-ce celui qui persuade le premier par ses raisons ou du moins avec son autorité ? Mais si on croit une chose sans y être amené par les raisons ni l'autorité de personne, l'eût-on entendue dans la bouche de la plupart des régents, il ne faut pas dire que c'est d'eux qu'on l'a apprise. Bien plus, il peut se faire qu'on sache vraiment, parce qu'on est amené à croire pour de bonnes raisons ; mais d'autres ont beau avoir eu auparavant les mêmes pensées, ils n'ont pas une science véritable, parce qu'ils les ont déduites de principes faux. Si vous réfléchissez bien à cela, vous reconnaîtrez aisément que les rêveries de votre *Mathematico-physique* (2) ne m'ont pas plus appris que les contes de la *Batrachomyomachie* (3). Votre autorité aurait-elle été capable de m'ébranler ? Ou vos raisons de me persuader ? [...]

---

(1) Bernardino TELESIO (1509-1588) italien. Suivit son oncle Antoine, érudit et philosophe, à Rome ; il enseigna ensuite la philosophie à Naples, où il fut persécuté par le clergé.

Thomas CAMPANELLA (1568-1639), dominicain italien, anti-aristotélicien. Accusé d'hérésie théologique ou politique par les autorités espagnoles, il vécut 27 ans en prison à Naples et y écrivit sa *Philosophie rationnelle et réelle*. C'est en France où il se réfugia jusqu'à sa mort qu'il composa la *Cité du Soleil*.

Giordano BRUNO (1550-1600). D'abord dominicain, il combattit la logique et la physique d'Aristote. Se rallia à Calvin pour peu de temps. Revenu imprudemment en Italie, l'Inquisition le condamna au bûcher.

Sébastien BASSON, auteur d'une *Philosophia naturalis adversus Aristotelem (Philosophie naturelle contre Aristote)*, à laquelle Descartes fait allusion dans une lettre à Huygens, du 28 mars 1636.

Lucilio VANINI (1585-1619). Philosophe italien de science universelle, il parcourut l'Europe. Accusé d'athéisme, d'astrologie, de magie et de ne pas croire à l'immortalité de l'âme, il finit sur le bûcher, à Toulouse.

(2) Titre que BEECKMAN donnait à certains articles de son *Journal* ; il était fier d'être le seul, avec Descartes, à cultiver cette science, où la physique était jointe à la mathématique.

(3) « Le combat des rats et des grenouilles », petit poème parodique attribué à Homère.

17 OCTOBRE 1630

[*La vérité n'est à personne.*]

Et l'on peut être plusieurs à savoir la même chose, sans que personne l'ait apprise d'un autre ; il est ridicule de parler de propriété en matière de sciences, comme pour un champ ou une somme d'argent, et de mettre tant de soin, ainsi que vous faites, à distinguer votre bien propre du bien d'autrui. Si vous savez une chose, elle vous appartient tout à fait, quand vous l'auriez apprise d'un autre. Mais cette même chose, si d'autres la savaient aussi, pourquoi ne pas souffrir qu'elle leur appartienne ? [...] Sérieusement, vous voulez qu'on ne croie qu'une chose est à vous, que si vous en avez été le premier inventeur ? C'est pour cela que vous mettez dans votre Journal la date de chacune de vos pensées : vous craignez que peut-être quelqu'un n'ait l'impudence de revendiquer à son compte ce qu'il aurait vu en rêve avec un retard de toute une nuit sur vous. [...]

[*Trois sortes d'inventions.*]

Il y a trois sortes d'inventions, que je vais vous exposer. Premièrement, si c'est une chose assez importante, que vous êtes capable de trouver par la seule force de votre esprit et guidé par la raison, on doit vous en louer, je l'avoue ; mais je dis qu'en ce cas, vous n'avez rien à craindre des voleurs. De l'eau est toujours de l'eau ; mais elle a toujours aussi un autre goût, quand on la boit à la source même, plutôt que dans une cruche ou à la rivière. Transportez un objet de son lieu d'origine en un autre endroit : quelquefois il y gagne, mais le plus souvent il se gâte ; il ne garde jamais toutes ses qualités naturelles, et on n'a pas de peine à reconnaître qu'il vient d'ailleurs. Vous écrivez que vous avez beaucoup appris de moi. Je dis que non : je ne sais pas *beaucoup*, je ne sais que fort peu, si même je sais ; mais quoi que ce soit, faites-en l'usage que vous pouvez, revendiquez-le, je vous le permets. Je n'ai pas inscrit mes inventions et je n'en ai pas mis la date sur un registre : toutefois, si je consens un jour à faire voir au public des produits de mon petit fonds, on reconnaîtra sans peine que ce sont bien des fruits de mon esprit, et qui n'ont pas été cueillis dans le champ d'un autre.

Il est une autre sorte d'inventions : celles qui viennent, non plus du génie de l'homme, mais de la fortune ; et celles-là, j'avoue qu'il faut les bien garder pour les mettre à l'abri des voleurs. Si vous avez inventé une chose par hasard et que quelqu'un l'apprenne aussi de vous par hasard, elle lui appartiendra au même titre qu'à vous, et il pourra, aussi bien que vous, la revendiquer, mais je dis que de pareilles inventions ne méritent pas qu'on les loue vraiment. Toutefois le peuple, dans son ignorance, loue ceux qui lui sont supérieurs par quelques dons de la Fortune ; il ne peut croire que cette Divinité soit assez aveugle pour favoriser des sujets qui ne le méritent pas. Si elle vous a peut être fait quelque largesse qui vous donne une petite supériorité, je veux bien vous juger digne de quelque louange ; mais j'ai dit, *une petite supériorité*. En effet, si un mendiant, pour avoir amassé quelque argent en quémandant de porte en porte, croyait qu'on lui doit beaucoup de considération, il ferait rire tout le monde. Revoyez, je vous prie, votre manuscrit, feuilletez-le attentivement, faites le compte de tout ce qui s'y trouve ; ou je me trompe fort, ou vous n'y trouverez rien, venant de vous, qui soit plus précieux que la couverture.

Troisième sorte d'inventions : celles qui, bien qu'elles aient très peu de valeur, ou même pas du tout, sont cependant estimées à très haut prix par leurs inventeurs. Celles-là sont si loin de mériter quelque louange, que plus leurs auteurs en font de cas et mettent de soin à les sauvegarder, plus ils s'exposent à la risée ou à la pitié du public. Représentez-vous un aveugle, dont la cupidité serait devenue de la folie, au point que, dans les ordures des palais voisins, il chercherait toute la journée des pierres précieuses, et chaque fois qu'il lui tomberait sous la main quelques gravats ou un morceau de verre, il les tiendrait aussitôt pour joyaux d'un grand prix ; à la fin, après avoir fait beaucoup de ces trouvailles, quand il en aurait plein sa cassette, il se vanterait d'être très riche et montrerait avec fierté cette cassette, n'ayant que mépris pour celle des autres. Au premier moment, ne diriez-vous pas que c'est une heureuse folie ? Mais après, si vous le voyiez toujours penché sur cette cassette, dans la crainte des voleurs et comme un malheureux dans l'angoisse de perdre des richesses dont il ne pourrait faire usage, cessant alors de rire, ne le trouveriez-vous pas digne de pitié ? Je ne veux certes pas comparer votre manuscrit à cette cassette, mais j'ai peine à croire qu'il puisse s'y trouver rien de meilleur aloi que des gravats et des morceaux de verre. [...]

[*De la louange.*]

Vous souffrez surtout, après avoir fait de temps en temps mon éloge, de voir que je ne vous ai pas rendu la pareille. Mais, sachez-le bien, ce n'était pas me traiter en ami que de me louer. Ne vous ai-je pas prié bien des fois de n'en rien faire et de ne point du tout parler de moi ? Toute ma vie passée ne fait-elle pas assez voir que réellement je fuis ces louanges-là ? Non pas que j'aie la *fibre insensible* à cet égard ; mais une vie tranquille et un honnête loisir m'ont toujours paru un plus grand bien que la réputation ; et j'ai peine à me persuader, dans l'état actuel des mœurs, qu'on puisse jouir des deux à la fois. Mais votre lettre fait bien voir le motif que vous aviez de faire mon éloge ; après m'avoir loué, vous écrivez que le plus souvent vous préférez votre *Mathematico-Physique* à mes conjectures, et vous le donnez à entendre à nos amis communs. Que veut dire cela, je vous prie, sinon que vous ne me haussez que pour en tirer pour vous plus de gloire par comparaison ? Vous placez un peu haut un tabouret pour moi, et vous le renversez d'un coup de pied, pour le dépasser d'autant plus avec le trône de votre vanité (1).

A Mersenne. *Amsterdam, 4 novembre 1630.*

[*Voyager.*]

Au reste, je serai bien aise qu'on sache que je ne suis pas, grâce à Dieu, en condition de voyager pour chercher fortune, et que je suis assez content de celle que je possède, pour ne me mettre pas en peine d'en avoir d'autre ; mais que si je voyage quelquefois, c'est seulement pour apprendre et pour contenter ma curiosité.

A Balzac. *Amsterdam, 15 avril 1631.*

[*Du repos et du sommeil.*]

Pour cette heure, je me contenterai de vous dire que je ne suis plus en humeur de rien mettre par écrit, ainsi que vous m'y avez autrefois vu disposé. Ce n'est pas que je ne fasse grand état de la réputation, lorsqu'on est certain de l'acquérir bonne et grande, comme vous avez fait ; mais pour une médiocre et incertaine, telle que je la pourrais espérer

---

(1) Les relations amicales entre Beeckman et Descartes continuèrent après cette lettre

je l'estime beaucoup moins que le repos et la tranquillité d'esprit que je possède. Je dors ici dix heures toutes les nuits, et sans que jamais aucun soin me réveille, après que le sommeil a longtemps promené mon esprit dans des buis, des jardins, et des palais enchantés, où j'éprouve tous les plaisirs qui sont imaginés dans les Fables, je mêle insensiblement mes rêveries du jour avec celles de la nuit ; et quand je m'aperçois d'être éveillé, c'est seulement afin que mon contentement soit plus parfait, et que mes sens y participent ; car je ne suis pas si sévère, que de leur refuser aucune chose qu'un philosophe leur puisse permettre sans offenser sa conscience. Enfin il ne manque rien ici que la douceur de votre conversation, mais elle m'est si nécessaire pour être heureux, que peu s'en faut que je ne rompe tous mes desseins afin de vous aller dire de bouche que je suis de tout mon cœur, Monsieur, votre très humble et très obéissant serviteur.

A Balzac. *Amsterdam, 5 mai 1631.*

[*Solitude urbaine. Le négoce et la pensée.*]

Monsieur, j'ai porté ma main contre mes yeux pour voir si je ne dormais point, lorsque j'ai lu dans votre lettre que vous aviez dessein de venir ici ; et maintenant encore je n'ose me réjouir autrement de cette nouvelle, que comme si je l'avais seulement songée. Toutefois je ne trouve pas fort étrange qu'un esprit, grand et généreux comme le vôtre, ne se puisse accommoder à ces contraintes serviles, auxquelles on est obligé dans la Cour ; et puisque vous m'assurez tout de bon, que Dieu vous a inspiré de quitter le monde, je croirais pécher contre le Saint-Esprit, si je tâchais à vous détourner d'une si sainte résolution. Même vous devez pardonner à mon zèle, si je vous convie de choisir Amsterdam pour votre retraite et de le préférer, je ne vous dirai pas seulement à tous les couvents des Capucins et des Chartreux, où force honnêtes gens se retirent, mais aussi à toutes les plus belles demeures de France et d'Italie, même à ce célèbre Ermitage dans lequel vous étiez l'année passée. Quelque accomplie que puisse être une maison des champs, il y manque toujours une infinité de commodités, qui ne se trouvent que dans les villes ; et la solitude même qu'on y espère, ne s'y rencontre jamais toute parfaite. Je veux bien que vous y trouviez un canal, qui fasse rêver les plus grands parleurs, et une vallée si solitaire, qu'elle puisse leur inspirer du transport et de la joie ; mais malaisément se peut-il faire, que vous n'ayez aussi quantité de petits voisins, qui vous vont quelquefois importuner, et de qui les visites sont encore plus incommodes que celles que vous recevez à Paris ; au lieu qu'en cette grande ville où je suis, n'y ayant aucun homme, excepté moi, qui n'exerce la marchandise, chacun y est tellement attentif à son profit, que j'y pourrais demeurer toute ma vie sans être jamais vu de personne. Je me vais promener tous les jours parmi la confusion d'un grand peuple, avec autant de liberté et de repos que vous sauriez faire dans vos allées, et je n'y considère pas autrement les hommes que j'y vois, que je ferais les arbres qui se rencontrent en vos forêts, ou les animaux qui y paissent. Le bruit même de leur tracas n'interrompt pas plus mes rêveries, que celui de quelque ruisseau. Que si je fais quelquefois réflexion sur leurs actions, j'en reçois le même plaisir, que vous feriez de voir les paysans qui cultivent vos campagnes ; car je vois que tout leur travail sert à embellir le lieu de ma demeure, et à faire que je n'y manque d'aucune chose. Que s'il y a du plaisir à voir croître les fruits en vos vergers, et à y être dans l'abondance jusques aux yeux, pensez-vous qu'il n'y en ait pas bien autant, à voir venir ici des vaisseaux, qui nous apportent abondamment tout ce que produisent les Indes, et tout ce qu'il y a de rare en l'Europe ? Quel autre lieu pourrait-on choisir au reste du monde, où toutes les commodités de la vie, et toutes les curiosités qui peuvent être souhaitées, soient si faciles à trouver qu'en celui-ci ? Quel autre pays où l'on puisse jouir d'une liberté si entière, où l'on puisse dormir avec moins d'inquiétude, où il y ait toujours des armées sur pied exprès pour nous garder, où les empoisonnements, les trahisons, les calomnies soient moins connus, et où il soit demeuré plus de reste de l'innocence de nos aïeux ? Je ne sais comment vous pouvez tant aimer l'air d'Italie, avec lequel on respire si souvent la peste, et où toujours la chaleur du jour est insupportable, la fraîcheur du soir malsaine, et où l'obscurité de la nuit couvre des larcins et des meurtres. Que si vous craignez les hivers du septentrion, dites-moi quelles ombres, quel éventail, quelles fontaines vous pourraient si bien préserver à Rome des incommodités de la chaleur, comme un poêle et un grand feu vous exempteront ici d'avoir froid ? Au reste, je vous dirai que je vous attends avec un petit recueil de rêveries, qui ne vous seront peut-être pas désagréables, et soit que vous veniez, ou que vous ne veniez pas, je serai toujours passionnément, etc.

A Mersenne. *Amsterdam, 10 mai 1632.*

[*Astronomie, « clef » des sciences physiques.*]

Mon Révérend Père, il y a huit jours que je vous donnais la peine de faire tenir une lettre pour moi en Poitou ; mais comme je me hâtais en l'écrivant, suivant ma négligence ordinaire, qui me fait toujours différer jusqu'à l'heure que le messager est prêt de partir, je m'oubliai d'y mettre l'adresse par où on me pourrait faire réponse, ce qui me contraint de vous importuner derechef d'y en faire tenir une. [...]

Si vous savez quelque auteur qui ait particulièrement recueilli les diverses observations qui ont été faites des comètes, vous m'obligerez aussi de m'en avertir ; car depuis deux ou trois mois je me suis engagé fort avant dans le ciel ; et après m'être satisfait touchant sa nature et celle des astres que nous y voyons, et plusieurs autres choses que je n'eusse pas seulement osé espérer il y a quelques années, je suis devenu si hardi, que j'ose maintenant chercher la situation de chaque étoile fixe. Car encore qu'elles paraissent fort irrégulièrement éparses ça et là dans le ciel, je ne doute point toutefois qu'il n'y ait un ordre naturel entre elles, lequel est régulier et déterminé ; et la connaissance de cet ordre est la clef et le fondement de la plus haute et plus parfaite science que les hommes puissent avoir, touchant les choses matérielles ; d'autant que par son moyen on pourrait connaître *a priori* toutes les diverses formes et essence des corps terrestres, au lieu que, sans elle, il nous faut contenter de les deviner *a posteriori*, et par leurs effets. Or je ne trouve rien qui me pût tant aider pour parvenir à la connaissance de cet ordre, que l'observation de plusieurs comètes.

DEUXIÈME PARTIE

AU TEMPS DU « DISCOURS DE LA MÉTHODE » (1633-1639)

A MERSENNE. *Deventer, fin novembre 1633.*

[*Condamnation de Galilée.*]

J'en étais à ce point, lorsque j'ai reçu votre dernière de l'onzième de ce mois, et je voulais faire comme les mauvais payeurs, qui vont prier leurs créanciers de leur donner un peu de délai, lorsqu'ils sentent approcher le temps de leur dette. En effet, je m'étais proposé de vous envoyer mon *Monde* pour ces étrennes, et il n'y a pas plus de quinze jours que j'étais encore tout résolu de vous en envoyer au moins une partie, si le tout ne pouvait être transcrit en ce temps-là ; mais je vous dirai, que m'étant fait enquérir ces jours à Leyde et à Amsterdam, si le *Système du Monde* de Galilée (1) n'y était point, à cause qu'il me semblait avoir appris qu'il avait été imprimé en Italie l'année passée, on m'a mandé qu'il était vrai qu'il avait été imprimé, mais que tous les exemplaires en avaient été brûlés à Rome au même temps, et

---

(1) GALILÉE (1564-1642). Professeur à l'Université de Padoue. Soutient le mouvement de la terre dès 1611. En 1632, présente son système au pape Urbain VIII. Le procès a lieu en avril 1633 et Galilée est condamné le 22 juin. Après quelques mois de prison, il est relégué dans sa maison des champs près de Florence et devient aveugle. Descartes écrira le 1er mars 1638 : « J'ai regret que Galilée ait perdu la vue, il n'aurait pas méprisé ma *Dioptrique*. » L'ouvrage que Descartes cite ici a pour titre : *Quatre Dialogues sur les deux principaux Systèmes du monde, ceux de Ptolémée et de Copernic.*

lui condamné à quelque amende : ce qui m'a si fort étonné, que je me suis quasi résolu de brûler tous mes papiers, ou du moins de ne les laisser voir à personne. Car je ne me suis pu imaginer, que lui qui est Italien, et même bien voulu du Pape, ainsi que j'entends, ait pu être criminalisé pour autre chose, sinon qu'il aura sans doute voulu établir le mouvement de la terre, lequel je sais bien avoir été autrefois censuré par quelques cardinaux ; mais je pensais avoir ouï dire, que depuis on ne laissait pas de l'enseigner publiquement, même dans Rome ; et je confesse que s'il est faux, tous les fondements de ma philosophie le sont aussi, car il se démontre par eux évidemment. Et il est tellement lié avec toutes les parties de mon traité, que je ne l'en saurais détacher, sans rendre le reste tout défectueux. Mais comme je ne voudrais pour rien du monde qu'il sortît de moi un discours, où il se trouvât le moindre mot qui fût désapprouvé de l'Église, aussi aimé-je mieux le supprimer, que de le faire paraître estropié. Je n'ai jamais eu l'humeur portée à faire des livres, et si je ne m'étais engagé de promesse envers vous, et quelques autres de mes amis, afin que le désir de vous tenir parole m'obligeât d'autant plus à étudier, je n'en fusse jamais venu à bout. Mais, après tout, je suis assuré que vous ne m'enverrez point de sergent pour me contraindre à m'acquitter de ma dette et vous serez peut-être bien aise d'être exempt de la peine de lire de mauvaises choses. Il y a déjà tant d'opinions en philosophie qui ont de l'apparence, et qui peuvent être soutenues en dispute, que si les miennes n'ont rien de plus certain, et ne peuvent être approuvées sans controverse, je ne les veux jamais publier.

A MERSENNE. *Amsterdam, avril 1634.*

[*Bene vixit, bene qui latuit.*]

Or je vous dirai que toutes les choses que j'expliquais en mon traité, entre lesquelles était aussi cette opinion du mouvement de la terre, dépendaient tellement les unes des autres, que c'est assez de savoir qu'il y en ait une qui soit fausse, pour connaître que toutes les raisons dont je me servais n'ont point de force ; et quoique je pensasse qu'elles fussent appuyées sur des démonstrations très certaines, et très évidentes, je ne voudrais toutefois pour rien du monde les soutenir contre l'autorité de l'Église. Je sais bien qu'on pourrait dire que tout ce que les Inquisiteurs de Rome (1) ont décidé, n'est pas incontinent article de foi pour cela, et qu'il faut premièrement que le Concile y ait passé. Mais je ne suis point si amoureux de mes pensées, que de me vouloir servir de telles exceptions, pour avoir moyen de les maintenir ; et le désir que j'ai de vivre en repos et de continuer la vie que j'ai commencée en prenant pour ma devise : *bene vixit, bene qui latuit* (2), fait que je suis plus aise d'être délivré de la crainte que j'avais d'acquérir plus de connaissances que je ne désire, par le moyen de mon écrit, que je ne suis fâché d'avoir perdu le temps et la peine que j'ai employée à le composer.

A MORIN. *Amsterdam, septembre ou octobre 1634.*

[*La récompense des chercheurs.*]

Il est certain que la peine que vous avez prise pour trouver les longitudes, ne mérite rien moins qu'une récompense publique ; mais pource que les inventions des sciences sont de si haut prix qu'elles ne peuvent être payées avec de l'argent, il semble que Dieu ait tellement ordonné le monde, que cette sorte de récompense n'est communément réservée que pour des ouvrages mécaniques et grossiers, ou pour des actions basses et serviles. Ainsi, je m'assure qu'un artisan qui aurait fait de bonnes lunettes, en pourrait tirer beaucoup plus d'argent que moi de toutes les rêveries de ma *Dioptrique*, si j'avais dessein de les vendre.

(1) DESCARTES à MERSENNE, février 1634 : « Je me suis laissé dire que les Jésuites avaient aidé à la condamnation de Galilée ; et tout le livre du P. Scheiner [jésuite allemand] montre assez qu'ils ne sont pas de ses amis. Mais d'ailleurs les observations qui sont dans ce livre fournissent tant de preuves pour ôter au soleil les mouvements qu'on lui attribue, que je ne saurais croire que le P. Scheiner même en son âme ne croie l'opinion de Copernic ; ce qui m'étonne de telle sorte que je n'en ose écrire mon sentiment. Pour moi je ne cherche que le repos et la tranquillité d'esprit, qui sont des biens qui ne peuvent être possédés par ceux qui ont de l'animosité ou de l'ambition ; et je ne demeure pas cependant sans rien faire, mais je ne pense pour maintenant qu'à m'instruire moi-même, et me juge fort peu capable de servir à instruire les autres, principalement ceux qui, ayant déjà acquis quelque crédit par de fausses opinions, auraient peut-être peur de le perdre, si la vérité se découvrait. »
(2) « Celui-là a bien vécu, qui s'est bien caché. »

A Huygens. *Utrecht, 1ᵉʳ novembre 1635.*

[*Négligence.*]

J'ai dessein d'ajouter les *Météores* à la *Dioptrique*, et j'y ai travaillé assez diligemment les deux ou trois premiers mois de cet été, à cause que j'y trouvais plusieurs difficultés que je n'avais encore jamais examinées, et que je démêlais avec plaisir. Mais il faut que je vous fasse des plaintes de mon humeur : sitôt que je n'ai plus espéré d'y rien apprendre, ne restant plus qu'à les mettre au net, il m'a été impossible d'en prendre la peine, non plus que de faire une préface (1) que j'y veux joindre ; ce qui sera cause que j'attendrai encore deux ou trois mois avant que de parler au libraire.

A Huygens. *Leyde, 30 octobre 1636.*

[*Travaux d'imprimerie et esprit en friche.*]

Nous en sommes à la fin de la *Dioptrique*, et il y a déjà plus de huit jours qu'elle aurait pu être achevée ; mais à cause que les figures et des *Météores* et de la *Géométrie* qui doivent suivre, ne sont pas encore prêtes, l'imprimeur ne se hâte pas, et ne me promet le tout que pour Pâques.

J'ai suivi entièrement les instructions que vous m'avez fait la faveur de me donner touchant les figures, car je les fais mettre vis-à-vis du texte en chaque page, et elles seront toutes en bois. Celui qui les taille me contente assez et le libraire le tient en son logis de peur qu'il ne lui échappe. Il en est maintenant à ce que vous avez jugé le plus difficile, qui est de représenter comment les anguilles (2) de l'eau se disposent dans les nues. [...] J'espère qu'avant qu'il vienne aux étoiles de la neige, l'hiver qui s'approche pourra en faire tomber du ciel quelques-unes qui lui serviront de patron.

Cependant, je passe ici le temps sans rien faire, sinon lire quelquefois une épreuve pleine de fautes, et ne rien apprendre sinon ce que c'est qu'un *hypocolon*. Ce qui m'ennuierait fort, si je ne savais que mon esprit est semblable à ces terres infertiles qu'il faut laisser reposer quelques années, afin qu'elles rapportent après un peu de fruit.

(1) Le *Discours de la Méthode*.
(2) Les particules étaient figurées « entortillées ».

A Huygens. *La Haye, 25 février 1637.*

[*Sur le mot* Discours.]

Je m'excuse sur ce que je n'ai pas eu dessein d'expliquer toute la Méthode, mais seulement d'en dire quelque chose, et que je n'aime pas à promettre plus que je ne donne. C'est pourquoi j'ai mis *Discours de la Méthode,* au lieu que j'ai mis simplement *La Dioptrique* et *Les Météores,* parce que j'ai tâché d'y comprendre tout ce qui faisait à mon sujet.

Que si cette raison ne vous contente et que vous m'obligiez de m'en faire savoir votre jugement, je le suivrai comme une loi inviolable. Il me semble aussi que je dois ôter toute la glose que j'avais mise à la fin (1) et laisser seulement ces mots : *Discours de la Méthode etc., plus la Dioptrique, les Météores et la Géométrie, qui sont des Essais de cette Méthode.* Mais j'ai peur que vous ne disiez que j'use d'autant de privautés que si j'étais moine, si je continue à vous entretenir d'une chose si peu importante.

A Mersenne. *Leyde, 27 février 1637.*

[*Sur le mot* Discours. *Pratique de la méthode.*]

Je trouve que vous avez bien mauvaise opinion de moi, et que vous me jugez bien peu ferme et peu résolu en mes actions, de penser que je doive délibérer sur ce que vous me mandez de changer mon dessein, et de joindre mon premier discours à ma physique, comme si je la devais donner au libraire dès aujourd'hui à lettre vue. Et je n'ai pu m'empêcher de rire en lisant l'endroit où vous dites que j'oblige le monde à me tuer, afin qu'on puisse voir plus tôt mes écrits ; à quoi je n'ai autre chose à répondre, sinon qu'ils sont déjà en lieu et en état que ceux qui m'auraient tué, ne les pourraient jamais avoir, et que, si je ne meurs fort à loisir, et fort

---

(1) Descartes à Mersenne, mars 1636 : « .. il y aura quatre Traités, tous français, et le titre en général sera : *Le Projet d'une Science universelle, qui puisse élever notre nature à son plus haut degré de perfection.* Plus *La Dioptrique, Les Météores* et *La Géométrie,* où les plus curieuses matières que l'auteur ait pu choisir, pour rendre preuve de la Science universelle qu'il propose, sont expliquées en telle sorte, que ceux même qui n'ont point étudié les peuvent entendre. »

satisfait des hommes qui vivent, ils ne se verront assurément de plus de cent ans après ma mort.

Je vous ai beaucoup d'obligation des objections que vous m'écrivez, et je vous supplie de continuer à me mander toutes celles que vous ouïrez, et ce en la façon la plus désavantageuse pour moi qu'il se pourra ; ce sera le plus grand plaisir que vous me puissiez faire ; car je n'ai point coutume de me plaindre pendant qu'on panse mes blessures, et ceux qui me feront la faveur de m'instruire, et qui m'enseigneront quelque chose, me trouveront toujours fort docile. Mais je n'ai su bien entendre ce que vous objectez touchant le titre ; car je ne mets pas *Traité de la Méthode*, mais *Discours de la Méthode*, ce qui est le même que *Préface* ou *Avis touchant la Méthode*, pour montrer que je n'ai pas dessein de l'enseigner, mais seulement d'en parler. Car comme on peut voir de ce que j'en dis, elle consiste plus en pratique qu'en théorie, et je nomme les traités suivants des *Essais de cette Méthode*, parce que je prétends que les choses qu'ils contiennent n'ont pu être trouvées sans elle, et qu'on peut connaître par eux ce qu'elle vaut : comme aussi j'ai inséré quelque chose de métaphysique, de physique et de médecine dans le premier *Discours*, pour montrer qu'elle s'étend à toutes sortes de matières.

A HUYGENS. *Leyde, 29 mars 1637.*

[*Bonheur d'être compris.*]

Il faut que je vous avoue ma faiblesse ; je suis plus glorieux que je ne pensais, et j'ai été plus ému de joie en lisant ce que vous m'avez fait l'honneur de m'écrire touchant le *Discours de la Méthode*, que je ne m'imaginais le pouvoir être pour aucun bonheur qui m'arrivât.

A HUYGENS. *Alcmaar, 20 mai 1637.*

[*Sur la mort de sa femme.*]

Monsieur, si je vous mesurais au pied des âmes vulgaires, la tristesse que vous avez témoignée dès le commencement de la maladie de feu Mme de Zuylichem (1) me ferait

---

(1) HUYGENS — M. de Zuylichem — avait perdu sa femme le 10 mai. Envoyant le 3 mars, la *Dioptrique* et les *Météores* à Huygens, Descartes

craindre que son décès ne vous fût du tout insupportable; mais ne doutant point que vous ne vous gouverniez entièrement selon la raison, je me persuade qu'il vous est beaucoup plus aisé de vous consoler et de reprendre votre tranquillité d'esprit accoutumée, maintenant qu'il n'y a plus du tout de remède, que lorsque vous aviez encore occasion de craindre et d'espérer. Car il est certain que l'espérance étant ôtée, le désir cesse, ou du moins s'affaiblit et se relâche et que, lorsqu'on n'a que peu ou point de désir de ravoir ce qu'on a perdu, le regret n'en peut être fort sensible. Il est vrai que les esprits vulgaires n'ont point coutume de goûter cette raison, et que sans savoir eux-mêmes ce qu'ils imaginent, ils imaginent que ce qui a autrefois été, peut encore être, et que Dieu est comme obligé de faire pour l'amour d'eux tout ce qu'ils veulent. Mais une âme forte et généreuse comme la vôtre sait trop bien à quelle condition Dieu nous a fait naître, pour vouloir par des souhaits inefficaces résister à la nécessité de sa loi. Et bien qu'on ne s'y puisse soumettre sans quelque peine, j'estime si fort l'amitié, que je crois que tout ce que l'on souffre à son occasion est agréable, en sorte que ceux même qui vont à la mort pour le bien des personnes qu'ils affectionnent, me semblent heureux jusques au dernier moment de leur vie. Et pendant que vous perdiez le manger et le repos pour servir vous-même votre malade, quoi que j'appréhendasse pour votre santé, j'eusse pensé commettre un sacrilège, si j'eusse tâché à vous divertir d'un office si pieux et si doux. Mais, maintenant que votre deuil ne lui pouvant plus être utile, ne saurait aussi être si juste, ni par conséquent si accompagné de cette joie et satisfaction intérieure qui suit les actions vertueuses, et fait que les sages se trouvent heureux en toutes

---

avait écrit : « Vous m'obligeriez infiniment, si vous prenez la peine de les lire, de marquer ou faire marquer vos corrections à la marge, et de me permettre après de les voir. Que si Mme de Zuylichem y voulait aussi joindre les siennes, je le tiendrais à une faveur inestimable, et je croirais bien plus à son jugement, qui est très excellent par nature qu'à celui de beaucoup de philosophes qui souvent est rendu par art fort mauvais. Je ne tire déjà pas peu de vanité de ce qu'elle a daigné écouter quelque chose des *Météores*. » (Sans doute, en 1635, pendant un séjour à Amsterdam où elle accompagnait son mari, et où Descartes avait passé trois matinées avec eux).

les rencontres de la fortune, si je pensais que votre raison ne le pût vaincre, j'irais importunément vous trouver, et tâcherais par tous moyens de vous divertir, d'autant que je ne sais point d'autre remède pour un tel mal. Je ne mets pas ici en ligne de compte la perte que vous avez faite, en tant qu'elle regarde votre personne et que vous êtes privé d'une compagnie que vous chérissiez extrêmement ; car il me semble que les maux qui nous touchent nous-mêmes ne sont point comparables à ceux qui touchent nos amis, et qu'au lieu que c'est une vertu d'avoir pitié des moindres afflictions qu'ont les autres, c'est une espèce de lâcheté de s'affliger pour les nôtres propres ; outre que vous avez tant de proches qui vous chérissent, que vous ne sauriez pour cela rien trouver à dire en votre famille ; et que quand vous n'auriez que Mme de V (ilhem) pour sœur, je crois qu'elle seule est suffisante pour vous délivrer de la solitude et des soins d'un ménage qu'un autre que vous pourrait craindre, après avoir perdu sa compagnie. Je vous supplie d'excuser la liberté que j'ai prise de mettre ici mes sentiments en philosophe (1).

A X. *Leyde, fin mai 1637.*

[*Sur la première preuve de l'existence de Dieu.*]

Monsieur, j'avoue qu'il y a un grand défaut dans l'écrit que vous avez vu, ainsi que vous le remarquez, et que je n'y ai pas assez étendu les raisons par lesquelles je pense prouver qu'il n'y a rien au monde qui soit de soi plus évident et plus certain que l'existence de Dieu et de l'âme humaine, pour les rendre faciles à tout le monde. Mais je n'ai osé tâcher de le faire, d'autant qu'il m'eût fallu expliquer bien au long les plus fortes raisons des sceptiques, pour faire voir qu'il n'y a aucune chose matérielle de l'existence de laquelle on soit assuré, et par même moyen accoutumer le lecteur à détacher sa pensée des choses sensibles ; puis montrer que celui qui

---

(1) HUYGENS répondra le 2 juin : « Monsieur, si j'étais capable d'aucune raison, je le serais de la vôtre que je sens partir de non moins d'affection que de sagesse. Mais la douleur d'une si griève plaie et si récente m'assourdit à tout. Et ne laisse pourtant de vous reconnaître une extrême obligation, de m'avoir estimé digne de votre souvenir en ce piteux état, d'où j'espère que Dieu, le temps et vos fortes persuasions me sortiront, peu à peu. »

doute ainsi de tout ce qui est matériel, ne peut aucunement pour cela douter de sa propre existence ; d'où il suit que celui-là, c'est-à-dire l'âme, est un être, ou une substance qui n'est point du tout corporelle, et que sa nature n'est que de penser, et aussi qu'elle est la première chose qu'on puisse connaître certainement. Même en s'arrêtant assez longtemps sur cette méditation, on acquiert peu à peu une connaissance très claire, et si j'ose ainsi parler intuitive, de la nature intellectuelle en général, l'idée de laquelle, étant considérée sans limitation, est celle qui nous représente Dieu, et limitée, est celle d'un Ange ou d'une âme humaine. Or il n'est pas possible de bien entendre ce que j'ai dit après de l'existence de Dieu, si ce n'est qu'on commence par là, ainsi que j'ai assez donné à entendre en la page 38 (1). Mais j'ai eu peur que cette entrée, qui eût semblé d'abord vouloir introduire l'opinion des sceptiques, ne troublât les plus faibles esprits, principalement à cause que j'écrivais en langue vulgaire ; de façon que je n'en ai même osé mettre le peu qui est en la page 32 (2), qu'après avoir usé de préface. Et pour vous, Monsieur, et vos semblables, qui sont des plus intelligents, j'ai espéré que s'ils prennent la peine, non pas seulement de lire, mais aussi de méditer par ordre les mêmes choses que j'ai dit avoir méditées, en s'arrêtant assez longtemps sur chaque point, pour voir si j'ai failli ou non, ils en tireront les mêmes conclusions que j'ai fait. Je serai bien aise, au premier loisir que j'aurai, de faire un effort pour tâcher d'éclaircir davantage cette matière, et d'avoir eu en cela quelque occasion de vous témoigner que je suis, etc.

A Mersenne. *12 juin 1637.*

[*Indifférence aux erreurs des autres.*]

Mon humeur ne me porte qu'à rechercher la vérité, et non point à tâcher de faire voir que les autres ne l'ont pas trouvée. Même je ne saurais estimer le travail de ceux qui s'y occupent.

---

(1) *Discours de la Méthode*, IVe Partie. Ed. Adam et Tannery, t. VI, p. 37.
(2) *Ibid.*, p. 31.

A Huygens. *4 décembre 1637.*

[*Longévité.*]

Je n'ai jamais eu tant de soin de me conserver que maintenant, et au lieu que je pensais autrefois que la mort ne me pût ôter que trente ou quarante ans tout au plus, elle ne saurait désormais me surprendre, qu'elle ne m'ôte l'espérance de plus d'un siècle : car il me semble voir très évidemment, que si nous nous gardions seulement de certaines fautes que nous avons coutume de commettre au régime de notre vie, nous pourrions sans autres inventions parvenir à une vieillesse beaucoup plus longue et plus heureuse que nous ne faisons ; mais pource que j'ai besoin de beaucoup de temps et d'expériences pour examiner tout ce qui sert à ce sujet, je travaille maintenant à composer un abrégé de Médecine, que je tire en partie des livres et en partie de mes raisonnements, que j'espère pouvoir me servir par provision à obtenir quelque délai de la nature, et poursuivre mieux ci-après en mon dessein.

A Mersenne. *Fin décembre 1637.*

[*Estime de soi* : Géométrie.]

Parce qu'il y a peu de gens qui puissent entendre ma *Géométrie*, et que vous désirez que je vous mande quelle est l'opinion que j'en ai, je crois qu'il est à propos que je vous dise qu'elle est telle, que je n'y souhaite rien davantage ; et que j'ai seulement tâché par la *Dioptrique* et par les *Météores* de persuader que ma méthode est meilleure que l'ordinaire, mais je prétends l'avoir démontré par ma *Géométrie*. Car dès le commencement j'y résous une question, qui, par le témoignage de Pappus (1), n'a pu être trouvée par aucun des anciens. [...] Tant s'en faut que les choses que j'ai écrites puissent être aisément tirées de Viète (2), qu'au contraire, ce qui est cause que mon traité est difficile à entendre, c'est que j'ai tâché à n'y rien mettre que ce que j'ai cru n'avoir point été su ni par lui, ni par aucun autre. [...] Et ainsi j'ai commencé où il avait achevé ; ce que j'ai fait toutefois sans

(1) Pappus. Mathématicien grec du IVe siècle après J.-C.
(2) Viète (1540-1603). Mathématicien français. Un des principaux fondateurs de l'algèbre moderne.

y penser, car j'ai plus feuilleté Viète depuis que j'ai reçu votre dernière, que je n'avais jamais fait auparavant, l'ayant trouvé ici par hasard entre les mains d'un de mes amis ; et entre nous je ne trouve pas qu'il en ait tant su que je pensais, nonobstant qu'il fût fort habile.

Au reste, ayant déterminé comme j'ai fait en chaque genre de questions tout ce qui s'y peut faire, et montré les moyens de le faire, je prétends qu'on ne doit pas seulement croire que j'ai fait quelque chose de plus que ceux qui m'ont précédé, mais aussi qu'on se doit persuader que nos neveux ne trouveront jamais rien en cette matière que je ne pusse avoir trouvé aussi bien qu'eux, si j'eusse voulu prendre la peine de le chercher. Je vous prie que tout ceci demeure entre nous ; car j'aurais grande confusion que d'autres sussent que je vous en ai tant écrit sur ce sujet.

A MERSENNE. *Janvier 1638*.

[*Réclame des objections valables.*]

Entre nous, si lorsqu'il [Fermat (1)] me voudra faire l'honneur de me proposer des objections, il ne veut pas se donner plus de peine qu'il a pris la première fois, j'aurais honte qu'il me fallût prendre la peine de répondre à si peu de chose. [...] Je serai bien aise que ceux qui me voudront faire des objections ne se hâtent point, et qu'ils tâchent d'entendre tout ce que j'ai écrit, avant que de juger d'une partie ; car le tout se tient, et la fin sert à prouver le commencement. Mais je me promets que vous me continuerez toujours à me mander franchement ce qui se dira de moi, soit en bien, soit en mal, et vous en aurez dorénavant plus d'occasion que jamais, puisque mon livre est enfin arrivé à Paris. Au reste, chacun sachant que vous me faites la faveur de m'aimer comme vous faites, on ne dit rien de moi en votre présence, qu'on ne présuppose que vous m'en avertissez, et ainsi vous ne pouvez plus vous en abstenir sans me faire tort.

[« *État naturel* » *de l'eau.*]

Vous me demandez si je crois que l'eau soit en son état naturel étant liquide, ou étant glacée : à quoi je réponds que

---

(1) FERMAT. Cf. Index des Correspondants.

Je ne connais rien de violent dans la nature, sinon au respect de l'entendement humain, qui nomme violent ce qui n'est pas selon sa volonté, ou selon ce qu'il juge devoir être ; et que c'est aussi bien le naturel de l'eau d'être glacée, lorsqu'elle est fort froide, que d'être liquide, lorsqu'elle l'est moins, parce que ce sont les causes naturelles qui font l'un et l'autre.

A MERSENNE, *25 janvier 1638.*

[*Méconnaissance par précipitation.*]

Je ne doute point que vous n'entendiez plusieurs jugements de mes écrits, et plus à mon désavantage que d'autres : car les esprits qui sont d'inclination à en médire, le pourront aisément faire d'abord, et en auront d'autant plus d'occasion, qu'ils auront été moins connus par les autres ; au lieu que pour en juger équitablement, il est nécessaire d'avoir eu auparavant beaucoup de loisir, pour les lire et pour les examiner. [...]
Au reste, je crains bien qu'il n'y ait encore guère personne qui ait entièrement pris le sens des choses que j'ai écrites, ce que je ne juge pas néanmoins être arrivé à cause de l'obscurité de mes paroles, mais plutôt à cause que paraissant assez faciles, on ne s'arrête pas à considérer tout ce qu'elles contiennent. Et je vois que vous-même n'avez pas bien pris es raisons que je donne pour les couronnes de la chandelle : car je n'y parle d'aucune pression, ou dislocation de l'œil, ainsi que vous me mandez, mais de plusieurs diverses dispositions, qui peuvent toutes causer le même effet, et entre lesquelles celle que vous dites avoir éprouvée est comprise ; en sorte que votre expérience fait entièrement pour moi.

Au P. VATIER. *22 février 1638.*

[*Usage déductif des hypothèses.* — *Vérité indivisible.*]

Je vous suis obligé de ce que vous témoignez être bien aise, que je ne me sois pas laissé devancer par d'autres en la publication de mes pensées ; mais c'est de quoi je n'ai jamais eu aucune peur, car outre qu'il m'importe fort peu, si je suis le premier ou le dernier à écrire les choses que j'écris, pourvu seulement qu'elles soient vraies, toutes mes opinions sont si jointes ensemble, et dépendent si fort les unes des autres, qu'on ne s'en saurait approprier aucune sans les savoir toutes. Je vous prie de ne point différer de m'apprendre les difficultés que vous trouvez en ce que j'ai écrit de la réfraction, ou d'autre chose ; car d'attendre que mes sentiments plus particuliers touchant la lumière soient publiés, ce serait peut-être attendre longtemps. Quant à ce que j'ai supposé au commencement des *Météores*, je ne le saurais démontrer *a priori*, sinon en donnant toute ma physique ; mais les expériences que j'en ai déduites nécessairement, et qui ne peuvent être déduites en même façon d'aucuns autres principes, me semblent le démontrer assez *a posteriori*. J'avais bien prévu que cette façon d'écrire choquerait d'abord les lecteurs, et je crois que j'eusse pu aisément y remédier, en ôtant seulement le nom de suppositions aux premières choses dont je parle, et ne les déclarant qu'à mesure que je donnerais quelques raisons pour les prouver ; mais je vous dirai franchement que j'ai choisi cette façon de proposer mes pensées, tant parce que croyant les pouvoir déduire par ordre des premiers principes de ma Métaphysique, j'ai voulu négliger toutes autres sortes de preuves ; que parce que j'ai désiré essayer si la seule exposition de la vérité serait suffisante pour la persuader, sans y mêler aucunes disputes ni réfutations des opinions contraires. En quoi ceux de mes amis qui ont lu le plus soigneusement mes traités de *Dioptrique* et des *Météores*, m'assurent que j'ai réussi : car bien que d'abord ils n'y trouvassent pas moins de difficulté que les autres, toutefois après les avoir lus et relus trois ou quatre fois, ils disent n'y trouver plus aucune chose qui leur semble pouvoir être révoquée en doute. Comme en effet il n'est pas toujours nécessaire d'avoir des raisons *a priori* pour persuader une vérité ; et Thalès, ou qui que ce soit, qui a dit le premier que la lune reçoit sa lumière du soleil, n'en a donné sans doute aucune autre preuve, sinon qu'en supposant cela, on explique fort aisément toutes les diverses phases de sa lumière : ce qui a été suffisant pour faire que, depuis, cette opinion ait passé par le monde sans contredit. Et la liaison de mes pensées est telle, que j'ose espérer qu'on trouvera mes principes aussi bien prouvés par les conséquences que j'en tire, lorsqu'on les aura assez remarquées pour se les rendre familières, et les considérer toutes ensemble que l'emprunt que la lune fait de sa lumière est prouvé par ses croissances et décroissances. [...]

Au reste je vous assure que le plus doux fruit que j'aie recueilli jusqu'à présent de ce que j'ai fait imprimer, est l'approbation que vous m'obligez de me donner par votre lettre ; car elle m'est particulièrement chère et agréable, parce qu'elle vient d'une personne de votre mérite et de votre robe, et du lieu même où j'ai eu le bonheur de recevoir toutes les instructions de ma jeunesse, et qui est le séjour de mes Maîtres, envers lesquels je ne manquerai jamais de reconnaissance.

A MERSENNE. *1er mars 1638.*

[*Malveillance.*]

Pour celui que vous dites qui m'accuse de n'avoir pas nommé Galilée (1), il montre avoir envie de reprendre et n'en avoir pas de sujet ; car Galilée même ne s'attribue pas l'invention des lunettes, et je n'ai dû parler que de l'inventeur. Je n'ai point dû non plus nommer ceux qui ont écrit avant moi de l'optique ; car mon dessein n'a pas été d'écrire une histoire, et je me suis contenté de dire, en général, qu'il y en avait eu qui y avaient déjà trouvé plusieurs choses, afin qu'on ne pût s'imaginer que je me voulusse attribuer les inventions d'autrui ; en quoi je me suis fait beaucoup plus de tort, qu'à ceux que j'ai omis de nommer : car on peut penser qu'ils ont beaucoup plus fait que peut-être on ne trouverait en les lisant, si j'avais dit quels ils sont. Voilà pour votre première lettre. [...]

[*Savoir faire les expériences.*]

J'admire derechef que vous me mandiez que ma réputation est engagée dans ma réponse à M. de Fermat (2), en laquelle je vous assure qu'il n'y a pas un seul mot que je voulusse être changé, si ce n'est qu'on eût falsifié ceux dont je vous ai averti, ou d'autres, ce qui se connaîtrait aux ratures, car je crois n'y en avoir fait aucune. J'admire aussi que vous parliez de marquer ce que vous trouverez de faux contre

(1) Cf. p. 21, n. 1.
(2) FERMAT. Cf. Index des Correspondants.

l'expérience en mon livre ; car j'ose assurer qu'il n'y en a aucune de fausse, parce que je les ai faites moi-même, et nommément celle que vous remarquez de l'eau *chaude* qui gèle plus tôt que la *froide* ; où j'ai dit non pas *chaude* et *froide*, mais que *l'eau qu'on a tenue longtemps sur le feu se gèle plus tôt que l'autre* ; car pour bien faire cette expérience, il faut, ayant fait bouillir l'eau, la laisser refroidir, jusqu'à ce qu'elle ait acquis le même degré de froideur que celle d'une fontaine, en l'éprouvant avec un verre de température, puis tirer de l'eau de cette fontaine, et mettre ces deux eaux en pareille quantité et dans pareils vases. Mais il y a peu de gens qui soient capables de bien faire des expériences, et souvent, en les faisant mal, on y trouve tout le contraire de ce qu'on y doit trouver. Je vous ai répondu ci-devant touchant les couronnes de la chandelle, et vous aurez maintenant reçu ma lettre.

A MERSENNE. *31 mars 1638.*

[*Observation : l'œil de bœuf.*]

Pour ce qui est de couper l'œil d'un bœuf en sorte qu'on y puisse voir le même qu'en la chambre obscure, comme j'ai écrit en la *Dioptrique*, je vous assure que j'en ai fait l'expérience, et quoique ç'ait été sans beaucoup de soin ni de précautions, elle n'a pas laissé pour cela de réussir ; mais je vous dirai comment. Je pris l'œil d'un vieux bœuf (ce qu'il faut observer, car celui des jeunes veaux n'est pas transparent), et ayant choisi la moitié d'une coquille d'œuf, qui était telle que cet œil pouvait aisément être mis et ajusté dedans sans changer sa figure, je coupai en rond avec des ciseaux fort tranchants et un peu émoussés à la pointe les deux peaux, la cornée et la choroïde, sans offenser la troisième, la rétine. Et la pièce ronde que je coupai n'était qu'environ de la grandeur d'un sou, et elle avait le nerf optique pour centre. Puis, quand elle fut ainsi coupée tout autour, sans que je l'eusse encore ôtée de sa place, je ne fis que tirer le nerf optique, et elle suivit avec la rétine, qui se rompit sans que l'humeur vitrée fut aucunement offensée, si bien que l'ayant couverte de ma coquille d'œuf, je vis derrière ce que je voulais ; car la coquille d'œuf était assez transparente pour cet effet. Et je l'ai montré à d'autres depuis en même sorte, même sans coquille d'œuf, avec un papier derrière. Il est vrai que l'œil est sujet à se rider un peu au devant, et ainsi à rendre l'image moins parfaite ; mais on y peut obvier en le pressant un peu aux côtés avec les doigts, ou aussi en prenant l'œil d'un bœuf fort fraîchement tué et le tenant toujours dans l'eau, sitôt qu'il est tiré de la tête, même pendant qu'on en coupe les peaux, jusqu'à ce qu'il soit ajusté dans la coquille. [...]

A un contradicteur impérieux.]

Je pensais vous envoyer un billet séparé pour le Géostaticien (1), mais je m'en ravise, car je crois qu'il n'en vaut pas la peine. Et s'il vous parle, vous lui pourrez ici faire voir que je vous ai prié de me mander si celui qui m'a écrit en ces termes : *qu'il démontre, etc.*, est quelque Roi ou autre qui ait autorité sur moi ; et que si cela est je me mettrai en devoir de lui obéir, mais que, si c'est une personne qui n'ait aucun droit de me commander, je juge de son style qu'il ne mérite pas que je l'oblige, en lui enseignant ce qu'il demande. Ou s'il ne veut pas avouer qu'il l'ignore, et qu'il pense avoir quelque méthode meilleure que moi pour chercher toutes sortes de questions, c'est à lui à examiner si j'ai failli et à se taire jusqu'à ce qu'il le puisse montrer.

A Reneri pour Pollot. *Avril ou mai 1638.*

[*Morale : deuxième maxime.*]

Monsieur, il n'était pas besoin de la cérémonie dont votre ami a voulu user ; ceux de son mérite et de son esprit n'ont que faire de médiateurs, et je tiendrai toujours à faveur, quand des personnes comme lui me voudront faire l'honneur de me consulter sur mes écrits. Je vous prie de lui ôter ce scrupule ; mais pour cette fois, puisqu'il l'a voulu, je vous donnerai la peine de lui adresser mes réponses.

Premièrement, il est vrai que, si j'avais dit absolument qu'il faut se tenir aux opinions qu'on a une fois déterminé de suivre, encore qu'elles fussent douteuses, je ne serais pas moins répréhensible que si j'avais dit qu'il faut être opiniâtre et obstiné ; à cause que se tenir à une opinion, c'est

---

(1) Beaugrand. Cf. Index des Correspondants.

le même que de persévérer dans le jugement qu'on en a fait. Mais j'ai dit tout autre chose, à savoir, qu'il faut être résolu en ses actions, lors même qu'on demeure irrésolu en ses jugements, et ne suivre pas moins constamment les opinions les plus douteuses, c'est-à-dire n'agir pas moins constamment suivant les opinions qu'on juge douteuses, lorsqu'on s'y est une fois déterminé, c'est-à-dire lorsqu'on a considéré qu'il n'y en a point d'autres qu'on juge meilleures ou plus certaines, que si on connaissait que celles-là fussent les meilleures ; comme en effet elles le sont sous cette condition. Et il n'est pas à craindre que cette fermeté en l'action nous engage de plus en plus dans l'erreur ou dans le vice, d'autant que l'erreur ne peut être que dans l'entendement, lequel je suppose, nonobstant cela, demeurer libre et considérer comme douteux ce qui est douteux. Outre que je rapporte principalement cette règle aux actions de la vie qui ne souffrent aucun délai, et que je ne m'en sers que par provision, avec dessein de changer mes opinions, sitôt que j'en pourrai trouver de meilleures, et de ne perdre aucune occasion d'en chercher. Au reste j'ai été obligé de parler de cette résolution et fermeté touchant les actions, tant à cause qu'elle est nécessaire pour le repos de la conscience, que pour empêcher qu'on ne me blâmât de ce que j'avais écrit que, pour éviter la prévention, il faut une fois en sa vie se défaire de toutes les opinions qu'on a reçues auparavant en sa créance : car apparemment on m'eût objecté que ce doute si universel peut produire une grande irrésolution et un grand dérèglement dans les mœurs. De façon qu'il ne me semble pas avoir pu user de plus de circonspection que j'ai fait, pour placer la résolution, en tant qu'elle est une vertu, entre les deux vices qui lui sont contraires, à savoir, l'indétermination et l'obstination.

[*Troisième maxime.*]

2. Il ne me semble point que ce soit une fiction, mais une vérité, qui ne doit point être niée de personne, qu'il n'y a rien qui soit entièrement en notre pouvoir que nos pensées ; au moins en prenant le mot de pensée comme je fais, pour toutes les opérations de l'âme, en sorte que non seulement les méditations et les volontés, mais même les fonctions de voir, d'ouïr, de se déterminer à un mouvement plutôt qu'à

un autre, etc., en tant qu'elles dépendent d'elle, sont des pensées. Et il n'y a rien du tout que les choses qui sont comprises sous ce mot, qu'on attribue proprement à l'homme en langue de philosophe : car pour les fonctions qui appartiennent au corps seul, on dit qu'elles se font dans l'homme, et non par l'homme. Outre que par le mot *entièrement*, et par ce qui suit, à savoir que, lorsque nous avons fait notre mieux touchant les choses extérieures, tout ce qui manque de nous réussir est au regard de nous *absolument* impossible ; je témoigne assez que je n'ai point voulu dire, pour cela, que les choses extérieures ne fussent point du tout en notre pouvoir, mais seulement qu'elles n'y sont qu'en tant qu'elles peuvent suivre de nos pensées, et non pas *absolument* ni *entièrement*, à cause qu'il y a d'autres puissances hors de nous, qui peuvent empêcher les effets de nos desseins. Même, pour m'exprimer mieux, j'ai joint ensemble ces deux mots : *au regard de nous* et *absolument*, que les critiques pourraient reprendre comme se contredisant l'un à l'autre, n'était que l'intelligence du sens les accorde. Or nonobstant qu'il soit très vrai qu'aucune chose extérieure n'est en notre pouvoir, qu'en tant qu'elle dépend de la direction de notre âme, et que rien n'y est absolument que nos pensées ; et qu'il n'y ait, ce me semble, personne qui puisse faire difficulté de l'accorder, lorsqu'il y pensera expressément ; j'ai dit néanmoins qu'il faut s'accoutumer à le croire, et même qu'il est besoin à cet effet d'un long exercice, et d'une méditation souvent réitérée ; dont la raison est que nos appétits et nos passions nous dictent continuellement le contraire ; et que nous avons tant de fois éprouvé dès notre enfance, qu'en pleurant, ou commandant, etc., nous nous sommes fait obéir par nos nourrices, et avons obtenu les choses que nous désirions, que nous nous sommes insensiblement persuadés que le monde n'était fait que pour nous, et que toutes choses nous étaient dues. En quoi ceux qui sont nés grands et heureux ont le plus d'occasion de se tromper ; et l'on voit aussi que ce sont ordinairement eux qui supportent le plus impatiemment les disgrâces de la fortune. Mais il n'y a point, ce me semble, de plus digne occupation pour un philosophe, que de s'accoutumer à croire ce que lui dicte la vraie raison, et à se garder des fausses opinions que ses appétits naturels lui persuadent.

[*Le* Cogito.]

3. Lorsqu'on dit : *Je respire, donc je suis*, si l'on veut conclure son existence de ce que la respiration ne peut être sans elle, on ne conclut rien, à cause qu'il faudrait auparavant avoir prouvé qu'il est vrai qu'on respire, et cela est impossible, si ce n'est qu'on ait aussi prouvé qu'on existe. Mais si l'on veut conclure son existence du sentiment ou de l'opinion qu'on a qu'on respire, en sorte qu'encore même que cette opinion ne fût pas vraie, on juge toutefois qu'il est impossible qu'on l'eût, si on n'existait, on conclut fort bien ; à cause que cette pensée de respirer se présente alors à notre esprit avant celle de notre existence, et que nous ne pouvons douter que nous ne l'ayons pendant que nous l'avons. Et ce n'est autre chose à dire en ce sens-là : *Je respire, donc je suis*, sinon *Je pense, donc je suis*. Et si l'on y prend garde, on trouvera que toutes les autres propositions desquelles nous pouvons ainsi conclure notre existence, reviennent à cela même ; en sorte que, par elles, on ne prouve point l'existence du corps, c'est-à-dire celle d'une nature qui occupe de l'espace, etc., mais seulement celle de l'âme, c'est-à-dire d'une nature qui pense ; et bien qu'on puisse douter si ce n'est point une même nature qui pense et qui occupe de l'espace, c'est-à-dire qui est ensemble intellectuelle et corporelle, toutefois, on ne la connaît ,par le chemin que j'ai proposé, que comme intellectuelle.

4. De cela seul qu'on conçoit clairement et distinctement les deux natures de l'âme et du corps comme diverses, on connaît que véritablement elles sont diverses, et par conséquent que l'âme peut penser sans le corps, nonobstant que, lorsqu'elle lui est jointe, elle puisse être troublée en ses opérations par la mauvaise disposition des organes. [...]

[*L'animal machine.*]

6. Il est certain que la ressemblance qui est entre la plupart des actions des bêtes et les nôtres, nous a donné, dès le commencement de notre vie, tant d'occasions de juger qu'elles agissent par un principe intérieur semblable à celui qui est en nous, c'est-à-dire par le moyen d'une âme qui a des sentiments et des passions comme les nôtres, que nous sommes tous naturellement préoccupés de cette opi-

nion. Et, quelques raisons qu'on puisse avoir pour la nier, on ne saurait quasi dire ouvertement ce qui en est, qu'on ne s'exposât à la risée des enfants et des esprits faibles. Mais pour ceux qui veulent connaître la vérité, ils doivent surtout se défier des opinions dont ils ont été ainsi prévenus dès leur enfance. Et pour savoir ce que l'on doit croire de celle-ci, on doit, ce me semble, considérer quel jugement en ferait un homme, qui aurait été nourri toute sa vie en quelque lieu où il n'aurait jamais vu aucuns autres animaux que des hommes, et où, s'étant fort adonné à l'étude des mécaniques, il aurait fabriqué ou aidé à fabriquer plusieurs automates, dont les uns avaient la figure d'un homme, les autres d'un cheval, les autres d'un chien, les autres d'un oiseau, etc., et qui marchaient, qui mangeaient et qui respiraient, bref qui imitaient, autant qu'il était possible, toutes les autres actions des animaux dont ils avaient la ressemblance, sans omettre même les signes dont nous usons pour témoigner nos passions, comme de crier lorsqu'on les frappait, de fuir lorsqu'on faisait quelque grand bruit autour d'eux, etc., en sorte que souvent il se serait trouvé empêché à discerner, entre des vrais hommes, ceux qui n'en avaient que la figure ; et à qui l'expérience aurait appris qu'il n'y a, pour les reconnaître, que les deux moyens que j'ai expliqués en la page 57 de ma *Méthode* : dont l'un est que jamais, si ce n'est par hasard, ces automates ne répondent, ni de paroles, ni même par signes, à propos de ce dont on les interroge ; et l'autre que, bien que souvent les mouvements qu'ils font, soient plus réguliers et plus certains que ceux des hommes les plus sages, ils manquent néanmoins en plusieurs choses, qu'ils devraient faire pour nous imiter, plus que ne feraient les plus insensés. Il faut, dis-je, considérer quel jugement cet homme ferait des animaux qui sont parmi nous, lorsqu'il les verrait ; principalement s'il était imbu de la connaissance de Dieu, ou du moins qu'il eût remarqué de combien toute l'industrie dont usent les hommes en leurs ouvrages, est inférieure à celle que la nature fait paraître en la composition des plantes ; et en ce qu'elle les remplit d'une infinité de petits conduits imperceptibles à la vue, par lesquels elle fait monter peu à peu certaines liqueurs, qui, étant parvenues au haut de leurs branches, s'y mêlent, s'y agencent, et s'y dessèchent en telle façon, qu'elles y forment des feuilles, des fleurs et des fruits ; en sorte qu'il crût fermement que, si Dieu ou la nature avait formé quelques automates qui imitassent nos actions, ils les imiteraient plus parfaitement, et seraient sans comparaison plus industrieusement faits, qu'aucun de ceux qui peuvent être inventés par les hommes. Or il n'y a point de doute que cet homme, voyant les animaux qui sont parmi nous, et remarquant en leurs actions les deux même choses qui les rendent différentes des nôtres, qu'il aurait accoutumé de remarquer dans ses automates, ne jugerait pas qu'il y eût en eux aucun vrai sentiment, ni aucune vraie passion, comme en nous, mais seulement que ce seraient des automates, qui, étant composés par la nature, seraient incomparablement plus accomplis qu'aucun de ceux qu'il aurait faits lui-même auparavant. Si bien qu'il ne reste plus ici qu'à considérer si le jugement, qu'il ferait ainsi avec connaissance de cause, et sans avoir été prévenu d'aucune fausse opinion, est moins croyable que celui que nous avons fait dès lors que nous étions enfants, et que nous n'avons retenu depuis que par coutume, le fondant seulement sur la ressemblance qui est entre quelques actions extérieures des animaux et les nôtres, laquelle n'est nullement suffisante pour prouver qu'il y en ait aussi entre les intérieures.

A Mersenne. *17 mai 1638.*

[*Démonstration : de la certitude propre à la physique.*]

Vous demandez si je tiens que ce que j'ai écrit de la réfraction soit démonstration ; et je crois qu'oui, au moins autant qu'il est possible d'en donner en cette matière sans avoir auparavant démontré les principes de la Physique par la Métaphysique (ce que j'espère faire quelque jour, mais qui ne l'a point été par ci-devant), et autant qu'aucune autre question de Mécanique, ou d'Optique, ou d'Astronomie, ou autre matière qui ne soit point purement Géométrique ou Arithmétique ait jamais été démontrée. Mais d'exiger de moi des démonstrations géométriques en une matière qui dépend de la Physique, c'est vouloir que je fasse des choses impossibles. Et si on ne veut nommer démonstrations que les preuves des Géomètres, il faut donc dire qu'Archimède n'a jamais rien démontré dans les Mécaniques, ni

Vitellion (1) en l'Optique, ni Ptolémée en l'Astronomie, etc., ce qui, toutefois, ne se dit pas. Car on se contente, en telles matières, que les auteurs, ayant présupposé certaines choses qui ne sont point manifestement contraires à l'expérience, aient au reste, parlé conséquemment et sans faire de paralogisme, encore même que leurs suppositions ne fussent pas exactement vraies. Comme je pourrais démontrer que même la définition du centre de gravité, qui a été donnée par Archimède, est fausse, et qu'il n'y a point de tel centre ; et les autres choses qu'il suppose ailleurs ne sont point non plus exactement vraies. Pour Ptolémée et Vitellion, ils ont des suppositions bien moins certaines, et toutefois, on ne doit pas pour cela rejeter les démonstrations qu'ils en ont déduites. Or ce que je prétends avoir démontré touchant la réfraction ne dépend point de la vérité de la nature de la Lumière, ni de ce qu'elle se fait ou ne se fait pas en un instant, mais seulement de ce que je suppose qu'elle est une action ou une vertu, qui suit les mêmes lois que le mouvement local, en ce qui est de la façon dont elle se transmet d'un lieu en un autre. [...] Et sachez qu'il n'y a que deux voies pour réfuter ce que j'ai écrit, dont l'une est de prouver par quelques expériences ou raisons que les choses que j'ai supposées sont fausses ; et l'autre, que ce que j'en déduis ne saurait en être déduit. Ce que Monsieur de Fermat (2) a fort bien entendu ; car c'est ainsi qu'il a voulu réfuter ce que j'ai écrit de la réfraction, en tâchant de prouver qu'il y avait un Paralogisme. Mais pour ceux qui se contentent de dire qu'ils ne croient pas ce que j'ai écrit, à cause que je le déduis de certaines suppositions que je n'ai pas prouvées, ils ne savent pas ce qu'ils demandent, ni ce qu'ils doivent demander. [...]

[*L'air de Paris.*]

Au reste, pour en parler entre nous, il n'y a rien qui fût plus contraire à mes desseins que l'air de Paris, à cause d'une

---

(1) Vitellion, mathématicien polonais du milieu du XIIIe siècle. Il composa dans un couvent de Prémontrés, près de Valenciennes, dix livres d'optique, imprimés seulement au XVIe siècle et rendus célèbres par l'ouvrage de Kepler *Paralipomena ad Vitellionem* (Francfort, 1604). Descartes le cite au sujet de la réfraction.
(2) Fermat. Cf. Index des Correspondants.

infinité de divertissements qui y sont inévitables ; et pendant qu'il me sera permis de vivre à ma mode, je demeurerai toujours à la campagne, en quelque pays où je ne puisse être importuné des visites de mes voisins, comme je fais ici maintenant en un coin de la Northhollande ; car c'est cette seule raison qui m'a fait préférer ce pays au mien, et j'y suis maintenant si accoutumé que je n'ai nulle envie de le changer.

A Morin. *13 juillet 1638.*

[*Prouver, expliquer, démontrer.*]

Vous dites (1) que *prouver des effets par une cause, puis prouver cette cause par les mêmes effets, est un cercle logique*, ce que j'avoue ; mais je n'avoue pas pour cela que c'en soit un d'expliquer des effets par une cause, puis de la prouver par eux : car il y a grande différence entre *prouver* et *expliquer*. A quoi j'ajoute qu'on peut user du mot *démontrer* pour signifier l'un et l'autre, au moins si on le prend selon l'usage commun, et non en la signification particulière que les philosophes lui donnent. J'ajoute aussi que ce n'est pas un cercle de prouver une cause par plusieurs effets qui sont connus d'ailleurs, puis réciproquement de prouver quelques autres effets par cette cause. Et j'ai compris ces deux sens ensemble en la page 76 (2) par ces mots : *Comme les dernières raisons sont démontrées par les premières qui sont leurs causes,*

---

(1) Voici le passage de la lettre de Morin à Descartes, du 22 février 1638 : « Bien que, par la page 76 de votre *Méthode*, l'expérience rende très certains la plupart des effets que vous traitez, néanmoins vous savez très bien que l'apparence des mouvements célestes se tire aussi certainement de la supposition de la stabilité de la Terre, que de la supposition de sa mobilité ; et partant, que l'expérience d'icelle apparence n'est pas suffisante pour prouver laquelle des deux causes ci-dessus est la vraie. Et s'il est vrai que prouver des effets par une cause posée, puis prouver cette même cause par les mêmes effets, ne soit pas un cercle logique, Aristote l'a mal entendu, et on peut dire qu'il ne s'en peut faire aucun.

[...] Il n'y a rien de si aisé que d'ajuster quelque cause à un effet ; et vous savez que cela est familier aux astronomes qui, par le moyen de diverses hypothèses de cercles ou ellipses, concourent à même but ; et le même vous est très connu en votre *Géométrie*. Mais, pour prouver que la cause d'un effet posé est sa vraie et unique cause, il faut pour le moins prouver qu'un effet ne peut être produit par aucune autre cause. »

(2) *Discours de la Méthode*, VIe Partie. Ed. Adam et Tannery, VI, p. 76.

ces premières le sont réciproquement par les dernières qui sont leurs effets. Où je ne dois pas, pour cela, être accusé d'avoir parlé ambigument, à cause que je me suis expliqué incontinent après, en disant que, *l'expérience rendant la plupart de ces effets très certains, les causes dont je les déduis ne servent pas tant à les prouver qu'à les expliquer, mais que ce sont elles qui sont prouvées par eux.* Et je mets *qu'elles ne servent pas tant à les prouver,* au lieu de mettre *qu'elles n'y servent point du tout,* afin qu'on sache que chacun de ces effets peut aussi être prouvé par cette cause, en cas qu'il soit mis en doute, et qu'elle ait déjà été prouvée par d'autres effets. En quoi je ne vois pas que j'eusse pu user d'autres termes que je n'ai fait, pour m'expliquer mieux.

A Mersenne. *27 juillet 1638.*

[*Contre la « géométrie abstraite ».*]

M. des Argues (1) m'oblige du soin qu'il lui plaît avoir de moi, en ce qu'il témoigne être marri de ce que je ne veux plus étudier en géométrie. Mais je n'ai résolu de quitter que la géométrie abstraite, c'est-à-dire la recherche des questions qui ne servent qu'à exercer l'esprit ; et ce afin d'avoir d'autant plus de loisir de cultiver une autre sorte de géométrie, qui se propose pour questions l'explication des phénomènes de la nature. Car s'il lui plaît de considérer ce que j'ai écrit du sel, de la neige, de l'arc-en-ciel, etc., il connaîtra bien que toute ma Physique n'est autre chose que Géométrie.

A Mersenne. *23 août 1638.*

[*L'herbe sensitive.*]

Pour l'herbe sensitive que vous me mandez avoir vue chez M. de La Brosse (2), je n'y trouve rien d'étrange que la rareté ; car après avoir décrit le mouvement du cœur d'une façon qui pourrait aussi bien convenir à une plante qu'à un animal, si les organes s'y trouvaient de même, je n'ai aucune difficulté à concevoir comment le mouvement de cette

---

(1) Des Argues. Cf. Index des Correspondants.
(2) Guy de La Brosse (mort en 1641). Médecin du Roi. Fondateur du Jardin des Plantes de Paris.

plante se peut faire ; mais je ne voudrais pas entreprendre de
dire déterminément comment il se fait, si je ne l'avais vue et
examinée auparavant.

A MORIN. *12 septembre 1638.*

[*Définitions scolastiques.* — *Physique mécaniste.*]

Je puis bien avoir donné diverses descriptions ou explications de la lumière qui soient vraies, sans en avoir donné
pour cela aucune exacte définition au sens de l'École, *per
genus et differentiam* (1), qui est ce que je dis n'avoir point
eu dessein de faire, afin d'éviter par ce moyen les difficultés
superflues qui en pouvaient naître, auxquelles sont fort
semblables celles qui suivent. Car de dire que, *si lux n'est
autre chose que l'action du Soleil, il n'a donc point de Lumière
de sa nature* ; et que *la Lumière est un être plus actuel et plus
absolu que le mouvement* ; et qu'*il n'y a que Dieu seul qui agisse
par son essence*, etc. (2), c'est former des difficultés en paroles,
où il n'y en a point du tout en effet. Non plus que si je
disais qu'une horloge à roues ne montre les heures que par
le mouvement de son aiguille, et que sa qualité de montrer
les heures n'est point un être plus actuel et plus absolu que
son mouvement, et que ce mouvement est en elle de sa nature
et de son essence, à cause qu'elle cesserait d'être horloge
si elle ne l'avait point, etc. Je sais bien que vous direz que
la forme de cette horloge n'est qu'artificielle, au lieu que
celle du soleil est naturelle et substantielle ; mais je réponds
que cette distinction ne regarde que la cause de ces formes,
et non point du tout leur nature, ou du moins que cette
forme substantielle du soleil, en tant qu'elle diffère des
qualités qui se trouvent en sa matière, est derechef un être
philosophique qui m'est inconnu.

Il est vrai que les comparaisons dont on a coutume d'user
dans l'École, expliquant les choses intellectuelles par les
corporelles, les substances par les accidents, ou du moins
une qualité par une autre d'une autre espèce, n'instruisent
que fort peu ; mais pour ce qu'en celles dont je me sers, je
ne compare que des mouvements à d'autres mouvements,

(1) « Par le genre et la différence spécifique. »
(2) Descartes cite des objections de Morin.

ou des figures à d'autres figures, etc., c'est-à-dire que des choses qui à cause de leur petitesse ne peuvent tomber sous nos sens à d'autres qui y tombent, et qui d'ailleurs ne diffèrent pas davantage d'elles qu'un grand cercle diffère d'un petit cercle, je prétends qu'elles sont le moyen le plus propre pour expliquer la vérité des questions physiques, que l'esprit humain puisse avoir ; jusque là que, lorsqu'on assure quelque chose touchant la nature, qui ne peut être expliquée par aucune telle comparaison, je pense savoir par démonstration qu'elle est fausse.

A DE BEAUNE (?) (1), *12 septembre 1638.*

[*Conseils à un étudiant.*]

Monsieur, je vous suis très obligé du souvenir qu'il vous plaît avoir de moi, et je tiens à honneur que vous veuilliez savoir mon opinion touchant l'éducation de M. votre fils. Le désir que j'aurais, de vous pouvoir rendre quelque service en sa personne, m'empêcherait de vous dissuader de l'envoyer en ces quartiers, si je pensais que le dessein que vous avez touchant ses études s'y pût accomplir ; mais la philosophie ne s'enseigne ici que très mal : les professeurs n'y font que discourir une heure le jour, environ la moitié de l'année, sans dicter jamais aucun écrit, ni achever le cours en aucun temps déterminé ; en sorte que ceux qui en veulent tant soit peu savoir, sont contraints de se faire instruire en particulier par quelque maître, ainsi qu'on fait en France pour le Droit, lorsqu'on veut entrer en office. Or encore que mon opinion ne soit pas que toutes les choses qu'on enseigne en philosophie soient aussi vraies que l'Évangile, toutefois, à cause qu'elle est la clef des autres sciences, je crois qu'il est très utile d'en avoir étudié le cours entier, en la façon qu'il s'enseigne dans les écoles des Jésuites, avant qu'on entreprenne d'élever son esprit au-dessus de la pédanterie, pour se faire savant de la bonne sorte. Et je dois rendre cet honneur à mes maîtres, que de dire qu'il n'y a lieu au monde, où je juge qu'elle s'enseigne mieux qu'à La Flèche. Outre que c'est, ce me semble, un grand changement, pour la première sortie de la maison,

---

(1) DE BEAUNE. Cf. Index des Correspondants.

que de passer tout d'un coup en un pays différent de langue, de façons de vivre et de religion, au lieu que l'air de La Flèche est voisin du vôtre ; et à cause qu'il y a quantité de jeunes gens de tous les quartiers de la France, ils y font un certain mélange d'humeurs, par la conversation les uns des autres, qui leur apprend quasi la même chose que s'ils voyageaient. Et enfin l'égalité que les Jésuites mettent entre eux, en ne traitant guère d'autre façon les plus relevés que les moindres, est une invention extrêmement bonne, pour leur ôter la tendresse et les autres défauts qu'ils peuvent avoir acquis par la coutume d'êtres chéris dans les maisons de leurs parents. Mais, Monsieur, j'appréhende que la trop bonne opinion que vous m'avez fait avoir de moi-même, en prenant la peine de me demander mon avis, ne m'ait donné occasion de vous l'écrire plus librement que je ne devais. C'est pourquoi je n'y ose rien ajouter, sinon que, si M. votre fils vient en ces quartiers, je le servirai en tout ce qui me sera possible. J'ai logé à Leyde en une maison où il pourrait être assez bien pour la nourriture ; mais pour les études, je crois qu'il serait beaucoup mieux à Utrecht ; car c'est une université qui, n'étant érigée que depuis quatre ou cinq ans, n'a pas encore eu le temps de se corrompre, et il y a un professeur, appelé M. Le Roy (1), qui m'est intime ami, et qui, selon mon jugement, vaut plus que tous ceux de Leyde.

A Mersenne. *11 octobre 1638.*

[*Galilée et la physique mathématique.*]

Mon R. P., je commencerai cette lettre par mes observations sur le livre de Galilée (2). Je trouve en général qu'il philosophe beaucoup mieux que le vulgaire, en ce qu'il quitte le plus qu'il peut les erreurs de l'École, et tâche à examiner les matières physiques par des raisons mathématiques. En cela je m'accorde entièrement avec lui et je tiens qu'il n'y a point d'autre moyen pour trouver la vérité. Mais il me semble qu'il manque beaucoup en ce qu'il fait continuellement des digressions et ne s'arrête point à expliquer tout à fait

---

(1) Regius, cf. Index des Correspondants.
(2) « *Discours et démonstrations de mathématiques* » (1638). Sur Galilée, cf. p. 21, n. 1.

une matière ; ce qui montre qu'il ne les a point examinées par ordre, et que, sans avoir considéré les premières causes de la nature, il a seulement cherché les raisons de quelques effets particuliers, et ainsi qu'il a bâti sans fondement. Or d'autant que sa façon de philosopher est plus proche de la vraie, d'autant peut-on plus aisément connaître ses fautes, ainsi qu'on peut mieux dire quand s'égarent ceux qui suivent quelquefois le droit chemin, que quand s'égarent ceux qui n'y entrent jamais. [...]

Je ne dis rien des démonstrations de géométrie dont la plupart de son livre est rempli, car je n'ai su avoir la patience de les lire, et je veux croire qu'elles sont toutes vraies. [...]

[*Défi à des contradicteurs.*]

Pour le sieur Petit (1), de qui vous me mandez que je vous écrive quelque chose que vous lui puissiez montrer, afin qu'il ne se fâche point, je vous dirai que je n'ai nullement coutume de flatter mes ennemis, et que, s'il se fâche de mon silence, il se fût bien encore plus fâché de ma réponse ; car je ne l'aurais point épargné, et j'en aurais eu très ample matière. Les raisons qu'il donne pour prouver l'existence de Dieu, sont si badines qu'il semble s'être voulu moquer de Dieu en les écrivant ; et bien qu'il y en ait une qu'il a empruntée de moi, il lui a toutefois ôté toute sa force en la mettant comme il l'a mise. Mais vous lui pourrez dire, s'il vous plaît, que j'attends ses objections contre ma *Dioptrique*, afin que, si elles en valent la peine, je puisse répondre à l'un et à l'autre ensemble ; et que, pour ce qu'il a écrit de Dieu, je craindrais qu'on se moquât de nous en voir disputer l'un contre l'autre, vu que nous ne sommes point théologiens de profession. [...]

---

(1) PETIT (Pierre) (1598-1677). Ingénieur militaire et intendant des fortifications ; employait ses loisirs à faire des expériences (sur la réfraction) qui n'étaient pas sans valeur, et des observations astronomiques. C'est Petit qui rapporta à Pascal le récit de l'expérience de Torricelli. Au cours de 1638, il multiplie les objections contre la *Dioptrique*, et parle trop légèrement des preuves de l'existence de Dieu, DESCARTES écrit le 30 avril 1639 à MERSENNE :

« Je crois que vous faites trop d'honneur au sieur Petit de lui contredire ; il faut laisser aboyer les petits chiens sans prendre la peine de leur résister, et je m'assure qu'il est plus fâché de ce que je n'ai pas daigné lui répondre, que si je lui avais dit tout le mal que j'eusse pu, bien qu'il m'en ait donné ample matière. »

11 OCTOBRE 1638

[*Problème du cylindre égal à un anneau.*]

Pour la question de M. N. (1) touchant un cylindre égal à un anneau, elle est trop facile, et je vous prie de lui dire que je n'ai pas voulu vous répondre autre chose là-dessus, sinon que je vois bien qu'il a déjà usé toute sa meilleure poudre contre moi, et que celle dont il tire maintenant a fort peu de force : car en effet je ne veux plus du tout leur rien répondre, et je suis las de leur géométrie ; mais je vous jure que, sans plume ni calcul, avec un seul moment d'attention, je vois qu'il est égal au cylindre dont la base est un petit cercle égal à la grosseur de cet anneau, et dont la hauteur est égale à la circonférence du cercle qui passe par le centre de cette grosseur ; et de plus la surface de cet anneau est égale à celle de ce même cylindre, sans ses bases ; et voilà tout ce qu'il peut avoir trouvé sur ce sujet. Mais sachez que ce n'est rien qui vaille le parler ; car d'autant qu'on ne saurait égaler une ligne droite à une circulaire, on ne saurait pour cela donner la hauteur de ce cylindre, et ainsi il se vante d'avoir trouvé ce qui ne peut être trouvé. Et je vous dirai que je n'ai point voulu répondre touchant la surface d'un cône scalène, à cause que je crois qu'ils ne la savent point, ni même si elle est possible ou non, et qu'ils le veulent apprendre de moi, sans m'en savoir gré. Car je pense savoir fort bien maintenant jusques où va la portée de leur esprit, et s'il a été un an à chercher quel est le cône qui a la plus grande solidité (2) avec la moindre surface, qui est une chose que je viens de trouver en un trait de plume, je vous assure qu'il lui faudra plus d'un siècle à bien entendre ma géométrie. Et pour la réfutation de l'opinion de Galilée touchant le mouvement sur les plans inclinés, M. Fermat (3) se mécompte, en ce qu'il fonde son argument sur ce que les poids tendent vers le centre de la terre, qu'il imagine comme un point, et Galilée suppose qu'ils descendent par des lignes parallèles.

---

(1) ROBERVAL. [?] Cf. Index des Correspondants.
(2) « Le plus grand volume ».
(3) FERMAT. Cf. Index des Correspondants.

A Mersenne, *9 janvier 1639.*

[« *Aimer la vie sans craindre la mort* ».]

1. Il faudrait que je fusse fort las de vivre si je négligeais de me conserver après avoir lu vos dernières, où vous me mandez que vous, et quelques autres personnes de très grand mérite, avez tel soin de moi que vous craignez que je ne sois malade, lorsque vous êtes plus de quinze jours sans recevoir de mes lettres. Mais il y a trente ans que je n'ai eu, grâces à Dieu, aucun mal qui méritât d'être appelé mal. Et parce que l'âge m'a ôté cette chaleur de foie qui me faisait autrefois aimer les armes, et que je ne fais plus profession que de poltronnerie, et aussi que j'ai acquis quelque peu de connaissance de la médecine, et que je me sens vivre, et me tâte avec autant de soin qu'un riche goutteux, il me semble quasi que je suis maintenant plus loin de la mort que je n'étais en ma jeunesse. Et si Dieu ne me donne assez de science pour éviter les incommodités que l'âge apporte, j'espère qu'il me laissera au moins assez longtemps en cette vie pour me donner loisir de les souffrir. Toutefois, le tout dépend de sa providence, à laquelle, raillerie à part, je me soumets d'aussi bon cœur que puisse avoir fait le Père Joseph (1); et l'un des points de ma morale est d'aimer la vie sans craindre la mort.

2. Je vous suis extrêmement obligé de la peine que vous prenez de corriger les fautes d'impression de mes Essais, mais j'ai quasi peur qu'elle soit superflue : car vu le peu d'exemplaires que le libraire dit en avoir vendu, je ne vois pas grande apparence qu'il les doive réimprimer. [...]

[*Sur le vide.*]

4. Si vous voulez concevoir que Dieu ôte tout l'air qui est dans une chambre, sans remettre aucun autre corps en sa place, il faut par même moyen que vous conceviez que les murailles de cette chambre se viennent joindre, ou bien il y aura de la contradiction en votre pensée. Car, tout de même qu'on ne saurait imaginer qu'il aplanisse toutes les montagnes de la terre, et que, nonobstant cela, il y laisse

---

(1) Le P. Joseph venait de mourir le 18 décembre 1638.

toutes les vallées, ainsi ne peut-on penser qu'il ôte toute
sorte de corps, et que, nonobstant, il laisse de l'espace, à
cause que l'idée que nous avons du corps, ou de la matière
en général, est comprise en celle que nous avons de l'espace,
à savoir que c'est une chose qui est longue, large et profonde,
ainsi que l'idée d'une montagne est comprise en celle d'une
vallée. [...]

[*Expériences.*]

6. Il n'y a point d'expériences qui ne se trouvassent utiles
à quelque chose, si on pouvait examiner toute la nature ;
mais il n'y en a point qui me semblent moins utiles que
d'examiner les diverses forces qui peuvent rompre divers
cylindres, de quelque matière qu'on les fasse : car ne doutez
pas que les divers métaux n'aient aussi diverses parties, qui
font que les uns se rompent mieux en tirant que les autres,
bien que cela n'y soit pas si visible que dans le bois. [...]

11. Pour vos expériences du tuyau, je suis marri de vous
avoir donné la peine d'en faire quelques-unes à mon occasion :
car je trouve qu'il est presque impossible de bien raisonner
sur des expériences qui ont été faites par d'autres, à cause
que chacun regarde les choses d'un biais qui lui est particulier. Et au bout du compte, encore qu'on sût exactement
quelles lignes décrivent les jets de l'eau, ou les balles des
canons, etc., je ne vois pas qu'on en tirât grande utilité. [...]

[*Impatience.*]

Au reste, mon Révérend Père, j'ai à vous dire que je
me suis proposé une étude pour le reste de cet hiver, qui
ne souffre aucune distraction ; c'est pourquoi je vous
supplie très humblement de me permettre de ne plus
écrire jusques à Pâques ; cela s'entend s'il n'intervient
aucune chose qui soit pressée, et je vous prie aussi de ne
laisser pas cependant de m'envoyer les lettres qui me
seront adressées, et celles qu'il vous plaira de m'écrire
seront toujours les très bien venues. Et afin que je ne semble
pas ici négliger la charité dont vous m'obligez, en ce que
vous craignez que je ne sois malade, lorsque vous êtes
longtemps sans recevoir de mes lettres, je vous promets
que, s'il m'arrive en cela quelque chose d'humain, j'aurai

soin que vous en soyez incontinent averti, ou par moi ou par d'autres. Et ainsi, pendant que vous n'aurez point de mes nouvelles, vous croirez toujours, s'il vous plaît, que je vis, que je suis sain, que je philosophe, et que je suis passionnément, mon Révérend Père, votre très humble et très affectionné serviteur.

A Mersenne. *9 février 1639.*

[*Amitié sans foi (De la circulation du sang).*]

Vous me mandez qu'un médecin italien a écrit contre Herveus (1) *de motu cordis,* et que cela vous fait être marri de ce que je me suis engagé à écrire de cette matière ; en quoi je vous dirai franchement que je ne vous saurais remercier de votre charité en mon endroit : car il faut que vous ayez bien mauvaise opinion de moi, puisque, de cela seul qu'on vous dit qu'un autre a écrit, non pas contre moi : (car, bien que ceux qui ne regardent que l'écorce jugent que j'ai écrit le même qu'Herveus, à cause de la circulation du sang, qui leur donne seule dans la vue, j'explique toutefois tout ce qui appartient au mouvement du cœur d'une façon entièrement contraire à la sienne) ; mais de ce quelqu'un a écrit quelque chose, que vous imaginez être contre moi, sans avoir ouï ses raisons, ni même savoir s'il est habile homme, vous supposez incontinent que j'ai failli. Je vois de là, et de plusieurs autres telles choses, que les bonnes raisons ont fort peu de force pour persuader la vérité, ce qui me fait presque résoudre d'oublier tout à fait à écrire, et n'étudier jamais plus que pour moi-même.

A Mersenne. *20 février 1639.*

[*Compétence en anatomie.*]

La multitude et l'ordre des nerfs, des veines, des os et des autres parties d'un animal, ne montre point que la nature n'est pas suffisante pour les former, pourvu qu'on

(1) Harvey (1578-1657). Médecin et savant anglais. Professeur d'anatomie et de chirurgie au Collège royal de Londres. Publie en 1628 sa grande découverte : *Exercitatio anatomica de motu Cordis et Sanguinis in animalibus* (« Recherches anatomiques sur le mouvement du Cœur et du Sang chez les Animaux »).

suppose que cette nature agit en tout suivant les lois exactes des mécaniques, et que c'est Dieu qui lui a imposé ces lois. En effet, j'ai considéré non seulement ce que Vezalius (1) et les autres écrivent de l'anatomie, mais aussi plusieurs choses plus particulières que celles qu'ils écrivent, lesquelles j'ai remarquées en faisant moi-même la dissection de divers animaux. C'est un exercice où je me suis souvent occupé depuis onze ans, et je crois qu'il n'y a guère de médecin qui y ait regardé de si près que moi. Mais je n'y ai trouvé aucune chose dont je ne pense pouvoir expliquer en particulier la formation par les causes naturelles, tout de même que j'ai expliqué, en mes *Météores*, celle d'un grain de sel, ou d'une petite étoile de neige. Et si j'étais à recommencer mon *Monde*, où j'ai supposé le corps d'un animal tout formé, et me suis contenté d'en montrer les fonctions, j'entreprendrais d'y mettre aussi les causes de sa formation et de sa naissance. Mais je n'en sais pas encore tant pour cela, que je pusse seulement guérir une fièvre. Car je pense connaître l'animal en général, lequel n'y est nullement sujet, et non pas encore l'homme en particulier, lequel y est sujet.

A M. DE BEAUNE. *20 février 1639.*

[*Sur* La Géométrie : *qu'elle a été difficile à dessein.*]

Toutefois je puis assurer que je n'ai rien omis de tout cela qu'à dessein, excepté le cas de l'asymptote que j'ai oublié (2). Mais j'avais prévu que certaines gens, qui se vantent de savoir tout, n'eussent pas manqué de dire que je n'avais rien écrit qu'ils n'aient su auparavant, si je me fusse rendu assez intelligible pour eux ; et je n'aurais pas eu le plaisir, que j'ai eu depuis, de voir l'impertinence de leurs objections. Outre que ce que j'ai omis ne nuit à personne ; car pour les autres, il leur sera plus profitable de tâcher à l'inventer d'eux-mêmes, que de le trouver dans un livre. Et pour moi, je ne crains pas que ceux qui s'y entendent

---

(1) VESALE, né à Bruxelles en 1514. Professe l'anatomie en Italie. Persécuté pour ses opinions contre Galien. Accusé d'avoir « disséqué un homme vivant » est condamné à mort par l'Inquisition. Sauvé par Charles Quint dont il était le médecin.

(2) Descartes vient d'énumérer un certain nombre d' « omissions » qu'il a faites dans sa *Géométrie*.

m'imputent aucune de ces omissions à ignorance ; car j'ai partout eu soin de mettre le plus difficile, et de laisser seulement le plus aisé.

A Huygens. *Santport, 6 juin 1639.*

[*De la publication du* Monde.]

Monsieur, vous avez un extrême pouvoir sur moi, et j'aurais grande honte de ne pas faire ce que vous témoignez désirer, si la vanité que je tire de ce que vous prenez la peine de m'en prier ne m'avait entièrement ébloui ; mais il faut, s'il vous plaît, que vous pardonniez à mon insolence puisque c'est l'estime que je fais de vous qui la cause ; et que vous me permettiez de vous dire que, bien que les raisons pour lesquelles vous me mandez que je dois publier mes rêveries soient très fortes pour l'intérêt de mes rêveries mêmes, c'est-à-dire pour faire qu'elles soient plus aisément reçues et mieux entendues, je ne veux point examiner les raisons que vous apportez, car votre autorité est suffisante pour me les faire croire très fortes ; mais je dirai seulement que celles qui m'ont ci-devant empêché de faire ce que vous me voulez persuader, n'étant point encore changées, je ne saurais aussi changer de résolution, sans témoigner une inconstance qui ne doit pas entrer en l'âme d'un philosophe. Et que cependant je n'ai pas juré de ne permettre point que mon *Monde* voie le jour pendant ma vie ; comme je n'ai point aussi juré de faire qu'il le voie après ma mort ; mais que j'ai seulement dessein, tant en cela qu'en toute autre chose, de me régler sur les occurrences, et de suivre, autant que je pourrai, les conseils les plus sûrs et les plus tranquilles. Et pour la mort, dont vous m'avertissez, quoique je sache assez qu'elle peut à chaque moment me surprendre, je me sens encore, grâces à Dieu, les dents si bonnes et si fortes, que je ne pense pas la devoir craindre de plus de trente ans, si ce n'est qu'elle me surprenne. Et comme on laisse les fruits dans les arbres aussi longtemps qu'ils y peuvent devenir meilleurs, nonobstant qu'on sache bien que les vents et la grêle, et plusieurs autres hasards, les peuvent gâter pendant toutes les heures qu'ils y demeurent, ainsi je crois que mon *Monde* est de ces fruits qu'on doit laisser mûrir sur l'arbre, et qui ne peuvent trop tard être cueillis. Et après tout, je m'assure que c'est plutôt pour me gratifier, que vous m'invitez à le publier, que pour aucune autre occasion : car vous jugez bien que je ne me serais pas amusé à l'écrire, si ce n'était à dessein de le faire voir, et que par conséquent je n'y manquerai pas, si jamais j'y trouve mon compte. C'est pourquoi, encore que cela n'arrive pas si tôt, vous ne laisserez pas, s'il vous plaît, de me croire, etc.

A Huygens. *Octobre 1639.*

[*Sur deux prêtres catholiques.*]

Je dirai seulement ici, que je crois les avoir assez fréquentés, pour connaître qu'ils ne sont pas de ces simples qui se persuadent qu'on ne peut être bon catholique qu'en favorisant le parti du roi qu'on nomme catholique, ni de ces séditieux qui le persuadent aux simples ; et qu'ils sont trop dans le bon sens et dans les maximes de la bonne morale. A quoi j'ajoute qu'ils sont ici trop accommodés et trop à leur aise, dans la médiocrité de leur condition ecclésiastique, et qu'ils chérissent trop leur liberté, pour n'être pas bien affectionnés à l'État dans lequel ils vivent [...] et j'ose dire que ce serait un grand bien pour le pays, que tous ceux de leur profession leur ressemblassent.

A Mersenne. *16 octobre 1639.*

[*Vérité, lumière naturelle.*]

Depuis mes dernières, j'ai pris le temps de lire le livre que vous m'avez fait la faveur de m'envoyer (1), et pour ce que vous m'en avez demandé mon sentiment et qu'il traite d'un sujet auquel j'ai travaillé toute ma vie, je pense vous en devoir ici écrire. J'y trouve plusieurs choses fort bonnes, *sed non publici saporis* (2), car il y a peu de personnes qui soient capables d'entendre la métaphysique. Et pour le général du livre, il tient un chemin fort différent de celui que j'ai suivi. Il examine ce que c'est que la vérité ; et pour moi, je n'en ai jamais douté, me semblant que c'est une notion si transcen-

---

(1) « *De la vérité en tant qu'elle est distincte de la Révélation, etc.* », de Herbert DE CHERBURY (1583-1648), ambassadeur d'Angleterre à Paris, en 1618.
(2) « Mais qui ne seraient pas au goût de tout le monde. »

dantalement claire, qu'il est impossible de l'ignorer : en effet, on a bien des moyens pour examiner une balance avant que de s'en servir, mais on n'en aurait point pour apprendre ce que c'est que la vérité, si on ne la connaissait de nature. Car quelle raison aurions-nous de consentir à ce qui nous l'apprendrait, si nous ne savions qu'il fût vrai, c'est-à-dire, si nous ne connaissions la vérité ? Ainsi on peut bien expliquer *quid nominis* (1) à ceux qui n'entendent pas la langue, et leur dire que ce mot *vérité*, en sa propre signification, dénote la conformité de la pensée avec l'objet, mais que, lorsqu'on l'attribue aux choses qui sont hors de la pensée, il signifie seulement que ces choses peuvent servir d'objets à des pensées véritables, soit aux nôtres, soit à celles de Dieu ; mais on ne peut donner aucune définition de logique qui aide à connaître sa nature. Et je crois le même de plusieurs autres choses, qui sont fort simples, et se connaissent naturellement, comme sont la figure, la grandeur, le mouvement, le lieu, le temps, etc., en sorte que, lorsqu'on veut définir ces choses, on les obscurcit et on s'embarrasse. Car, par exemple, celui qui se promène dans une salle, fait bien mieux entendre ce que c'est que le mouvement, que ne fait celui qui dit : *est actus entis in potentia prout in potentia* (2), et ainsi des autres.

L'auteur prend pour règle de ses vérités le consentement universel ; pour moi, je n'ai pour règle des miennes que la lumière naturelle, ce qui convient bien en quelque chose : car tous les hommes ayant une même lumière naturelle, ils semblent devoir tous avoir les mêmes notions ; mais il est très différent, en ce qu'il n'y a presque personne qui se serve bien de cette lumière, d'où vient que plusieurs (par exemple tous ceux que nous connaissons) peuvent consentir à une même erreur, et il y a quantité de choses qui peuvent être connues par la lumière naturelle, auxquelles jamais personne n'a encore fait de réflexion.

[*Contre les facultés de l'âme.*]

Il veut qu'il y ait en nous autant de facultés qu'il y a de diversités à connaître, ce que je ne puis entendre autrement que comme si, à cause que la cire peut recevoir

---

(1) « Ce que signifie le mot. »
(2) « C'est l'acte de l'être en puissance, autant qu'il est en puissance. »

une infinité de figures, on disait qu'elle a en soi une infinité de facultés pour les recevoir. Ce qui est vrai en ce sens-là ; mais je ne vois point qu'on puisse tirer aucune utilité de cette façon de parler, et il me semble plutôt qu'elle peut nuire en donnant sujet aux ignorants d'imaginer autant de diverses petites entités en notre âme. C'est pourquoi j'aime mieux concevoir que la cire, par sa seule flexibilité, reçoit toutes sortes de figures, et que l'âme acquiert toutes ses connaissances par la réflexion qu'elle fait, ou sur soi-même pour les choses intellectuelles, ou sur les diverses dispositions du cerveau auquel elle est jointe, pour les corporelles, soit que ces dispositions dépendent des sens ou d'autres causes. Mais il est très utile de ne rien recevoir en sa créance, sans considérer à quel titre ou pour quelle cause on l'y reçoit, ce qui revient à ce qu'il dit, qu'on doit toujours considérer de quelle faculté on se sert, etc.

Il n'y a point de doute qu'il faut aussi, comme il dit, prendre garde que rien ne manque de la part de l'objet, ni du milieu, ni de l'organe, etc., afin de n'être pas trompé par les sens.

[*Instinct et intuition.*]

Il veut qu'on suive surtout l'instinct naturel, duquel il tire toutes ses notions communes ; pour moi, je distingue deux sortes d'instincts : l'un est en nous en tant qu'hommes et est purement intellectuel ; c'est la lumière naturelle ou *intuitus mentis* (1), auquel seul je tiens qu'on se doit fier ; l'autre est en nous en tant qu'animaux, et est une certaine impulsion de la nature à la conservation de notre corps, à la jouissance des voluptés corporelles, etc., lequel ne doit pas toujours être suivi.

A Mersenne. *13 novembre 1639.*

[*Descartes aux prêches et chez les bouchers.*]

Pour celui qui dit que je vais au prêche des Calvinistes, c'est bien une calomnie très pure ; et en examinant ma conscience, pour savoir sur quel prétexte on l'a pu fonder, je n'en trouve aucun autre, sinon que j'ai été une fois avec M. de N. et M. Hesdin à une lieue de Leyde, pour voir

---

(1) « Intuition de l'esprit. »

par curiosité l'assemblée d'une certaine secte de gens, qui se nomment prophètes, et entre lesquels il n'y a point de ministre, mais chacun prêche qui veut, soit homme ou femme, selon qu'il s'imagine être inspiré ; en sorte qu'en une heure de temps, nous ouïmes les sermons de cinq ou six paysans ou gens de métier. Et une autre fois nous fûmes entendre le prêche d'un ministre Anabaptiste, qui disait des choses si impertinentes, et parlait un français si extravagant, que nous ne pouvions nous empêcher d'éclater de rire ; et je pensais être plutôt à une farce qu'à un prêche. Mais pour ceux des Calvinistes, je n'y ai jamais été de ma vie que depuis votre lettre écrite, que me trouvant à La Haye le neuvième de ce mois, qui est le jour qu'on remercie Dieu et qu'on fait des feux de joie pour la défaite de la flotte espagnole, je fus entendre un ministre français dont on fait état ; mais ce fut en telle sorte, qu'il n'y avait là personne qui m'aperçût, qui ne connût bien que je n'y allais pas pour y croire ; car je n'y entrai qu'au moment que le prêche commençait ; j'y demeurai contre la porte, et en sortis au moment qu'il fut achevé, sans vouloir assister à aucune de leurs cérémonies. Que si j'eusse reçu votre lettre auparavant, je n'y aurais pas été du tout : mais il est impossible d'éviter les discours de ceux qui veulent parler sans raison.

Et celui dont vous m'écrivez doit avoir l'esprit bien faible, de m'accuser d'aller par les villages, pour voir tuer des pourceaux ; car il s'en tue bien plus dans les villes que dans les villages, où je n'ai jamais été pour ce sujet. Mais, comme vous m'écrivez, ce n'est pas un crime d'être curieux de l'anatomie ; et j'ai été un hiver à Amsterdam, que j'allais quasi tous les jours en la maison d'un boucher, pour lui voir tuer les bêtes, et faisais apporter de là en mon logis les parties que je voulais anatomiser plus à loisir ; ce que j'ai encore fait plusieurs fois en tous les lieux où j'ai été, et je ne crois pas qu'aucun homme d'esprit m'en puisse blâmer.

[*Mathématiques et métaphysique.*]

Les opinions de vos Analystes (1), touchant l'existence de Dieu et l'honneur qu'on lui doit rendre, sont, comme vous

(1) Descartes désigne par là des géomètres de Paris, et sans doute Roberval.

écrivez, très difficiles à guérir ; non pas qu'il n'y ait moyen de donner des raisons assez fortes pour les convaincre, mais parce que ces gens-là, pensant avoir bon esprit, sont souvent moins capables de raison que les autres. Car la partie de l'esprit qui aide le plus aux mathématiques, à savoir, l'imagination, nuit plus qu'elle ne sert pour les spéculations métaphysiques. J'ai maintenant entre les mains un Discours, où je tâche d'éclaircir ce que j'ai écrit ci-devant sur ce sujet ; il ne sera que de cinq ou six feuilles d'impression ; mais j'espère qu'il contiendra une bonne partie de la métaphysique. Et afin de le mieux faire, mon dessein est de n'en faire imprimer que vingt ou trente exemplaires, pour les envoyer aux vingt ou trente plus savants théologiens dont je pourrai avoir connaissance, afin d'en avoir leur jugement, et apprendre d'eux ce qui sera bon d'y changer, corriger ou ajouter, avant que de le rendre public.

Je crois bien que dans le vide, s'il était possible, la moindre force pourrait mouvoir les plus grands corps, aussi bien que les plus petits, mais non de même vitesse. Car la même force ferait mouvoir une pierre double en grosseur, de la moitié moins vite que la simple. [...]

[*Italie.*]

Votre voyage d'Italie me donne de l'inquiétude, car c'est un pays fort malsain pour les Français ; surtout il y faut manger peu, car les viandes de là nourrissent trop ; il est vrai que cela n'est pas tant considérable pour ceux de votre profession. Je prie Dieu que vous en puissiez retourner heureusement. Pour moi, sans la crainte des maladies que cause la chaleur de l'air, j'aurais passé en Italie tout le temps que j'ai passé en ces quartiers, et ainsi je n'aurais pas été sujet à la calomnie de ceux qui disent que je vais au prêche ; mais je n'aurais peut-être pas vécu si sain que j'ai fait.

TROISIÈME PARTIE

AU TEMPS DES « MÉDITATIONS »
(1640-1642)

A Mersenne. *29 janvier 1640.*

[*Astrologie.*]

Hortensius (1) étant en Italie il y a quelques années, se voulut mêler de faire son horoscope, et dit à deux jeunes hommes de ce pays, qui étaient avec lui, qu'il mourrait en l'an 1639 et que, pour eux, ils ne vivraient pas longtemps après. Or lui étant mort cet été comme vous savez, ces deux jeunes hommes en ont eu une telle appréhension que l'un d'eux est déjà mort, et l'autre, qui est fils de Heinsius (2), est si languissant et si triste, qu'il semble faire tout son possible afin que l'Astrologie n'ait pas menti. Voilà une belle science qui sert à faire mourir des personnes qui n'eussent pas peut-être été malades sans elle.

A Meyssonnier (3). *29 janvier 1640.*

[*La glande pinéale. Mémoire et habitude.*]

Monsieur, j'eusse été le premier à vous écrire, si j'eusse eu le bien de vous connaître pour tel que vous vous décrivez en la lettre que vous m'avez fait la faveur de m'envoyer ; car la recherche de la vérité est si nécessaire et si ample, que le travail de plusieurs milliers d'hommes y devrait concourir :

---

(1) Hortensius (1605-1639), mathématicien hollandais, professeur à l'Ecole illustre d'Amsterdam.
(2) Heinsius, professeur de langues anciennes à Leyde.
(3) Meyssonnier. Cf. Index des Correspondants.

et il y a si peu de personnes au monde qui l'entreprennent
à bon escient, que ceux qui le font se doivent d'autant plus
chérir les uns les autres, et tâcher à s'entr'aider en se
communiquant leurs observations et leurs pensées, ce que
je vous offre de ma part avec toute sorte d'affection. Et
afin de commencer, je répondrai ici à ce qu'il vous a plu
me demander, touchant l'usage de la petite glande nommée
conarium (1). A savoir, mon opinion est que cette glande
est le principal siège de l'âme, et le lieu où se font toutes
nos pensées. La raison qui me donne cette créance est que
je ne trouve aucune partie en tout le cerveau, excepté celle-là
seule, qui ne soit double ; or est-il que, puisque nous ne
voyons qu'une même chose des deux yeux, ni n'oyons qu'une
même voix des deux oreilles, et enfin que nous n'avons
jamais qu'une pensée en même temps, il faut de nécessité
que les espèces qui entrent par les deux yeux, ou par les
deux oreilles, etc., s'aillent unir en quelque partie du corps
pour y être considérées par l'âme ; or il est impossible d'en
trouver aucune autre, en toute la tête, que cette glande ;
outre qu'elle est située le plus à propos qu'il est possible
pour ce sujet, à savoir, au milieu, entre toutes les concavités ;
et elle est soutenue et environnée de petites branches des
artères carotides, qui apportent les esprits dans le cerveau.
Mais pour les espèces qui se conservent dans la mémoire,
je n'imagine point qu'elles soient autre chose que comme
les plis qui se conservent en ce papier, après qu'il a été
une fois plié ; et ainsi je crois qu'elles sont principalement
reçues en toute la substance du cerveau, bien que je ne nie
pas qu'elles ne puissent être aussi en quelque façon en cette
glande, surtout en ceux qui ont l'esprit plus hébété : car
pour les esprits fort bons et fort subtils, je crois qu'ils la
doivent avoir toute libre à eux et fort mobile ; comme nous
voyons aussi que dans les hommes elle est plus petite que
dans les bêtes, tout au rebours des autres parties du cerveau. Je crois aussi que quelques-unes des espèces qui servent à la mémoire peuvent être en diverses autres parties
du corps, comme l'habitude d'un joueur de luth n'est pas

---

(1) *Conarium*, mot transcrit du grec (= petit cône) et désignant
l'organe appelé aussi *glande pinéale* (= en forme de pomme de pin).
On le nomme aujourd'hui *épiphyse*.

seulement dans sa tête, mais aussi en partie dans les muscles de ses mains, etc. Mais pour les effigies des petits chiens, qu'on dit paraître dans l'urine de ceux qui ont été mordus par des chiens enragés, je vous avoue que j'ai toujours cru que c'était une fable, et si vous ne m'assurez de les avoir vues bien distinctes et bien formées, j'aurai encore maintenant de la peine à les croire, bien que, s'il est vrai qu'elles se voient, la cause en puisse en quelque façon être rendue, ainsi que celles des marques, que les enfants reçoivent des envies de leurs mères.

A Mersenne. *11 mars 1640.*

[*Expérience et raisonnement.*]

Pour la Physique, je croirais n'y rien savoir, si je ne savais que dire comment les choses peuvent être, sans démontrer qu'elles ne peuvent être autrement ; car l'ayant réduite aux lois des Mathématiques, c'est chose possible, et je crois le pouvoir en tout ce peu que je crois savoir, bien que je ne l'aie pas fait en mes *Essais*, à cause que je n'ai pas voulu y donner mes Principes, et je ne vois encore rien qui me convie à les donner à l'avenir.

A Huygens. *Santport, 12 mars 1640.*

[*Exemples de crédulité : les stigmates.*]

Monsieur, il faut que je vous avoue que les prières à contre-temps et hors de saison (1), que je me trouvai dernièrement engagé à vous faire, m'avaient laissé je ne sais quelle honte sur le visage, qu'il me semblait ne pouvoir chasser qu'en vous écrivant de quelque autre matière, de quoi je souhaitais tous les jours l'occasion, et je veux du bien au Père Mersenne de ce qu'il me l'a maintenant donnée.

La fille dont il vous a écrit n'est autre chose qu'une imitatrice de celle de Meurs, qui feignait de ne manger point, et d'une autre des quartiers de Cologne qui portait sur son corps les marques de toutes les plaies de Jésus-Christ ; car on dit que celle-ci, qui est de Saint-Pol-de-Léon

---

(1) Peut-être allusion à la lettre du 3 janvier, au sujet d'un précepteur à choisir pour le jeune Prince Guillaume.

en basse Bretagne, n'a point mangé depuis cinq ans et qu'elle ressent tous les jours les douleurs des martyrs dont on célèbre les fêtes, de quoi on voit les marques sur elle, en sorte qu'au jour de saint Étienne sa chair paraît toute meurtrie de coups de pierre, au jour de saint Laurent elle semble être grillée, au jour de saint Denis on voit un cercle rouge autour de son col comme si sa tête avait été coupée, et ainsi du reste. On en dit encore plusieurs autres extravagances, mais je crois que celles-ci suffisent pour vous obliger à n'en rien croire. Outre que je connais celui que le Père Mersenne allègue pour son auteur (1), et je le juge si digne de foi que s'il m'avait dit que ceux de la Chine ont communément deux yeux comme nous, je croirais que la Chine est un pays où il n'y a que des borgnes ou des Cyclopes. Mais le bon Père Mersenne est si curieux et si aise d'entendre quelque merveille qu'il écoute favorablement tous ceux qui lui en content.

Au reste il m'a mandé que le conseiller de Blois (2) qui avait entrepris les lunettes et qui est sans doute le plus capable de tous ceux qui s'en sont mêlés, s'est fort blessé à une main en y travaillant, en sorte qu'il ne pourra continuer de longtemps ; ce qui signifie, ce me semble, en langue française qu'il n'en a pu venir à bout. Vous pensez peut-être que j'en sois triste ? et je vous jure que tout au contraire je veux tirer de la vanité de ce que la main des meilleurs ouvriers ne peut atteindre où mon raisonnement est parvenu.

A MERSENNE. *1er avril 1640.*

[*La glande pinéale. Mémoire corporelle et mémoire intellectuelle.*]

Votre seconde lettre, du dixième mars, en contenait une autre de Monsieur Meyssonnier, auquel je ferais réponse, si je pensais que celle-ci vous dût encore trouver à Paris ; mais si elle vous doit être envoyée plus loin, il n'y a pas d'apparence de la charger tant, et je puis mettre ici, en peu de paroles, tout ce que j'ai à lui faire savoir, ce qui sera, s'il vous plaît, pour lorsque vous lui écrirez. Qui

---

(1) PETIT, cf. p. 47, n. 3.
(2) DE BEAUNE. Cf. Index des Correspondants.

est (après mes remerciements pour la bienveillance qu'il me témoigne) que, pour les espèces qui servent à la mémoire, je ne nie pas absolument qu'elles ne puissent être en partie dans la glande nommée *conarium* (1), principalement dans les bêtes brutes, et en ceux qui ont l'esprit grossier ; car, pour les autres, ils n'auraient pas, ce me semble, tant de facilité qu'ils ont à imaginer une infinité de choses qu'ils n'ont jamais vues, si leur âme n'était jointe à quelque partie du cerveau, qui fût fort propre à recevoir toutes sortes de nouvelles impressions, et par conséquent fort malpropre à les conserver. Or est-il qu'il n'y a que cette glande seule, à laquelle l'âme puisse être ainsi jointe ; car il n'y a qu'elle seule, en toute la tête, qui ne soit point double. Mais je crois que c'est tout le reste du cerveau qui sert le plus à la mémoire, principalement ses parties intérieures, et même aussi que tous les nerfs et les muscles y peuvent servir ; en sorte que, par exemple, un joueur de luth a une partie de sa mémoire en ses mains ; car la facilité de plier et de disposer ses doigts en diverses façons, qu'il a acquise par habitude, aide à le faire souvenir des passages pour l'exécution desquels il les doit ainsi disposer. Ce que vous croirez aisément, s'il vous plaît de considérer que tout ce qu'on nomme mémoire locale est hors de nous ; en sorte que, lorsque nous avons lu quelque livre, toutes les espèces qui peuvent servir à nous faire souvenir de ce qui est dedans, ne sont pas en notre cerveau, mais il y en a aussi plusieurs dans le papier de l'exemplaire que nous avons lu. Et il n'importe pas que ces espèces n'aient point de ressemblance avec les choses dont elles nous font souvenir ; car souvent celles qui sont dans le cerveau n'en ont pas davantage, comme j'ai dit au quatrième Discours de ma *Dioptrique*. Mais, outre cette mémoire, qui dépend du corps, j'en reconnais encore une autre, du tout intellectuelle, qui ne dépend que de l'âme seule. [...]

[*Angleterre.*]

Je n'ai point du tout ouï parler de ce que vous me mandez qu'on vous a écrit d'Angleterre, qu'on était sur le point de m'y faire aller ; mais je vous dirai, entre nous, que c'est

---

(1) Cf. p. 62, note.

un pays dont je préférerais la demeure à beaucoup d'autres ; et pour la religion, on dit que le roi même est catholique de volonté : c'est pourquoi je vous prie de ne point détourner leurs bonnes intentions.

A Regius. *Leyde, 24 mai 1640* (Traduction).

[*Science et véracité divine.*]

Dans la seconde objection vous dites ceci : « La vérité des axiomes qu'on entend clairement et distinctement est manifeste par elle-même. » Je l'accorde aussi, pour tout le temps que nous les entendons clairement et distinctement, parce que la nature de notre esprit est telle qu'il ne peut refuser son adhésion à ce qu'il entend clairement. Mais souvent nous ne faisons que nous souvenir de conclusions déduites de telles prémisses, sans regarder aux prémisses elles-mêmes, et je dis qu'alors, si nous n'avions pas la connaissance de Dieu, nous pourrions feindre que ces conclusions ne sont pas certaines, bien que nous nous souvenions les avoir déduites de principes clairs : notre nature est peut-être telle, en effet, que nous nous trompons même dans les choses les plus évidentes ; par conséquent, même alors que nous les avons déduites de ces principes, ce n'était pas en nous *science* mais seulement *persuasion*. Et je distingue ainsi les deux : *persuasion*, c'est lorsqu'il subsiste quelque raison capable de nous mener à douter ; mais *science* c'est lorsque la persuasion tient d'une raison si forte qu'aucune autre plus forte ne puisse jamais l'ébranler ; et on n'en a point de pareille, quand on ne sait pas que Dieu existe. Mais quand on a une fois entendu clairement les raisons qui persuadent de l'existence de Dieu, et d'un Dieu qui n'est pas trompeur, quand même on ne ferait plus attention à ces raisons-là, pourvu seulement qu'on se souvienne de la conclusion « Dieu n'est pas trompeur », ce ne sera plus seulement une persuasion mais une science véritable qui demeurera, et de cette conclusion et de toutes les autres aussi dont on se souviendra d'avoir entendu une fois les raisons.

A Huygens. *Leyde, juillet 1640.*

[*Difficulté de bien lire les écrits de métaphysique.*]

Je compare ce que j'ai fait en cette matière [la métaphysique du *Discours*] aux démonstrations d'Apollonius, dans lesquelles il n'y a véritablement rien qui ne soit très clair et très certain, lorsqu'on en considère chaque point à part ; mais à cause qu'elles sont un peu longues, et qu'on ne peut y voir la nécessité de la conclusion, si l'on ne se souvient exactement de tout ce qui la précède, on trouve à peine un homme en tout un pays qui soit capable de les entendre. Et toutefois, à cause que ce peu qui les entendent assurent qu'elles sont vraies, il n'y a personne qui ne les croie. Ainsi je pense avoir entièrement démontré l'existence de Dieu et l'immatérialité de l'âme humaine ; mais, parce que cela dépend de plusieurs raisonnements qui s'entre-suivent, et que, si on en oublie la moindre circonstance, on ne peut bien entendre la conclusion, si je ne rencontre des personnes bien capables et de grande réputation pour la métaphysique, qui prennent la peine d'examiner curieusement mes raisons, et qui en disent franchement ce qu'ils en pensent, donnant par ce moyen le branle aux autres pour en juger selon eux, ou du moins avoir honte de leur contredire sans raison, je prévois qu'elles feront fort peu de fruit. Et il me semble être obligé d'avoir plus de soin de donner quelque crédit à ce traité, qui regarde la gloire de Dieu, que mon humeur ne me permettrait d'en avoir, s'il s'agissait d'une autre matière.

[*Des Jésuites.*]

Au reste, je crois que je m'en vais entrer en guerre avec les Jésuites ; car leur mathématicien de Paris (1) a réfuté publiquement ma *Dioptrique* en ses thèses ; sur quoi j'ai écrit à son Supérieur, afin d'engager tout leur Corps en cette querelle. Car, bien que je sache assez, il y a longtemps, le proverbe *Noli irritari crabrones* (2), je crois pourtant que, puisqu'ils s'irritent d'eux-mêmes et que je ne le puis éviter, il vaut mieux que je les rencontre une bonne fois tous ensemble, que de les attendre l'un après l'autre, en quoi je n'aurais jamais de fin.

---

(1) Le P. Bourdin. Cf. Index des Correspondants.
(2) « N'irritez pas les frelons. » Plaute.

A Mersenne. *Leyde, 6 août 1640.*

[*De la mémoire : souvenirs de jeunesse.*]

Je pris mon temps si court pour vous écrire, il y a 8 jours, que je n'eus pas loisir de répondre à tous les points de votre dernière, et j'en demeurai au neuvième, qui est touchant les plis de la mémoire, lesquels je ne crois point devoir être en fort grand nombre pour servir à toutes nos souvenances, à cause qu'un même pli se rapporte à toutes les choses qui se ressemblent, et qu'outre la mémoire corporelle, dont les impressions peuvent être expliquées par ces plis du cerveau, je juge qu'il y a encore en notre entendement une autre sorte de mémoire, qui est tout à fait spirituelle, et ne se trouve point dans les bêtes ; et que c'est d'elle principalement que nous nous servons.

Au reste, c'est abus de croire que nous nous souvenons le mieux de ce que nous avons fait en jeunesse, car nous avons fait alors une infinité de choses dont nous ne nous souvenons plus du tout ; et pour celles dont nous nous souvenons, ce n'est pas seulement à cause des impressions que nous en avons reçues en jeunesse, mais principalement à cause que nous les avons répétées depuis et en avons renouvelé les impressions, en nous en resouvenant à divers temps.

A Mersenne. *Leyde, 30 septembre 1640.*

[*Notions claires et distinctes. L'atome.*]

Ce qu'on vous a écrit (1) de Blaye que tout ce que nous concevons distinctement possible est possible, et que nous concevons distinctement qu'il est possible que le monde ait été produit, donc il a été produit, c'est une raison que j'approuve entièrement. Et il est certain qu'on ne saurait concevoir distinctement que le soleil ni aucune autre chose finie soit indépendante ; car l'indépendance étant conçue distinctement, comprend en soi l'infinité. Et on se trompe bien fort de penser concevoir distinctement qu'un atome ou même qu'une partie de matière est indifférente à occuper un plus grand ou un moindre espace ; car premièrement,

---

(1) Extrait d'une lettre du 18 août 1640, écrite à Mersenne par le P. J. lacombe, minime à Blaye.

pour un atome, il ne peut jamais être conçu distinctement, à cause que la seule signification du mot implique contradiction, à savoir d'être corps et d'être indivisible. Et pour une vraie partie de matière, la quantité déterminée de l'espace qu'elle occupe est nécessairement comprise en la pensée distincte qu'on en peut avoir. Le principal but de ma Métaphysique est de faire entendre quelles sont les choses qu'on peut concevoir distinctement.

A Mersenne. *Leyde, 28 octobre 1640.*

[*Questions de physique.*]

Vous demandez d'où je sais que la balle venant de D vers B retourne vers E, plutôt que de s'opiniâtrer à demeurer vers B ; ce que j'apprends par la connaissance des lois de la nature, dont l'une est que *quicquid est, manet in eodem statu in quo est, nisi a causa aliqua externa mutetur* (1). Ainsi, *quod est quadratum manet quadratum etc.* ; et *quod est semel in motu semper movetur, donec aliquid impediat* (2). Et la seconde est qu'*unum corpus non potest alterius motum tollere, nisi illum in se sumat* (3). D'où vient que, si la superficie ABC est fort dure et immobile, elle ne peut empêcher que la balle qui vient vers B ne continue de là vers E, à cause qu'elle ne peut recevoir son mouvement ; mais si cette superficie est molle, elle l'arrête et le reçoit ; et c'est pour cela que j'ai supposé, en ma *Dioptrique*, que la superficie et la balle sont parfaitement dures, et que la balle n'a ni pesanteur ni grosseur, etc., pour rendre ma démonstration mathématique.

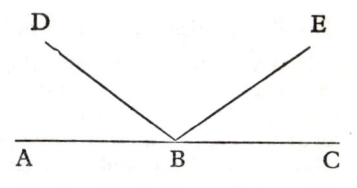

---

(1) « Tout ce qui est reste dans l'état où il est, s'il n'est pas changé par une cause externe. »
(2) « Ce qui est carré reste carré, etc., et ce qui est une fois en mouvement reste toujours en mouvement jusqu'à ce que quelque chose l'arrête. »
(3) « Un corps ne peut enlever le mouvement d'un autre s'il ne le prend pour lui. »

Car je sais bien que la réflexion d'une balle commune ne se fait jamais exactement à angles égaux, ni peut-être celle d'aucun rayon de lumière ; mais toutefois, pour les rayons, d'autant qu'ils peuvent venir du soleil à nous sans perdre leur force, tout ce qu'ils en peuvent perdre, en donnant contre un corps poli, n'est aucunement considérable.

Les expériences de frapper des boules également fort, avec un grand et un petit mail, ou tirer des flèches avec un grand ou un petit arc, sont presque impossibles ; mais la raison est très évidente et très certaine. Car, soit que l'arc ou le mail soient grands ou petits, s'ils touchent de même force et vitesse, ils auront le même effet ; mais ce qui trompe est qu'il faut sans comparaison moins de force à la main pour frapper avec un grand mail aussi fort qu'avec un plus court, ou pour bander un grand arc en sorte qu'il ait autant de force qu'un moindre. [...]

[*Pas d'inclinations dans les corps.*]

Je n'approuve point non plus ses indivisibles (1), ni les naturelles inclinations qu'il leur donne. Car je ne puis concevoir de telles inclinations que dans une chose qui ait de l'entendement, et je n'en attribue pas même aux animaux sans raison ; mais j'explique tout ce que nous appelons en eux appétits naturels ou inclinations, par les seules règles des mécaniques. Je n'approuve point non plus tous ces éléments, qui sont des choses moins ou aussi peu intelligibles que celles qu'il veut faire entendre par leur moyen.

Deux indivisibles ne pourraient faire, à tout rompre, qu'une chose divisible en deux parties ; mais avant de dire qu'ils puissent faire un corps, il faut savoir ce qu'on entend par le nom de corps, à savoir, une chose longue, large et étendue ; ce qui ne peut être composé d'indivisibles, à cause qu'un indivisible ne peut avoir aucune longueur, largeur, ni profondeur ; ou bien, s'il en avait, nous le pourrions diviser du moins par notre imagination, ce qui suffirait pour assurer qu'il n'est pas indivisible ; car si nous le pouvions ainsi diviser, un ange le pourrait diviser réellement. Pour ce qu'il croit que ce n'est pas assez d'admettre le mouve-

---

(1) Réponse à une question du P. Lacombe, cf. p. 68.

ment et la figure pour principes, à cause qu'il craint qu'on ne puisse expliquer par leur moyen toutes les diverses qualités qui sont dans le vin, par exemple, vous pourrez lu ôter cette difficulté, en l'assurant qu'on les a déjà toutes expliquées, et avec cela toutes les autres qui se peuvent présenter à nos sens. Mais pour les miracles, on n'y touche point. [...]

[*Mécanisme et athéisme.*]

Je ne vois pas pourquoi il confond la doctrine des athées avec ceux qui expliquent la nature par les figures et les mouvements, comme s'il y avait quelque affinité entre l'un et l'autre.

A MERSENNE. *Leyde, 11 novembre 1640* (I).

[*Querelles (Voëtius).*]

Mon Révérend Père, je vous remercie des nouvelles du sieur Voëtius (1) ; je n'y trouve rien d'étrange, sinon qu'il ait ignoré ce que je vous suis ; car il n'y a personne ici, qui me connaisse tant soi peu, qui ne le sache. C'est le plus franc pédant de la terre, et il crève de dépit de ce qu'il y a un professeur en médecine (2) en leur Académie d'Utrecht, qui fait profession ouverte de ma philosophie, et fait même des leçons particulières de physique, et en peu de mois rend ses disciples capables de se moquer entièrement de la vieille philosophie. Voëtius et les autres professeurs ont fait tout leur possible pour lui faire défendre par le Magistrat (3) de l'enseigner ; mais, tout au contraire, le Magistrat lui a permis malgré eux. [...]

Pour la philosophie de l'École, je ne la tiens nullement difficile à réfuter, à cause des diversités de leurs opinions ; car on peut aisément renverser tous les fondements desquels ils sont d'accord entre eux ; et cela fait, toutes leurs disputes particulières paraissent ineptes. [...]

---

(1) VOËTIUS. Cf. Index des Correspondants.
(2) REGIUS. Cf. Index des Correspondants.
(3) Magistrat : terme collectif qui désignait, dans les Provinces-Unies, le corps de ceux qui gouvernaient [soit une ville, [soit une province.

[*Projet d'un cours de philosophie : métaphysique, fondement de la physique.*]

Je répondrais très volontiers à ce que vous demandez touchant la flamme d'une chandelle, et choses semblables ; mais je vois bien que je ne vous pourrai jamais bien satisfaire touchant cela, jusques à ce que vous ayez vu tous les principes de ma Philosophie, et je vous dirai que je me suis résolu de les écrire avant que de partir de ce pays, et de les publier peut-être avant qu'il soit un an. Et mon dessein est d'écrire par ordre tout un cours de ma Philosophie en forme de thèses, où, sans aucune superfluité de discours, je mettrai seulement toutes mes conclusions, avec les vraies raisons d'où je les tire, ce que je crois pouvoir faire en fort peu de mots ; et au même livre, de faire imprimer un cours de la Philosophie ordinaire, tel que peut être celui du frère Eustache (1), avec mes notes à la fin de chaque question, où j'ajouterai les diverses opinions des autres, et ce qu'on doit croire de toutes, et peut-être à la fin je ferai une comparaison de ces deux philosophies. Mais je vous supplie de ne rien encore dire à personne de ce dessein, surtout avant que ma *Métaphysique* soit imprimée ; car peut-être que, si les Régents le savaient, ils feraient leur possible pour me donner d'autres occupations, au lieu que, quand la chose sera faite, j'espère qu'ils en seront tous bien aises. Cela pourrait aussi peut-être empêcher l'approbation de la Sorbonne, que je désire, et qui me semble pouvoir extrêmement servir à mes desseins : car je vous dirai que ce peu de Métaphysique que je vous envoie, contient tous les principes de ma Physique. [...]

[*Le secret des lettres.*]

Il n'est point besoin que vous m'adressiez rien pour M. de Zuylichem (2) ; mais plutôt, lorsque vous m'enverrez quelque paquet un peu gros, vous lui pourrez adresser, pendant qu'il n'est point à l'armée ; car j'ai pris garde qu'on me rend ici souvent de vos lettres qui ont été ouvertes, ce que j'attribue à l'infidélité du messager, qui s'accorde avec

---

(1) EUSTACHE de Saint-Paul. Feuillant. *Summa philosophica quatripartita, de rebus Dialecticis, Moralibus, Physicis et Metaphysicis*, 2 vol., Paris, 1609, résumé fidèle et concis de la philosophie de l'Ecole.
(2) HUYGENS. Cf. Index des Correspondants.

quelqu'un qui est curieux de savoir ce que vous m'écrivez. Le bon est qu'il n'y a jamais rien qui ne puisse bien être vu.

[*Du titre des* Méditations.]

J'ai envoyé dès hier ma *Métaphysique* à M. de Zuylichem pour vous l'adresser ; mais il ne l'enverra que dans huit jours, car je lui ai donné ce temps pour la voir. Je n'y ai point mis de titre, mais il me semble que le plus propre sera de mettre *Renati Descartes Meditationes de prima Philosophia* ; car je ne traite point en particulier de Dieu et de l'âme, mais en général de toutes les premières choses qu'on peut connaître en philosophant.

A Mersenne. *Leyde, 11 novembre 1640* (II).

[*Les* Méditations *en Sorbonne :* « *la cause de Dieu* ».]

Mon Révérend Père, je vous envoie enfin mon écrit de Métaphysique, auquel je n'ai point mis de titre, afin de vous en faire le parrain, et vous laisser la puissance de le baptiser. Je crois qu'on le pourra nommer, ainsi que je vous ai écrit par ma précédente, *Meditationes de prima Philosophia* ; car je n'y traite pas seulement de Dieu et de l'âme, mais en général de toutes les premières choses qu'on peut connaître en philosophant par ordre. Et mon nom est connu de tant de gens que, si je ne le voulais pas mettre ici, on croirait que j'y entendrais quelque finesse, et que je le ferais plutôt par vanité que par modestie.

Pour la lettre à Messieurs de Sorbonne, si j'ai manqué au titre, ou qu'il y faille quelque souscription, ou autre cérémonie, je vous prie d'y vouloir suppléer, et je crois qu'elle sera aussi bonne, étant écrite de la main d'un autre, que de la mienne. Je vous l'envoie séparée du traité, à cause que, si toutes choses vont comme elles doivent, il me semble que le meilleur serait, après que le tout aura été vu par le P. Gibieuf (1), et, s'il vous plaît, par un ou deux autres de vos amis, qu'on imprimât le traité sans la lettre, à cause que la copie en est trop mal écrite pour être lue de plusieurs, et qu'on le présentât ainsi imprimé au corps de la Sorbonne, avec la lettre écrite à la main ; en suite de quoi il me semble que le droit

---

(1) Le P. Gibieuf. Cf. Index des Correspondants.

du jeu sera qu'ils commettent quelques-uns d'entre eux pour l'examiner ; et il leur faudra donner autant d'exemplaires pour cela qu'ils en auront besoin, ou plutôt autant qu'ils sont de docteurs, et s'ils trouvent quelque chose à objecter, qu'ils me l'envoient, afin que j'y réponde ; ce qu'on pourra faire imprimer à la fin du livre. Et après cela il me semble qu'ils ne pourront refuser de donner leur jugement, lequel pourra être imprimé au commencement du livre, avec la lettre que je leur écris. Mais les choses iront peut-être tout autrement que je ne pense ; c'est pourquoi je m'en remets entièrement à vous et au P. Gibieuf, que je prie par ma lettre de vous vouloir aider à ménager cette affaire : car la Velitation (1) que vous savez m'a fait connaître que, quelque bon droit qu'on puisse avoir, on ne laisse pas d'avoir toujours besoin d'amis pour le défendre. L'importance est en ceci que, puisque je soutiens la cause de Dieu, on ne saurait rejeter mes raisons, si ce n'est qu'on y montre du paralogisme, ce que je crois être impossible, ni les mépriser, si ce n'est qu'on en donne de meilleures, à quoi je pense qu'on aura assez de peine. Je suis, etc.

A Colvius. *Leyde, 14 novembre 1640.*

[*Le* Cogito *et saint Augustin.*]

Monsieur, vous m'avez obligé de m'avertir du passage de saint Augustin, avec lequel mon *Je pense, donc je suis* a quelque rapport ; je l'ai été lire aujourd'hui en la Bibliothèque de cette ville, et je trouve qu'il s'en est servi pour prouver la certitude de notre être, et ensuite montrer qu'il y a en nous quelque image de la Trinité ; en ce que nous sommes, nous savons que nous sommes, et nous aimons cet être et cette science qui est en nous ; au lieu que je m'en sers pour faire connaître que ce *moi*, qui pense, est *une substance immatérielle*, et qui n'a rien de corporel. Et pour cela seul d'inférer qu'on est de ce qu'on pense, c'est une chose si claire et si naturelle qu'elle aurait pu aisément tomber sous la plume de qui que ce soit ; mais je ne laisse

---

(1) Il s'agit d'une soutenance de thèses au Collège de Clermont, l'élève attaquant diverses propositions, certaines tirées de *La Dioptrique*. Le préambule (dû sans doute au P. Bourdin) était intitulé *Velitatio*, escarmouche de « vélites », avant la bataille.

pas d'être bien aise d'avoir rencontré en ceci avec saint Augustin, un si grand personnage, quand ce ne serait que pour fermer la bouche aux petits esprits qui ont tâché de regabeler, sur ce que j'ai écrit en cet endroit là.

A Mersenne. *Leyde, 3 décembre 1640.*

[*Du pouvoir sur les pensées.*]

Ce que vous me mandez de saint Augustin et de saint Ambroise, que notre cœur et nos pensées ne sont pas en notre pouvoir, et que *mentem confundunt alioque trahunt*, etc. (1), ne s'entend que de la partie sensitive de l'âme, qui reçoit les impressions des objets, soit extérieurs, soit intérieurs, comme les tentations, etc. Et en ceci je suis bien d'accord avec eux, et je n'ai jamais dit que toutes nos pensées fussent en notre pouvoir ; mais seulement que, *s'il y a quelque chose absolument en notre pouvoir, ce sont nos pensées* (2), à savoir celles qui viennent de la volonté et du libre arbitre, en quoi ils ne me contredisent aucunement ; et ce qui m'a fait écrire cela, n'a été que pour faire entendre que la juridiction de notre libre arbitre n'était point absolue sur aucune chose corporelle, ce qui est vrai sans contredit. [...]

[*Sur la mort de son père.*]

Au reste, la dernière lettre que vous m'avez envoyée m'apprend la mort de mon Père, dont je suis fort triste, et j'ai bien du regret de n'avoir pu aller cet été en France, afin de le voir avant qu'il mourût ; mais puisque Dieu ne l'a pas permis, je ne crois point partir d'ici que ma *Philosophie* ne soit faite.

A Mersenne. *Leyde, le 24 décembre 1640.*

[*De l'âme, et de « l'ordre des raisons » dans les* Méditations.]

Pour ma *Métaphysique*, vous m'obligez extrêmement des soins que vous en prenez, et je me remets entièrement à vous pour y corriger ou changer tout ce que vous jugerez à propos. Mais je m'étonne que vous me promettiez des objections de

---

(1) « Confondent l'esprit, et le tirent ailleurs. »
(2) Cf. *Discours de la Méthode*, IIIe Partie : « Ma troisième maxime était [...] de m'accoutumer à croire qu'il n'y a rien qui soit entièrement en notre pouvoir que nos pensées. » — Et voir ci-dessus p. 37-38.

divers théologiens dans huit jours, à cause que je me suis persuadé qu'il fallait plus de temps pour y remarquer tout ce qui y est ; et celui qui a fait les objections qui sont à la fin, l'a jugé de même. C'est un prêtre d'Alcmaar, qui ne veut point être nommé (1) ; c'est pourquoi, si son nom se trouve en quelque lieu, je vous prie de l'effacer. Il faudra aussi, s'il vous plaît, avertir l'imprimeur de changer les chiffres de ses objections, où les pages des *Méditations* sont citées, pour les faire accorder avec les pages imprimées.

Pour ce que vous dites, que je n'ai pas mis un mot de l'immortalité de l'âme, vous ne vous en devez pas étonner ; car je ne saurais pas démontrer que Dieu ne la puisse annihiler, mais seulement qu'elle est d'une nature entièrement distincte de celle du corps, et par conséquent qu'elle n'est point naturellement sujette à mourir avec lui, qui est tout ce qui est requis pour établir la religion ; et c'est aussi tout ce que je me suis proposé de prouver.

Vous ne devez pas aussi trouver étrange que je ne prouve point, en ma seconde *Méditation*, que l'âme soit réellement distincte du corps, et que je me contente de la faire concevoir sans le corps, à cause que je n'ai pas encore en ce lieu-là les prémisses dont on peut tirer cette conclusion ; mais on la trouve après, en la sixième *Méditation*.

Et il est à remarquer, en tout ce que j'écris, que je ne suis pas l'ordre des matières, mais seulement celui des raisons : c'est-à-dire que je n'entreprends point de dire en un même lieu tout ce qui appartient à une matière, à cause qu'il me serait impossible de le bien prouver, y ayant des raisons qui doivent être tirées de bien plus loin les unes que les autres ; mais en raisonnant par ordre *a facilioribus ad difficiliora* (2), j'en déduis ce que je puis, tantôt pour une matière, tantôt pour une autre ; ce qui est, à mon avis, le vrai chemin pour bien trouver et expliquer la vérité. Et pour l'ordre des matières, il n'est bon que pour ceux dont toutes les raisons sont détachées, et qui peuvent dire autant d'une difficulté que d'une autre. Ainsi je ne juge pas qu'il soit aucunement à propos, ni même possible, d'insérer dans mes *Méditations* la réponse aux objections qu'on y peut faire ; car cela en inter-

---

(1) CATERUS, prêtre catholique, grand partisan de Suarès.
(2) « Des plus faciles aux plus difficiles.

romprait toute la suite, et même ôterait la force de mes raisons, qui dépend principalement de ce qu'on se doit *détourner la pensée des choses sensibles*, desquelles la plupart des objections seraient tirées. Mais j'ai mis celles de Caterus à la fin, pour montrer le lieu où pourront aussi être les autres, s'il en vient.

Mais je serai bien aise qu'on prenne du temps pour les faire ; car il importe peu que ce traité soit encore deux ou trois ans sans être divulgué. [...]

[*L'*Abrégé, *concession aux lecteurs.*]

Je vous enverrai peut-être dans huit jours un Abrégé des principaux points qui touchent Dieu et l'âme, lequel pourra être imprimé avant les *Méditations*, afin qu'on voie où ils se trouvent ; car autrement, je vois bien que plusieurs seront dégoûtés de ne pas trouver en un même lieu tout ce qu'ils cherchent. Je serai bien aise que Monsieur Des Argues (1) soit aussi un de mes juges, s'il lui plaît d'en prendre la peine, et je me fie plus en lui seul qu'en trois théologiens. On ne me fera point aussi de déplaisir de me faire plusieurs objections, car je me promets qu'elles serviront à faire mieux connaître la vérité, et grâce à Dieu, je n'ai pas peur de n'y pouvoir satisfaire ; l'heure me contraint de finir.

A Mersenne. *Leyde, décembre 1640.*

[*Prudence armée : à l'égard des Jésuites et de l'Église.*]

Si vous trouvez bon d'avouer au Père Bourdin (2) que vous m'aviez envoyé sa lettre, vous pourrez aussi lui faire voir en confidence la réponse que j'y avais faite, et lui dire que vous n'avez pas voulu lui montrer auparavant, à cause que vous la jugiez trop rude, et craigniez que cela n'empêchât que nous ne puissions devenir amis. Et enfin, en confessant toute la pure vérité, je crois que vous ferez plaisir à l'un et à l'autre ; car j'espère que, voyant que j'ai bec et ongles pour me défendre, il sera d'autant plus retenu, quand il voudra parler de moi à l'avenir. Et bien qu'il me serait peut-être plus avantageux d'être en guerre ouverte contre eux, et que j'y sois entièrement résolu, s'ils m'en donnent

---

(1) Des Argues. Cf. Index des Correspondants.
(2) Le P. Bourdin. Cf. Index des Correspondants.

juste sujet, j'aime toutefois beaucoup mieux la paix, pourvu qu'ils s'abstiennent de parler (1). [...]

Je ne suis pas marri que les ministres fulminent contre le mouvement de la terre ; cela conviera peut-être nos prédicateurs à l'approuver. Et à propos de ceci, si vous écrivez à ce médecin (2) du Cardinal de Baigné (3), je serais bien aise que vous l'avertissiez que rien ne m'a empêché jusqu'ici de publier ma philosophie, que la défense du mouvement de la terre, lequel je n'en saurais séparer, à cause que toute ma physique en dépend ; mais que je serai peut-être bientôt contraint de la publier, à cause des calomnies de plusieurs, qui, faute d'entendre mes principes, veulent persuader au monde que j'ai des sentiments fort éloignés de la vérité ; et que vous le priiez de sonder son Cardinal sur ce sujet, à cause qu'étant extrêmement son serviteur, je serais très marri de lui déplaire, et qu'étant très zélé à la religion catholique, j'en révère généralement tous les chefs. Je n'ajoute point que je ne me veux pas mettre au hasard de leur censure ; car, croyant très fermement l'infaillibilité de l'Église, et ne doutant point aussi de mes raisons, je ne puis craindre qu'une vérité soit contraire à l'autre.

[*Le libre arbitre, notion première.*]

Vous avez raison de dire que nous sommes aussi assurés de notre libre arbitre que d'aucune autre notion première ; car c'en est véritablement une.

A Mersenne. *Leyde, 31 décembre 1640.*

[*De l'inconnaissable en Dieu.*]

Pour le Mystère de la Trinité, je juge, avec saint Thomas, qu'il est purement de la Foi et ne se peut connaître par la

---

(1) Le 18 novembre 1640 Descartes écrivait à mersenne à propos de lettres échangées avec le P. Bourdin : « Quelque amitié et douceur qu'ils [les Jésuites] fassent paraître, je suis assuré qu'ils m'observeront soigneusement et qu'ils auront d'autant moins d'occasion de me nuire qu'ils verront que je leur réponds plus vertement, et que, si j'use ailleurs de douceur, c'est par modération et non par crainte ni par faiblesse. Outre que ce qu'a écrit le P. Bourdin ne mérite rien moins que ce que je lui mande ! »

(2) Gabriel Naudé (1600-1653). Médecin, puis bibliographe et historien.

(3) Cardinal de Baigné. Cf. Index des Correspondants.

Lumière naturelle. Mais je ne nie point qu'il n'y ait des choses en Dieu que nous n'entendons pas, ainsi qu'il y a même en un triangle plusieurs propriétés que jamais aucun mathématicien ne connaîtra, bien que tous ne laissent pas pour cela de savoir ce que c'est qu'un triangle.

A POLLOT. *Leyde, mi-janvier 1641.*

[*Sur la mort des proches. De la tristesse. De l'émotion.*]

Monsieur, je viens d'apprendre la triste nouvelle de votre affliction (1), et bien que je ne me promette pas de rien mettre, en cette lettre, qui ait grande force pour adoucir votre douleur, je ne puis toutefois m'abstenir d'y tâcher, pour vous témoigner au moins que j'y participe. Je ne suis pas de ceux qui estiment que les larmes et la tristesse n'appartiennent qu'aux femmes, et que, pour paraître homme de cœur, on se doive contraindre à montrer toujours un visage tranquille. J'ai senti depuis peu la perte de deux personnes qui m'étaient très proches (2), et j'ai éprouvé que ceux qui me voulaient défendre la tristesse, l'irritaient, au lieu que j'étais soulagé par la complaisance de ceux que je voyais touchés de mon déplaisir. Ainsi je m'assure que vous me souffrirez mieux, si je ne m'oppose point à vos larmes, que si j'entreprenais de vous détourner d'un ressentiment que je crois juste. Mais il doit néanmoins y avoir quelque mesure ; et comme ce serait être barbare que de ne se point affliger du tout, lorsqu'on en a du sujet, aussi serait-ce être trop lâche de s'abandonner entièrement au déplaisir ; et ce serait faire fort mal son compte, que de ne tâcher pas, de tout son pouvoir, à se délivrer d'une passion si incommode. La profession des armes, en laquelle vous êtes nourri, accoutume les hommes à voir mourir inopinément leurs meilleurs amis ; et il n'y a rien au monde de si fâcheux, que l'accoutumance ne le rende supportable. Il y a, ce me semble, beaucoup de rapport entre la perte d'une main et d'un frère ; vous avez ci-devant souffert la première (3), sans que j'aie jamais

---

(1) Pollot venait de perdre son frère.
(2) Descartes avait perdu l'année précédente sa fille Francine et son père.
(3) Pollot avait perdu un bras à la guerre.

remarqué que vous en fussiez affligé ; pourquoi le seriez-vous davantage de la seconde ? Si c'est pour votre propre intérêt, il est certain que vous la pouvez mieux réparer que l'autre, en ce que l'acquisition d'un fidèle ami peut autant valoir que l'amitié d'un bon frère. Et si c'est pour l'intérêt de celui que vous regrettez, comme sans doute votre générosité ne vous permet pas d'être touché d'autre chose, vous savez qu'il n'y a aucune raison ni religion, qui fasse craindre du mal, après cette vie, à ceux qui ont vécu en gens d'honneur, mais qu'au contraire l'une et l'autre leur promet des joies et des récompenses. Enfin, Monsieur, toutes nos afflictions, quelles qu'elles soient, ne dépendent que fort peu des raisons auxquelles nous les attribuons, mais seulement de l'émotion et du trouble intérieur que la nature excite en nous-mêmes ; car lorsque cette émotion est apaisée, encore que toutes les raisons que nous avions auparavant demeurent les mêmes, nous ne nous sentons plus affligés. Or je ne veux point vous conseiller d'employer toutes les forces de votre résolution et constance, pour arrêter tout d'un coup l'agitation intérieure que vous sentez : ce serait peut-être un remède plus fâcheux que la maladie ; mais je ne vous conseille pas aussi d'attendre que le temps seul vous guérisse, et beaucoup moins d'entretenir et prolonger votre mal par vos pensées. Je vous prie seulement de tâcher peu à peu de l'adoucir, en ne regardant ce qui vous est arrivé que du biais qui vous le peut faire paraître le plus supportable, et en vous divertissant le plus que vous pourrez par d'autres occupations. Je sais bien que je ne vous apprends ici rien de nouveau ; mais on ne doit point mépriser les bons remèdes pour être vulgaires, et m'étant servi de celui-ci avec fruit, j'ai cru être obligé de vous l'écrire : car je suis, etc.

A Mersenne. *Leyde, 21 janvier 1641.*

[*Assurance à l'égard des objections.*]

Je serai bien aise de recevoir encore d'autres objections des docteurs, des philosophes et des géomètres comme vous me faites espérer. [...] Et c'est, ce me semble, la meilleure invention qu'il est possible, pour faire que tout ce en quoi le lecteur pourrait trouver de la difficulté, se trouve éclairci par mes réponses ; car j'espère qu'il n'y aura rien en quoi je ne satisfasse entièrement, avec l'aide de Dieu. Et j'ai plus de peur que les objections qu'on me fera soient trop faibles, que non pas qu'elles soient trop fortes. Mais, comme vous me mandez de saint Augustin, je ne puis pas ouvrir les yeux des lecteurs, ni les forcer d'avoir de l'attention aux choses qu'il faut considérer pour connaître clairement la vérité ; tout ce que je puis est de la leur montrer comme du doigt. [...]

Je prie Dieu qu'il vous conserve en santé ; nous avons eu aussi ici plusieurs malades, et je n'ai été occupé tous ces jours qu'à en visiter et à écrire des lettres de consolation. [...]

[*Pensée et mouvement.*]

De dire que les pensées ne sont que des mouvements du corps, c'est chose aussi apparente que de dire que le feu est glace, ou que le blanc est noir, etc. ; car nous n'avons point deux idées plus diverses du blanc et du noir, que nous en avons du mouvement et de la pensée. Et nous n'avons pas d'autre voie pour connaître si deux choses sont diverses ou une même que de considérer si nous en avons deux diverses idées ou une seule.

A MERSENNE. *Leyde, 28 janvier 1641.*

[*N'être pas compris : bienvenue aux objections.*]

Mon Révérend Père, ce mot n'est que pour vous dire que je n'ai pu encore pour ce voyage vous envoyer ma réponse aux objections, partie à cause que j'ai eu d'autres occupations, qui ne m'ont quasi pas laissé un jour libre, et partie aussi que ceux qui les ont faites semblent n'avoir rien du tout compris de ce que j'ai écrit, et ne l'avoir lu qu'en courant la poste, en sorte qu'ils ne me donnent occasion que de répéter ce que j'y ai déjà mis ; et cela me fait plus de peine que s'ils m'avaient proposé des difficultés qui donnassent plus d'exercice à mon esprit. Ce qui soit toutefois dit entre nous, à cause que je serais très marri de les désobliger ; et vous verrez, par le soin que je prends à leur répondre, que je me tiens leur redevable, tant aux premiers qu'à celui (1) aussi qui

---

(1) Les « premiers » sont les auteurs des I*res* et II*es Objections*. « Celui » désigne HOBBES, auteur des *III*es Objections*, qui avait signé simplement « l'Anglais ».

a fait les dernières, que je n'ai reçues que mardi dernier, ce qui fut cause que je n'en parlai point en ma dernière, car notre messager part le lundi.

J'ai parcouru le livret de M. Morin (1), dont le principal défaut est qu'il traite partout de l'infini, comme si son esprit était au-dessus, et qu'il en pût comprendre les propriétés, qui est une faute commune quasi à tous ; laquelle j'ai tâché d'éviter avec soin, car je n'ai jamais traité de l'infini que pour me soumettre à lui, et non point pour déterminer ce qu'il est, ou ce qu'il n'est pas. [...]

Je vous suis extrêmement obligé de tous les bons avis que vous me donnez touchant ma *Métaphysique*, et autres choses.

Je prétends que nous avons des idées non seulement de tout ce qui est en notre intellect, mais même de tout ce qui est en la volonté. Car nous ne saurions rien vouloir, sans savoir que nous le voulons, ni le savoir que par une idée ; mais je ne mets point que cette idée soit différente de l'action même. [...]

Je serai bien aise qu'on me fasse le plus d'objections et les plus fortes qu'on me pourra, car j'espère que la vérité en paraîtra d'autant mieux, mais je vous prie de faire voir ma réponse et les objections que vous m'avez déjà envoyées à ceux qui m'en voudront faire de nouvelles, afin qu'ils ne me proposent point ce à quoi j'aurai déjà répondu.

[*De l'usage des titres — Prudence à l'égard d'Aristote.*]

J'ai prouvé bien expressément que Dieu était créateur de toutes choses, et ensemble tous ses autres attributs : car j'ai démontré son existence par l'idée que nous avons de lui ; et même parce qu'ayant en nous cette idée, nous devons avoir été créés par lui. Mais je vois qu'on prend plus garde aux titres qui sont dans les livres, qu'à tout le reste. Ce qui me fait penser qu'au titre de la seconde *Méditation*, de *Mente humana*, on peut ajouter, *quod ipsa sit notior quam corpus* (2), afin qu'on ne croie pas que j'aie voulu y prouver son immor-

---

(1) MORIN. Cf. Index des Correspondants. — Il s'agit de l'ouvrage (publié en 1635) intitulé : *Quod Deus sit Mundusque ab ipso creatus fuerit in tempore, ejusque Providentia gubernetur. Selecta aliquot theoremata adversus Atheos.* (« De l'évidence de Dieu, de la création du Monde dans le temps, du gouvernement de la Providence. Quelques théorèmes contre les Athées. »)

(2) « De l'esprit humain... qu'il est plus aisé à connaître que le corps. »

talité. Et après, en la troisième, *de Deo*, — *quod existat* (1). En la cinquième, *de Essentia rerum materialium*, — *et iterum de Deo, quod existat* (2). En la sixième, *de Existentia rerum materialium*, — *et reali mentis a corpore distinctione* (3). Car ce sont là les choses à quoi je désire qu'on prenne le plus garde. Mais je pense y avoir mis beaucoup d'autres choses ; et je vous dirai, entre nous, que ces six *Méditations* contiennent tous les fondements de ma physique. Mais il ne le faut pas dire, s'il vous plaît ; car ceux qui favorisent Aristote feraient peut-être plus de difficulté de les approuver ; et j'espère que ceux qui les liront, s'accoutumeront insensiblement à mes principes, et en reconnaîtront la vérité avant que de s'apercevoir qu'ils détruisent ceux d'Aristote.

A MERSENNE. *Endegeest, 31 mars 1641.* [*Jour de Pâques.*]

[*Le Saint-Sacrement et la philosophie cartésienne.*]

Mon Révérend Père, je n'ai pas beaucoup de choses à vous mander à ce voyage, à cause que je n'ai point reçu de vos lettres ; mais je n'ai pas voulu différer pour cela de vous envoyer le reste de mes Réponses aux Objections de M. Arnauld (4). Vous verrez que j'y accorde tellement avec ma Philosophie ce qui est déterminé par les conciles touchant le St Sacrement, que je prétends qu'il est impossible de le bien expliquer par la Philosophie vulgaire ; en sorte que je crois qu'on l'aurait rejetée comme répugnante à la foi, si la mienne avait été connue la première. Et je vous jure sérieusement que je le crois ainsi que je l'écris. Aussi n'ai-je pas voulu le taire, afin de battre de leurs armes ceux qui mêlent Aristote avec la Bible, et veulent abuser de l'autorité

---

(1) « De Dieu, qu'il existe. »
(2) « De l'essence des choses matérielles — et derechef de Dieu, qu'il existe. »
(3) « De l'existence des choses matérielles — et de la réelle distinction entre l'âme et le corps. »
(4) DESCARTES avait écrit à MERSENNE le 4 mars : « J'expliquerai cela et le reste plus au long, en ma réponse à M. Arnauld, lequel m'a extrêmement obligé par ses objections, et je les estime les meilleures de toutes : non qu'elles pressent davantage, mais à cause qu'il est entré plus avant qu'aucun autre dans le sens de ce que j'ai écrit, lequel j'avais bien prévu que peu de gens atteindraient, à cause qu'il y en a peu qui veuillent ou qui puissent s'arrêter à méditer. »

de l'Église pour exercer leurs passions, j'entends de ceux qui ont fait condamner Galilée, et qui feraient bien condamner aussi mes opinions, s'ils pouvaient, en même sorte ; mais, si cela vient jamais en dispute, je me fais fort de montrer qu'il n'y a aucune opinion, en leur philosophie, qui s'accorde si bien avec la foi que les miennes.

A MERSENNE. *Endegeest, 21 avril 1641.*

[*La liberté d'indifférence.*]

Parce que j'ai écrit, que l'indifférence est plutôt un défaut qu'une perfection de la liberté en nous, il ne s'ensuit pas de là que ce soit le même en Dieu ; et toutefois je ne sache point qu'il soit *de fide* (1) de croire qu'il est indifférent, et je me promets que le Père Gibieuf (2) défendra bien ma cause en ce point-là ; car je n'ai rien écrit qui ne s'accorde avec ce qu'il a mis dans son livre *De Libertate* (3). [...]

[*Le* Cogito *contesté.*]

Pour le docteur qui dit que nous pouvons douter si nous pensons ou non, aussi bien que de toute autre chose, il choque si fort la lumière naturelle, que je m'assure que personne, qui pensera à ce qu'il dit, ne sera de son opinion. [...]

[*Projet de publier les* Objections.]

Pour les objections qui pourront encore venir contre ma *Métaphysique*, je tâcherai d'y répondre ainsi qu'aux précédentes, et je crois que le meilleur sera de les faire imprimer telles qu'elles seront, et au même ordre qu'elles auront été faites, pour conserver la vérité de l'histoire, laquelle agréera plus au lecteur que ne ferait un discours continu, où je dirais toutes les mêmes choses.

A REGIUS. *Endegeest, mai 1641.* (Traduction.)

[*L'âme, mot « équivoque ».*]

Je n'admets pas que la force qui dans les bêtes fait la vie végétative et sensitive, mérite d'être appelée *âme* comme la pensée le mérite dans l'homme. Mais le peuple l'a voulu

---

(1) « Article de foi ».
(2) Le P. GIBIEUF. Cf. Index des Correspondants.
(3) « De la Liberté ».

ainsi, parce qu'il n'a pas su que les bêtes n'ont point de *pensée*, et c'est pour cela que le mot âme est équivoque, au regard de l'homme et des bêtes. [...]

Dans l'homme *l'âme* est une, et c'est l'âme *raisonnable* ; on ne doit compter comme actions de l'homme que celles qui dépendent de la raison. Or les facultés qui donnent au corps vie et mouvement, et qu'on appelle dans les plantes et dans les animaux *âme végétative* et *âme sensitive*, sont bien aussi dans l'homme ; mais en lui on ne doit pas les appeler des *âmes*, parce qu'elles ne sont pas son premier principe d'action ; elles sont d'un tout autre genre que l'*âme raisonnable*. [...]

Je ne suis pas non plus de votre avis, quand vous définissez les actions de l'homme *des opérations qui se font grâce à l'âme et au corps*. Je suis de ceux qui nient que l'intelligence de l'homme tienne à son corps. Et l'argument par lequel vous prétendez prouver le contraire ne me touche point : car bien que le corps n'empêche pas l'âme, il ne peut pourtant pas du tout l'aider à comprendre les choses matérielles, il ne fait que l'en empêcher.

A MERSENNE. *Endegeest, 23 juin 1641.*

[*Sur les* Objections *de Gassendi.*]

Je vous envoie le reste des objections de M. Gassendi (1), avec ma réponse. Touchant quoi, je vous prie de faire imprimer, s'il est possible, les dites objections, avant que l'auteur voie la réponse que j'y ai faite ; car, entre nous, je trouve qu'elles contiennent si peu de raison, que j'appréhende qu'il ne veuille pas permettre qu'elles soient imprimées, lorsqu'il aura vu ma réponse ; et moi, je le désire entièrement, car, outre que je serais marri que le temps que j'ai pris à les faire fût perdu, je ne doute point que ceux qui ont cru que je n'y pourrais répondre, ne pensassent que ce serait moi qui n'aurais pas voulu qu'elles fussent imprimées, à cause que je n'aurais pu y satisfaire. Je serai bien aise aussi que son nom y soit en tête, ainsi qu'il l'a mis. Il est vrai que, pour ce dernier, s'il ne le veut pas permettre, il a droit de l'empêcher, à cause que les autres n'ont point mis leurs noms ; mais il ne peut pas empêcher qu'elles ne soient imprimées. Et je vous prie aussi de donner au libraire la

---

(1) GASSENDI. Cf. Index des Correspondants.

même copie que j'ai vue, pour être imprimée, afin qu'il n'y ait rien de changé. [...]

Vous verrez que j'ai fait tout ce que j'ai pu pour traiter M. Gassendi honorablement et doucement ; mais il m'a donné tant d'occasions de le mépriser et de faire voir qu'il n'a pas le sens commun et ne sait en aucune façon raisonner, que j'eusse trop laissé aller de mon droit, si j'en eusse moins dit que je n'ai fait ; et je vous assure que j'en aurais pu dire beaucoup davantage.

A MERSENNE. *Endegeest, juillet 1641.*

[*Imagination et entendement : des idées de Dieu et de l'âme.*]

Est-il croyable qu'il (1) n'ait pu comprendre, comme il dit, ce que j'entends par l'idée de Dieu, par l'idée de l'âme, et par les idées des choses insensibles, puisque je n'entends rien autre chose, par elles, que ce qu'il a dû nécessairement comprendre lui-même, quand il vous a écrit qu'il ne l'entendait point ? Car il ne dit pas qu'il n'ait rien conçu par le nom de Dieu, par celui de l'âme, et par celui des choses insensibles ; il dit seulement qu'il ne sait pas ce qu'il faut entendre par leurs idées. Mais s'il a conçu quelque chose par ces noms, comme il n'en faut point douter, il a su en même temps ce qu'il fallait entendre par leurs idées, puisqu'il ne faut entendre autre chose que cela même qu'il a conçu. Car je n'appelle pas simplement du nom d'idée les images qui sont dépeintes en la fantaisie ; au contraire, je ne les appelle point de ce nom, en tant qu'elles sont dans la fantaisie corporelle ; mais j'appelle généralement du nom d'idée tout ce qui est dans notre esprit, lorsque nous concevons une chose, de quelque manière que nous la concevions.

Mais j'appréhende qu'il ne soit de ceux qui croient ne pouvoir concevoir une chose, quand ils ne se la peuvent imaginer, comme s'il n'y avait en nous que cette seule manière de penser et de concevoir. Il a bien reconnu que je n'étais pas de ce sentiment ; et il a aussi assez montré qu'il n'en était pas non plus, puisqu'il dit lui-même que Dieu ne peut être conçu par l'imagination. Mais si ce n'est pas par l'ima-

---

(1) Descartes répond ici à la lettre d'un inconnu, adressée à Mersenne le 19 mai 1641.

gination qu'il est conçu, ou l'on ne conçoit rien quand on parle de Dieu (ce qui marquerait un épouvantable aveuglement), ou on le conçoit d'une autre manière ; mais de quelque manière qu'on le conçoive, on en a l'idée, puisque nous ne saurions rien exprimer par nos paroles, lorsque nous entendons ce que nous disons, que de cela même il ne soit certain que nous avons en nous l'idée de la chose qui est signifiée par nos paroles.

Si donc il veut prendre le mot d'idée en la façon que j'ai dit très expressément que je le prenais, sans s'arrêter à l'équivoque de ceux qui le restreignent aux seules images des choses matérielles qui se forment dans l'imagination, il lui sera facile de reconnaître que, par l'idée de Dieu, je n'entends autre chose que ce que tous les hommes ont coutume d'entendre lorsqu'ils en parlent, et que ce qu'il faut aussi de nécessité qu'il ait entendu lui-même ; autrement, comment aurait-il pu dire que Dieu est infini et incompréhensible, et qu'il ne peut pas être représenté par notre imagination ? et comment pourrait-il assurer que ces attributs, et une infinité d'autres qui nous expriment sa grandeur, lui conviennent, s'il n'en avait l'idée ? Il faut donc demeurer d'accord qu'on a l'idée de Dieu et qu'on ne peut pas ignorer quelle est cette idée, ni ce que l'on doit entendre par elle ; car sans cela nous ne pourrions du tout rien connaître de Dieu. Et l'on aurait beau dire, par exemple, qu'on croit que *Dieu est*, et que quelque attribut ou perfection lui appartient, ce ne serait rien dire, puisque cela ne porterait aucune signification à notre esprit ; ce qui serait la chose la plus impie et la plus impertinente du monde.

Pour ce qui est de l'âme, c'est encore une chose plus claire. Car, n'étant, comme j'ai démontré, qu'une chose qui pense, il est impossible que nous puissions jamais penser à aucune chose, que nous n'ayons en même temps l'idée de notre âme, comme d'une chose capable de penser à tout ce que nous pensons. Il est vrai qu'une chose de cette nature ne se saurait imaginer, c'est-à-dire, ne se saurait représenter par une image corporelle. Mais il ne s'en faut pas étonner ; car notre imagination n'est propre qu'à se représenter des choses qui tombent sous les sens ; et parce que notre âme n'a ni couleur, ni odeur, ni saveur, ni rien de tout ce qui appartient au corps, il n'est pas possible de se l'imaginer, ou d'en former l'image. Mais elle n'est pas pour cela moins concevable ; au contraire, comme c'est par elle que nous concevons toutes choses, elle est aussi elle seule plus concevable que toutes les autres choses ensemble.

A l'abbé DE LAUNAY. *Endegeest, 22 juillet 1641.*

[*De la distinction de l'âme et du corps. Distinction et abstraction.*]

J'ai seulement parlé, à la fin des dernières objections que j'envoie au R. Père Mersenne, de la plus générale occasion pour laquelle il me semble que la plupart ont de la peine à remarquer la distinction qui est entre l'âme et le corps : c'est à savoir que les premiers jugements que nous avons fait dès notre enfance, et depuis aussi la philosophie vulgaire, nous ont accoutumés à attribuer au corps plusieurs choses qui n'appartiennent qu'à l'âme, et d'attribuer à l'âme plusieurs choses qui n'appartiennent qu'au corps; et qu'ils mêlent ordinairement ces deux idées du corps et de l'âme, en la composition des idées qu'ils forment des qualités réelles et des formes substantielles, que je crois devoir être entièrement rejetées. Au lieu qu'en bien examinant la physique, on y peut réduire toutes les choses qui tombent sous la connaissance de l'entendement, à si peu de genres, et desquels nous avons des notions si claires et si distinctes les unes des autres, qu'après les avoir considérées, il ne me semble pas qu'on puisse manquer à reconnaître si, lorsque nous concevons une chose sans une autre, cela se fait seulement par une abstraction de notre esprit, ou bien à cause que ces choses sont véritablement diverses. Car en tout ce qui n'est séparé que par abstraction d'esprit, on y remarque nécessairement de la conjonction et de l'union, lorsqu'on les considère l'un avec l'autre ; et on n'en saurait remarquer aucune entre l'âme et le corps, pourvu qu'on ne les conçoive que comme il faut les concevoir, à savoir, l'un comme ce qui remplit l'espace, et l'autre comme ce qui pense ; en sorte qu'après l'idée que nous avons de Dieu, qui est extrêmement diverse de toutes celles que nous avons des choses créées, je n'en sache point deux en toute la nature qui soient si diverses que ces deux-là. Mais je ne propose en ceci que mon opinion, et je ne l'estime point tant, que je ne fusse prêt de la changer, si je pouvais apprendre mieux de ceux qui ont plus de lumière.

A REGIUS. *Endegeest, novembre 1641* (II). (Traduction.)

[*Entité :* « *Mouvement animal.* »]

Ceux qui disent que le mouvement du cœur est un mouvement animal, ne disent rien de plus que s'ils avouaient qu'ils ne savent pas la cause du mouvement du cœur ; car ils ne sauraient dire ce que c'est qu'un « mouvement animal ». Quand des morceaux d'anguilles qu'on a découpées remuent, en réalité, la cause en est la même que quand la pointe d'un cœur qu'on a aussi découpée continue de battre ; et c'est encore la même que quand les cordes d'une lyre, coupées en petits morceaux et tenues dans un endroit chaud et humide, se recroquevillent comme des vers, bien qu'on nomme ce mouvement « artificiel » et le précédent « mouvement animal ». Tous ont pour cause la disposition des parties solides, et le mouvement des esprits en des parties fluides, qui traversent les parties solides (1).

A SON FRÈRE AÎNÉ. *28 décembre 1641.* (Cité par BAILLET.)

[*De l'héritage.*]

[Descartes] ne crut pas même devoir négliger le bien que son père avait eu la bonté de lui conserver, et de lui laisser à sa mort. Il ne voulut pas que son absence préjudiciât aux soins qu'il en devait prendre : et pendant qu'il était en Hollande, il ne laissa point d'agir avec ses frères et ses beaux-frères par ses procureurs. [...] Il considérait un patrimoine légitime comme un présent de la Fortune ; et n'en trouvait point dont la possession lui parût plus innocente, et plus dans l'ordre de Dieu. C'est ce qui lui fit écrire un jour à

---

(1) Au même, décembre 1641 (traduction) : « Dans le second [cahier] vous dites que « l'Idiopathie est une maladie qui subsiste par elle-même ». J'aimerais mieux dire : « qui n'est pas sous la dépendance d'une autre », pour qu'un philosophe n'aille pas en conclure que vous imaginez les maladies comme des substances. »

M. de La Bretaillière, son frère aîné, qu'il estimait *plus mille francs de succession, que dix mille livres qui viennent d'ailleurs.*

Au P. Gibieuf. *Endegeest, 19 janvier 1642.*

[*L'abstraction.*]

Pour ce qui est du principe par lequel il me semble connaître que l'idée que j'ai de quelque chose *non redditur a me inadæquata per abstractionem intellectus* (1), je ne le tire que de ma propre pensée ou conscience. Car, étant assuré que je ne puis avoir aucune connaissance de ce qui est hors de moi, que par l'entremise des idées que j'en ai eues en moi, je me garde bien de rapporter mes jugements immédiatement aux choses et de leur rien attribuer de positif, que je ne l'aperçoive auparavant en leurs idées ; mais je crois aussi que tout ce qui se trouve en ces idées, est nécessairement dans les choses. Ainsi, pour savoir si mon idée n'est point rendue non complète, ou *inadæquata*, par quelque abstraction de mon esprit, j'examine seulement si je ne l'ai point tirée, non de quelque chose hors de moi qui soit plus complète, mais de quelque autre idée plus ample ou plus complète que j'aie en moi, et ce *per abstractionem intellectus*, c'est-à-dire, en détournant ma pensée d'une partie de ce qui est compris en cette idée plus ample, pour l'appliquer d'autant mieux et me rendre d'autant plus attentif à l'autre partie. Ainsi, lorsque je considère une figure, sans penser à la substance ni à l'extension dont elle est figure, je fais une abstraction d'esprit que je puis aisément reconnaître par après, en examinant si je n'ai point tiré cette idée que j'ai, de la figure seule, hors de quelque autre idée plus ample que j'aie aussi en moi, à qui elle soit tellement jointe que, bien qu'on puisse penser à l'une, sans avoir aucune attention à l'autre, on ne puisse toutefois la nier de cette autre, lorsqu'on pense à toutes les deux. Car je vois clairement que l'idée de la figure est ainsi jointe à l'idée de l'extension et de la substance, vu qu'il est impossible que je conçoive une figure, en niant qu'elle ait une extension, ni une extension, en niant qu'elle soit l'extension d'une substance. Mais l'idée d'une substance étendue et figurée

---

(1) « N'est pas rendue inadéquate par l'abstraction de l'entendement. »

est complète, à cause que je la puis concevoir toute seule, et nier d'elle toutes les autres choses dont j'ai des idées.

[*Distinction et union de l'âme et du corps.*]

Or il est, ce me semble, fort clair que l'idée que j'ai d'une substance qui pense, est complète en cette façon, et que je n'ai aucune autre idée qui la précède en mon esprit, et qui lui soit tellement jointe, que je ne les puisse bien concevoir en les niant l'une de l'autre ; car s'il y en avait quelqu'une en moi qui fût telle, je devrais nécessairement la connaître. On dira peut-être que la difficulté demeure encore, à cause que, bien que je conçoive l'âme et le corps comme deux substances que je puis concevoir l'une sans l'autre, et même en niant l'une de l'autre, je ne suis pas toutefois assuré qu'elles sont telles que je les conçois. Mais il en faut revenir à la règle ci-devant posée, à savoir, que nous ne pouvons avoir aucune connaissance des choses, que par les idées que nous en concevons ; et que, par conséquent, nous n'en devons juger que suivant ces idées, et même nous devons penser que tout ce qui répugne à ces idées est absolument impossible, et implique contradiction. Ainsi nous n'avons aucune raison pour assurer qu'il n'y a point de montagne sans vallée, sinon que nous voyons que leurs idées ne peuvent être complètes, quand nous les considérons l'une sans l'autre, bien que nous puissions, par abstraction, avoir l'idée d'une montagne, ou d'un lieu qui va en montant de bas en haut, sans considérer qu'on peut aussi descendre par le même de haut en bas. Ainsi nous pouvons dire qu'il implique contradiction, qu'il y ait des atomes, ou des parties de matière qui aient de l'extension et toutefois qui soient indivisibles, à cause qu'on ne peut avoir l'idée d'une chose étendue, qu'on ne puisse avoir aussi celle de sa moitié, ou de son tiers, ni, par conséquent, sans qu'on la conçoive divisible en 2 ou en 3. Car, de cela seul que je considère les deux moitiés d'une partie de matière, tant petite qu'elle puisse être, comme deux substances complètes, et *quarum ideæ non redduntur a me inadequatæ per abstractionem intellectus*, je conclus certainement qu'elles sont réellement divisibles. Et si on me disait que, nonobstant que je les puisse concevoir, je ne sais pas, pour cela, si Dieu ne les a point unies ou jointes ensemble d'un lien si étroit, qu'elles soient entièrement inséparables, et ainsi que je n'ai pas raison de le nier ; je répondrais que, de quelque lien qu'il puisse les avoir jointes, je suis assuré qu'il peut aussi les déjoindre de façon qu'absolument parlant, j'ai raison de les nommer divisibles, puisqu'il m'a donné la faculté de les concevoir comme telles. Et je dis tout le même de l'âme et du corps, et généralement de toutes les choses dont nous avons des idées diverses et complètes, à savoir, qu'il implique contradiction qu'elles soient inséparables. Mais je ne nie pas pour cela qu'il ne puisse y avoir dans l'âme ou dans le corps plusieurs propriétés dont je n'ai aucunes idées ; je nie seulement qu'il y en ait aucune qui répugne aux idées que j'en ai et, entre autres, à celle que j'ai de leur distinction ; car autrement Dieu serait trompeur, et nous n'aurions aucune règle pour nous assurer de la vérité.

[*L'âme pense toujours.*]

La raison pour laquelle je crois que l'âme pense toujours, est la même qui me fait croire que la lumière luit toujours, bien qu'il n'y ait point d'yeux qui la regardent ; que la chaleur est toujours chaude, bien qu'on ne s'y chauffe point ; que le corps, ou la substance étendue, a toujours de l'extension ; et généralement, que ce qui constitue la nature d'une chose est toujours en elle, pendant qu'elle existe ; en sorte qu'il me serait plus aisé de croire que l'âme cesserait d'exister quand on dit qu'elle cesse de penser, que non pas de concevoir qu'elle fût sans pensée. Et je ne vois ici aucune difficulté, sinon qu'on juge superflu de croire qu'elle pense, lorsqu'il ne nous en demeure aucun souvenir par après. Mais si on considère que nous avons toutes les nuits mille pensées, et même en veillant que nous en avons eu mille depuis une heure, dont il ne nous reste plus aucune trace en la mémoire, et dont nous ne voyons pas mieux l'utilité, que de celles que nous pouvons avoir eues avant que de naître, on aura bien moins de peine à se le persuader qu'à juger qu'une substance dont la nature est de penser, puisse exister, et toutefois ne penser point.

Je ne vois aussi aucune difficulté à entendre que les facultés d'imaginer et de sentir appartiennent à l'âme, à cause que ce sont des espèces de pensées ; et néanmoins n'appartiennent qu'à l'âme en tant qu'elle est jointe au corps, à cause que ce sont des sortes de pensées, sans lesquelles on peut concevoir l'âme toute pure.

[*L'animal.*]

Pour ce qui est des animaux, nous remarquons bien en eux des mouvements semblables à ceux qui suivent de nos imaginations ou sentiments, mais non pas pour cela des imaginations ou sentiments. Et au contraire, ces mêmes mouvements se pouvant aussi faire sans imagination, nous avons des raisons qui prouvent qu'ils se font ainsi en eux, comme j'espère faire voir clairement, en décrivant par le menu toute l'architecture de leurs membres, et les causes de leurs mouvements.

Mais je crains que je ne vous aie déjà ennuyé par la longueur de cette lettre ; je me tiendrai très heureux si vous me continuez l'honneur de votre bienveillance et la faveur de votre protection, comme à celui qui est, etc.

A MERSENNE. *Endegeest, mars 1642.*

[*La vérité indivisible.*]

Je vois qu'on se méprend fort aisément touchant les choses que j'ai écrites ; car, la vérité étant indivisible, la moindre chose qu'on en ôte, ou qu'on y ajoute, la falsifie. Comme, par exemple, vous me mandez comme un axiome qui vienne de moi : *que tout ce que nous concevons clairement est ou existe* ; ce qui n'est nullement de moi, mais seulement que *tout ce que nous apercevons clairement est vrai*, et ainsi qu'il existe, si nous apercevons qu'il ne puisse ne pas exister ; ou bien qu'il peut exister, si nous apercevons que son existence soit possible.

A MERSENNE. *Endegeest, 4 janvier 1643.*

[*Science et guerre.*]

Il faudrait que M. le Cardinal (1) nous eût laissé deux ou trois de ses millions, pour pouvoir faire toutes les expériences qui seraient nécessaires pour découvrir la nature particulière de chaque corps ; et je ne doute pas qu'on ne pût

(1) Richelieu venait de mourir, le 4 décembre 1642.

venir à de grandes connaissances, qui seraient bien plus utiles au public que toutes les victoires qu'on peut gagner en faisant la guerre.

A l'abbé Picot. *Endegeest, 2 février 1643.*

[*Voisins de campagne.*]

Je souhaite que vous puissiez trouver en Touraine une terre à votre contentement. C'est un beau pays ; mais je crains que la menue noblesse n'y soit importune, comme elle est presque par toute la France. Pour mon humeur, je choisirais plutôt d'acquérir du bien en un mauvais pays qu'en un bon, à cause que pour le même argent, j'aurais une étendue de terre beaucoup plus grande, et ainsi je ne serais pas si aisément incommodé de mes voisins. Mais c'est d'ailleurs une grande douceur d'en avoir qui soient d'honnêtes gens.

QUATRIÈME PARTIE

AU TEMPS DES « PRINCIPES » ET DES « PASSIONS DE L'AME »
(1643-1647)

A POLLOT. *Endegeest, 6 octobre 1642.*
[*Premier jugement sur la Princesse Élisabeth.*]

J'avais déjà ci-devant ouï dire tant de merveilles de l'excellent esprit de Madame la Princesse de Bohême [la Princesse Élisabeth] que je ne suis pas si étonné d'apprendre qu'elle lit des écrits de métaphysique, comme je m'estime heureux de ce qu'ayant daigné lire les miens, elle témoigne de ne pas les désapprouver ; et je fais bien plus d'état de son jugement que celui de ces M^{rs} les Docteurs, qui prennent pour règle de la vérité les opinions d'Aristote plutôt que l'évidence de la raison.

PREMIÈRE LETTRE D'ÉLISABETH A DESCARTES. La Haye, 16 mai 1643.

[Comment l'âme peut-elle mouvoir le corps ?]

Monsieur Descartes, j'ai appris, avec beaucoup de joie et de regret, l'intention que vous avez eue de me voir, passé quelques jours, touchée également de votre charité de vous vouloir communiquer à une personne ignorante et indocile, et du malheur qui m'a dérobé une conversation si profitable. M. Palloti (1) *a fort augmenté cette dernière passion, en me répétant les solutions que vous lui avez données des obscurités*

(1) POLLOT. Cf. Index des Correspondants.

contenues dans la physique de M. Rhegius, desquelles j'aurais été mieux instruite de votre bouche, comme aussi d'une question que je proposai au dit professeur, lorsqu'il fut en cette ville, dont il me renvoya à vous pour en recevoir la satisfaction requise. La honte de vous montrer un style si déréglé m'a empêchée jusqu'ici de vous demander cette faveur par lettre.

Mais aujourd'hui, M. Palloti m'a donné tant d'assurance de votre bonté pour chacun, et particulièrement pour moi, que j'ai chassé toute autre considération de l'esprit, hors celle de m'en prévaloir, en vous priant de me dire comment l'âme de l'homme peut déterminer les esprits du corps, pour faire les actions volontaires (n'étant qu'une substance pensante). Car il semble que toute détermination de mouvement se fait par la pulsion de la chose mue, la manière dont elle est poussée par celle qui la meut, ou bien de la qualification et figure de la superficie de cette dernière. L'attouchement est requis aux deux premières conditions, et l'extension à la troisième. Vous excluez entièrement celle-ci de la notion que vous avez de l'âme, et celui-là me paraît incompatible avec une chose immatérielle. Pourquoi je vous demande une définition de l'âme plus particulière qu'en votre Métaphysique, c'est-à-dire de sa substance, séparée de son action, de la pensée. Car encore que nous les supposions inséparables (qui toutefois est difficile à prouver dans le ventre de la mère et les grands évanouissements), comme les attributs de Dieu, nous pouvons, en les considérant à part, en acquérir une idée plus parfaite.

Vous connaissant le meilleur médecin pour la mienne, je vous découvre si librement les faiblesses de ses spéculations, et espère qu'observant le serment d'Hipocrates (1), vous y apporterez des remèdes, sans les publier ; ce que je vous prie de faire, comme de souffrir ces importunités de votre affectionnée amie à vous servir,

Élisabeth.

A ÉLISABETH. *Egmond-du-Hoef*, 21 mai 1643.
[*Les notions primitives. Union de l'âme et du corps.*]

Je puis dire, avec vérité, que la question que votre Altesse propose, me semble être celle qu'on me peut demander

---

(1) Serment exigé des médecins : « [...] Tout ce que je verrai ou entendrai dans l'exercice de ma profession, je le tairai, le regardant comme un secret. [...] »

avec le plus de raison, en suite des écrits que j'ai publiés. Car, y ayant deux choses en l'âme humaine, desquelles dépend toute la connaissance que nous pouvons avoir de sa nature, l'une desquelles est qu'elle pense, l'autre, qu'étant unie au corps, elle peut agir et pâtir avec lui ; je n'ai quasi rien dit de cette dernière, et me suis seulement étudié à faire bien entendre la première, à cause que mon principal dessein était de prouver la distinction qui est entre l'âme et le corps ; à quoi celle-ci seulement a pu servir, et l'autre y aurait été nuisible. Mais, pour ce que votre Altesse voit si clair, qu'on ne lui peut dissimuler aucune chose, je tâcherai ici d'expliquer la façon dont je conçois l'union de l'âme avec le corps, et comment elle a la force de le mouvoir.

Premièrement, je considère qu'il y a en nous certaines notions primitives, qui sont comme des originaux, sur le patron desquels nous formons toutes nos autres connaissances. Et il n'y a que fort peu de telles notions ; car, après les plus générales, de l'être, du nombre, de la durée, etc., qui conviennent à tout ce que nous pouvons concevoir, nous n'avons, pour le corps en particulier, que la notion de l'extension, de laquelle suivent celles de la figure et du mouvement ; et pour l'âme seule, nous n'avons que celle de la pensée, en laquelle sont comprises les perceptions de l'entendement et les inclinations de la volonté ; enfin, pour l'âme et le corps ensemble, nous n'avons que celle de leur union, de laquelle dépend celle de la force qu'a l'âme de mouvoir le corps, et le corps d'agir sur l'âme, en causant ses sentiments et ses passions.

Je considère aussi que toute la science des hommes ne consiste qu'à bien distinguer ces notions, et à n'attribuer chacune d'elles qu'aux choses auxquelles elles appartiennent. Car, lorsque nous voulons expliquer quelque difficulté par le moyen d'une notion qui ne lui appartient pas, nous ne pouvons manquer de nous méprendre ; comme aussi lorsque nous voulons expliquer une de ces notions par une autre ; car, étant primitives, chacune d'elles ne peut être entendue que par elle-même. Et d'autant que l'usage des sens nous a rendu les notions de l'extension, des figures et des mouvements, beaucoup plus familières que les autres, la principale cause de nos erreurs est en ce que nous voulons ordinairement nous servir de ces notions, pour expliquer les choses à qui elles n'appartiennent pas, comme lorsqu'on se veut servir de l'imagination pour concevoir la nature de l'âme, ou bien lorsqu'on veut concevoir la façon dont l'âme meut le corps, par celle dont un corps est mû par un autre corps.

C'est pourquoi, puisque, dans les *Méditations* que votre Altesse a daigné lire, j'ai tâché de faire concevoir les notions qui appartiennent à l'âme seule, les distinguant de celles qui appartiennent au corps seul, la première chose que je dois expliquer ensuite, est la façon de concevoir celles qui appartiennent à l'union de l'âme avec le corps, sans celles qui appartiennent au corps seul, ou à l'âme seule. A quoi il me semble que peut servir ce que j'ai écrit à la fin de ma Réponse aux sixièmes Objections ; car nous ne pouvons chercher ces notions simples ailleurs qu'en notre âme, qui les a toutes en soi par sa nature, mais qui ne les distingue pas toujours assez les unes des autres, ou bien ne les attribue pas aux objets auxquels on les doit attribuer.

Ainsi je crois que nous avons ci-devant confondu la notion de la force dont l'âme agit dans le corps, avec celle dont un corps agit dans un autre ; et que nous avons attribué l'une et l'autre, non pas à l'âme, car nous ne la connaissions pas encore, mais aux diverses qualités des corps, comme à la pesanteur, à la chaleur, et aux autres, que nous avons imaginé être réelles, c'est-à-dire avoir une existence distincte de celle du corps, et par conséquent être des substances, bien que nous les ayons nommées des qualités. Et nous nous sommes servis, pour les concevoir, tantôt des notions qui sont en nous pour connaître le corps, et tantôt de celles qui y sont pour connaître l'âme, selon que ce que nous leur avons attribué, a été matériel ou immatériel. Par exemple, en supposant que la pesanteur est une qualité réelle, dont nous n'avons point d'autre connaissance, sinon qu'elle a la force de mouvoir le corps, dans lequel elle est, vers le centre de la terre, nous n'avons pas de peine à concevoir comment elle meut ce corps, ni comment elle lui est jointe ; et nous ne pensons point que cela se fasse par un attouchement réel d'une superficie contre une autre, car nous expérimentons, en nous-mêmes, que nous avons une notion particulière pour concevoir cela ; et je crois que nous usons mal de cette notion, en l'appliquant à la pesanteur, qui n'est rien de réellement distingué du corps, comme j'espère montrer en la *Physique*, mais qu'elle nous a été donnée pour concevoir la façon dont l'âme meut le corps.

Je témoignerais ne pas assez connaître l'incomparable esprit de votre Altesse, si j'employais davantage de paroles à m'expliquer, et je serais trop présomptueux, si j'osais penser que ma réponse la doive entièrement satisfaire ; mais je tâcherai d'éviter l'un et l'autre, en n'ajoutant rien ici de plus, sinon que, si je suis capable d'écrire ou de dire quelque chose qui lui puisse agréer, je tiendrai toujours à très grande faveur de prendre la plume, ou d'aller à La Haye, pour ce sujet, et qu'il n'y a rien au monde qui me soit si cher que de pouvoir obéir à ses commandements.

A ÉLISABETH. *Egmond-du-Hoef, 28 juin 1643.*

[*De l'union et de la distinction de l'âme et du corps.*]

Madame, j'ai très grande obligation à votre Altesse de ce que, après avoir éprouvé que je me suis mal expliqué en mes précédentes, touchant la question qu'il lui y a plu me proposer, elle daigne encore avoir la patience de m'entendre sur le même sujet, et me donner occasion de remarquer les choses que j'avais omises (1). Dont les principales me semblent être, qu'après avoir distingué trois genres d'idées ou de notions primitives qui se connaissent chacune d'une façon particulière et non par la comparaison de l'une à l'autre, à savoir, la notion que nous avons de l'âme, celle du corps, et celle de l'union qui est entre l'âme et le corps, je devais

---

(1) ÉLISABETH, lettre du 20 juin 1643 : Elle attribue à sa « stupidité » « de ne pouvoir comprendre l'idée par laquelle nous devons juger comment l'âme [non étendue et immatérielle] peut mouvoir le corps, par celle que vous avez eue autrefois de la pesanteur [...] — J'avoue qu'il me serait plus facile de concéder la matière et l'extension à l'âme, que la capacité de mouvoir un corps et d'en être mû, à un être immatériel. Car, si le premier se faisait par information, il faudrait que les esprits, qui font le mouvement, fussent intelligents, ce que vous n'accordez à rien de corporel. Et encore qu'en vos *Méditations Métaphysiques*, vous montrez la possibilité du second, il est pourtant très difficile à comprendre qu'une âme, comme vous l'avez décrite, après avoir eu la faculté et l'habitude de bien raisonner, peut perdre tout cela par quelques vapeurs et que pouvant subsister sans le corps et n'ayant rien de commun avec lui, elle en soit tellement régie ».

expliquer la différence qui est entre ces trois sortes de notions, et entre les opérations de l'âme par lesquelles nous les avons, et dire les moyens de nous rendre chacune d'elles familière et facile ; puis ensuite, ayant dit pourquoi je m'étais servi de la comparaison de la pesanteur, faire voir que, bien qu'on veuille concevoir l'âme comme matérielle (ce qui est proprement concevoir son union avec le corps), on ne laisse pas de connaître, par après, qu'elle en est séparable. Ce qui est, comme je crois, toute la matière que votre Altesse m'a ici prescrite.

Premièrement, donc, je remarque une grande différence entre ces trois sortes de notions, en ce que l'âme ne se conçoit que par l'entendement pur ; le corps, c'est-à-dire l'extension, les figures et les mouvements, se peuvent aussi connaître par l'entendement seul, mais beaucoup mieux par l'entendement aidé de l'imagination ; et enfin, les choses qui appartiennent à l'union de l'âme et du corps, ne se connaissent qu'obscurément par l'entendement seul, ni même par l'entendement aidé de l'imagination ; mais elles se connaissent très clairement par les sens. D'où vient que ceux qui ne philosophent jamais, et qui ne se servent que de leurs sens, ne doutent point que l'âme ne meuve le corps, et que le corps n'agisse sur l'âme ; mais ils considèrent l'un et l'autre comme une seule chose, c'est-à-dire, ils conçoivent leur union ; car concevoir l'union qui est entre deux choses, c'est les concevoir comme une seule. Et les pensées métaphysiques, qui exercent l'entendement pur, servent à nous rendre la notion de l'âme familière ; et l'étude des mathématiques, qui exerce principalement l'imagination en la considération des figures et des mouvements, nous accoutume à former des notions du corps bien distinctes ; et enfin, c'est en usant seulement de la vie et des conversations ordinaires, et en s'abstenant de méditer et d'étudier aux choses qui exercent l'imagination, qu'on apprend à concevoir l'union de l'âme et du corps.

J'ai quasi peur que votre Altesse ne pense que je ne parle pas ici sérieusement ; mais cela serait contraire au respect que je lui dois, et que je ne manquerai jamais de lui rendre. Et je puis dire, avec vérité, que la principale règle que j'ai toujours observée en mes études, et celle que je crois m'avoir le plus servi pour acquérir quelque connaissance, a été que je n'ai jamais employé que fort peu d'heures, par jour, aux pensées qui occupent l'imagination, et fort peu d'heures, par an, à celles qui occupent l'entendement seul, et que j'ai donné tout le reste de mon temps au relâche des sens et au repos de l'esprit ; même je compte, entre les exercices de l'imagination, toutes les conversations sérieuses, et tout ce à quoi il faut avoir de l'attention. C'est ce qui m'a fait retirer aux champs ; car encore que, dans la ville la plus occupée du monde, je pourrais avoir autant d'heures à moi, que j'en emploie maintenant à l'étude, je ne pourrais pas toutefois les y employer si utilement, lorsque mon esprit serait lassé par l'attention que requiert le tracas de la vie. Ce que je prends la liberté d'écrire ici à votre Altesse, pour lui témoigner que j'admire véritablement que, parmi les affaires et les soins qui ne manquent jamais aux personnes qui sont ensemble de grand esprit et de grande naissance, elle ait pu vaquer aux méditations qui sont requises pour bien connaître la distinction qui est entre l'âme et le corps.

Mais j'ai jugé que c'était ces méditations, plutôt que les pensées qui requièrent moins d'attention, qui lui ont fait trouver de l'obscurité en la notion que nous avons de leur union ; ne me semblant pas que l'esprit humain soit capable de concevoir bien distinctement, et en même temps, la distinction d'entre l'âme et le corps, et leur union ; à cause qu'il faut, pour cela, les concevoir comme une seule chose, et ensemble les concevoir comme deux, ce qui se contrarie. Et pour ce sujet (supposant que votre Altesse avait encore les raisons qui prouvent la distinction de l'âme et du corps fort présentes à son esprit, et ne voulant point la supplier de s'en défaire, pour se représenter la notion de l'union que chacun éprouve toujours en soi-même sans philosopher ; à savoir, qu'il est une seule personne, qui a ensemble un corps et une pensée, lesquels sont de telle nature que cette pensée peut mouvoir le corps, et sentir les accidents qui lui arrivent), je me suis servi ci-devant de la comparaison de la pesanteur et des autres qualités que nous imaginons communément être unies à quelques corps, ainsi que la pensée est unie au nôtre ; et je ne me suis pas soucié que cette comparaison clochât en cela que ces qualités ne sont pas réelles, ainsi qu'on les imagine, à cause que j'ai cru que votre Altesse était déjà entièrement persuadée que l'âme est une substance distincte du corps (1).

Mais, puisque votre Altesse remarque qu'il est plus facile d'attribuer de la matière et de l'extension à l'âme, que de lui attribuer la capacité de mouvoir un corps et d'en être mue, sans avoir de matière, je la supplie de vouloir librement attribuer cette matière et cette extension à l'âme ; car cela n'est autre chose que la concevoir unie au corps. Et après avoir bien conçu cela, et l'avoir éprouvé en soi-même, il lui sera aisé de considérer que la matière qu'elle aura attribuée à cette pensée, n'est pas la pensée même, et que l'extension de cette matière est d'autre nature que l'extension de cette pensée, en ce que la première est déterminée à certain lieu, duquel elle exclut toute autre extension de corps, ce que ne fait pas la deuxième. Et ainsi votre Altesse ne laissera pas de revenir aisément à la connaissance de la distinction de l'âme et du corps, nonobstant qu'elle ait conçu leur union.

[*De la part à faire à la métaphysique.*]

Enfin, comme je crois qu'il est très nécessaire d'avoir bien compris, une fois en sa vie, les principes de la métaphysique, à cause que ce sont eux qui nous donnent la connaissance de Dieu et de notre âme, je crois aussi qu'il serait très nuisible d'occuper souvent son entendement à les méditer, à cause qu'il ne pourrait si bien vaquer aux fonctions de l'imagination et des sens ; mais que le meilleur est de se contenter de retenir en sa mémoire et en sa créance les conclusions qu'on en a une fois tirées, puis employer le reste du temps qu'on a pour l'étude, aux pensées où l'entendement agit avec l'imagination et les sens.

(1) ELISABETH répond (lettre du 1er juillet 1643) : « Je trouve aussi que les sens me montrent que l'âme meut le corps, mais ne m'enseignent point (non plus que l'Entendement et l'Imagination) la façon dont elle le fait. Et pour cela je pense qu'il y a des propriétés de l'âme, qui nous sont inconnues, qui pourront peut-être renverser ce que vos *Méditations métaphysiques* m'ont persuadée, par de si bonnes raisons, de l'inextension de l'âme. Et ce doute semble être fondé sur la règle que vous y donnez, en parlant du vrai et du faux, que toute l'erreur nous vient de former des jugements de ce que nous ne percevons assez [...]. Je ne m'excuse point de confondre la notion de l'âme avec celle du corps par la même raison que le vulgaire ; mais cela ne m'ôte point le premier doute, et je désespérerai de trouver de la certitude en chose du monde, si vous ne m'en donnez, qui m'avez seul empêchée d'être sceptique, à quoi mon premier raisonnement me portait. »

A Pollot. *30 novembre 1643.*

[*De la gratitude.*]

Je ne suis pas marri aussi, que cette occasion (1) m'ait fait employer beaucoup de personnes : c'est à faire à ceux qui sont d'humeur ingrate, de craindre d'être obligés à quelqu'un ; pour moi, qui pense que le plus grand contentement qui soit au monde est d'obliger, je serais quasi assez insolent pour dire à mes amis, qu'ils me doivent du retour, lorsque je leur ai donné occasion de le recevoir en me laissant obliger par eux.

A un Père Jésuite. *1643.*

[*Hobbes, faible soutien de la monarchie.*]

Tout ce que je puis dire du livre *de Cive* (2) est que je juge que son auteur est le même que celui qui a fait les troisièmes objections contre mes *Méditations* et que je le trouve beaucoup plus habile en Morale qu'en Métaphysique ni en Physique ; nonobstant que je ne puisse aucunement approuver ses principes ni ses maximes, qui sont très mauvaises et très dangereuses, en ce qu'il suppose tous les hommes méchants, ou qu'il leur donne sujet de l'être. Tout son but est d'écrire en faveur de la Monarchie ; ce qu'on pourrait faire plus avantageusement et plus solidement qu'il n'a fait, en prenant des maximes plus vertueuses et plus solides.

A Buitendijck (3). *1643.* (Traduction.)

[*Le doute : moyen de connaître l'existence de Dieu.*]

Votre première question est de savoir s'il est jamais permis de douter de Dieu, c'est-à-dire s'il est naturellement permis de douter de l'existence de Dieu. Il faut, ce me semble, distinguer, dans le doute, ce qui revient à l'entendement et ce qui revient à la volonté. En ce qui concerne l'entendement, on ne doit pas chercher si quelque chose lui est permis ou non, puisqu'il n'est pas une faculté de choisir,

---

(1) Les démêlés avec les autorités d'Utrecht.
(2) « Du Citoyen », ouvrage de Thomas Hobbes, paru en 1642. Cf. Index des Correspondants.
(3) Buitendijck, cité par Beeckman comme un des curateurs du Collège de Dordrecht.

mais seulement si cela lui est possible. Et il est certain que très nombreux sont ceux dont l'entendement peut douter de Dieu : parmi eux, tous ceux qui sont incapables de démontrer avec évidence son existence, quoique par ailleurs ils aient une foi véritable : la foi en effet est du ressort de la volonté ; celle-ci ôtée, le fidèle peut examiner par la raison naturelle s'il y a un Dieu et ainsi douter de Dieu. Mais en ce qui concerne la volonté, il faut faire une nouvelle distinction : entre le doute qui porte sur la fin et celui qui porte sur les moyens. Si quelqu'un se donne pour objectif de douter de Dieu, de façon à persister dans ce doute, il commet un grave péché, en voulant rester dans le doute sur une chose d'une telle importance. Mais si quelqu'un se propose le doute comme moyen pour atteindre une connaissance plus claire de la vérité, il fait une chose toute pieuse et honnête : car personne ne peut vouloir la fin sans vouloir en même temps les moyens ; et même dans l'Écriture Sainte souvent les hommes sont invités à chercher la connaissance de Dieu par la raison naturelle. Et celui qui, pour cette même fin, écarte quelque temps de son esprit toute la connaissance qu'il peut avoir de Dieu, même celui-là ne commet pas de péché ; nous ne sommes pas tenus en effet de penser sans cesse que Dieu existe ; il ne serait alors jamais permis de dormir, ou de faire quoi que ce soit d'autre, puisque toutes les fois que nous faisons quelque chose d'autre, nous écartons momentanément toute la connaissance que nous pouvons avoir de la divinité.

Au P. MESLAND. *Leyde, 2 mai 1644 (?)*

Mon Révérend Père, je sais qu'il est très malaisé d'entrer dans les pensées d'autrui, et l'expérience m'a fait connaître combien les miennes semblent difficiles à plusieurs ; ce qui fait que je vous ai grande obligation de la peine que vous avez prise à les examiner ; et je ne puis avoir que très grande opinion de vous, en voyant que vous les possédez de telle sorte, qu'elles sont maintenant plus vôtres que miennes. Et les difficultés qu'il vous a plu me proposer, sont plutôt dans la matière, et dans le défaut de mon expression, que dans aucun défaut de votre intelligence ; car vous avez joint la solution des principales. Mais je ne laisserai pas de dire ici mes sentiments de toutes. [...]

[*De la deuxième preuve de l'existence de Dieu.*]

Il importe peu que ma seconde démonstration, fondée sur notre propre existence, soit considérée comme différente de la première, ou seulement comme une explication de cette première. Mais, ainsi que c'est un effet de Dieu de m'avoir créé, aussi en est-ce un d'avoir mis en moi son idée ; et il n'y a aucun effet venant de lui, par lequel on ne puisse démontrer son existence. Toutefois, il me semble que toutes ces démonstrations, prises des effets, reviennent à une ; et même qu'elles ne sont pas accomplies, si ces effets ne nous sont évidents (c'est pourquoi j'ai plutôt considéré ma propre existence, que celle du ciel et de la terre, de laquelle je ne suis pas si certain), et si nous n'y joignons l'idée que nous avons de Dieu. Car mon âme étant finie, je ne puis connaître que l'ordre des causes n'est pas infini, sinon en tant que j'ai en moi cette idée de la première cause ; et encore qu'on admette une première cause, qui me conserve, je ne puis dire qu'elle soit Dieu, si je n'ai véritablement l'idée de Dieu. Ce que j'ai insinué, en ma réponse aux Premières Objections, mais en peu de mots, afin de ne point mépriser les raisons des autres, qui admettent communément que *non datur progressus in infinitum* (1). Et moi, je ne l'admets pas ; au contraire, je crois que *datur revera talis progressus in divisione partium materiæ* (2), comme on verra dans mon traité de philosophie, qui s'achève d'imprimer. (3) [...]

Je vous suis bien obligé de ce que vous m'apprenez les endroits de saint Augustin, qui peuvent servir pour autoriser mes opinions ; quelques autres de mes amis avaient déjà fait le semblable ; et j'ai très grande satisfaction de ce que mes pensées s'accordent avec celles d'un si saint et si excellent personnage. Car je ne suis nullement de l'humeur de ceux qui désirent que leurs opinions paraissent nouvelles ; au contraire, j'accommode les miennes à celles des autres, autant que la vérité me le permet.

---

(1) « Il n'y a pas de progrès à l'infini. »
(2) « Il y a réellement un progrès de ce genre dans la division des parties de la matière. »
(3) *Les Principes de la philosophie.*

[*L'âme et ses idées.*]

Je ne mets autre différence entre l'âme et ses idées, que comme entre un morceau de cire et les diverses figures qu'il peut recevoir. Et comme ce n'est pas proprement une action, mais une passion en la cire, de recevoir diverses figures, il me semble que c'est aussi une passion en l'âme de recevoir telle ou telle idée, et qu'il n'y a que ses volontés qui soient des actions ; et que ses idées sont mises en elle, partie par les objets qui touchent les sens, partie par les impressions qui sont dans le cerveau, et partie aussi par les dispositions qui ont précédé en l'âme même, et par les mouvements de sa volonté ; ainsi que la cire reçoit ses figures, partie des autres corps qui la pressent, partie des figures ou autres qualités qui sont déjà en elle, comme de ce qu'elle est plus ou moins pesante ou molle, etc., et partie aussi de son mouvement, lorsqu'ayant été agitée, elle a en soi la force de continuer à se mouvoir.

Pour la difficulté d'apprendre les sciences, qui est en nous, et celle de nous représenter clairement les idées qui nous sont naturellement connues, elle vient des faux préjugés de notre enfance, et des autres causes de nos erreurs, que j'ai tâché d'expliquer assez au long en l'écrit que j'ai sous la presse. [...]

[*De la liberté.*]

Pour le libre arbitre, je n'ai point vu ce que le R. P. Petau (1) en a écrit ; mais de la façon que vous expliquez votre opinion sur ce sujet, il ne me semble pas que la mienne en soit fort éloignée. Car, premièrement, je vous supplie de remarquer, que je n'ai point dit que l'homme ne fût indifférent que là où il manque de connaissance ; mais bien, qu'il est d'autant plus indifférent, qu'il connaît moins de raisons qui le poussent à choisir un parti plutôt que l'autre ; ce qui ne peut, ce me semble, être nié de personne. Et je suis d'accord avec vous, en ce que vous dites qu'on peut suspendre son jugement ; mais j'ai tâché d'expliquer le moyen par lequel on le peut suspendre. Car il est, ce me semble, certain que, *ex magna luce in intellectu sequitur*

---

(1) Le P. Pétau (Denys) (1583-1652), jésuite, Professeur à la Sorbonne.

magna propensio in voluntate (1); en sorte que, voyant très clairement qu'une chose nous est propre, il est très mal aisé, et même, comme je crois, impossible, pendant qu'on demeure en cette pensée, d'arrêter le cours de notre désir. Mais, parce que la nature de l'âme est de n'être quasi qu'un moment attentive à une même chose, sitôt que notre attention se détourne des raisons qui nous font connaître que cette chose nous est propre, et que nous retenons seulement en notre mémoire qu'elle nous a paru désirable, nous pouvons représenter à notre esprit quelqu'autre raison qui nous en fasse douter, et ainsi suspendre notre jugement, et même aussi peut-être en former un contraire. Ainsi, puisque vous ne mettez pas la liberté dans l'indifférence précisément, mais dans une puissance réelle et positive de se déterminer, il n'y a de différence entre nos opinions que pour le nom ; car j'avoue que cette puissance est en la volonté. Mais, parce que je ne vois point qu'elle soit autre, quand elle est accompagnée de l'indifférence, laquelle vous avouez être une imperfection, que quand elle n'en est point accompagnée, et qu'il n'y a rien dans l'entendement que de la lumière, comme dans celui des bien-heureux qui sont confirmés en grâce, je nomme généralement libre, tout ce qui est volontaire, et vous voulez restreindre ce nom à la puissance de se déterminer, qui est accompagnée de l'indifférence. Mais je ne désire rien tant, touchant les noms, que de suivre l'usage et l'exemple.

Pour les animaux sans raison, il est évident qu'ils ne sont pas libres, à cause qu'ils n'ont pas cette puissance positive de se déterminer ; mais c'est en eux une pure négation, de n'être pas forcés ni contraints.

[*Tout pécheur l'est par ignorance.*]

Rien ne m'a empêché de parler de la liberté que nous avons à suivre le bien ou le mal, sinon que j'ai voulu éviter, autant que j'ai pu, les controverses de la théologie, et me tenir dans les bornes de la philosophie naturelle. Mais je vous avoue qu'en tout ce où il y a occasion de pécher, il y a de l'indifférence ; et je ne crois point que, pour mal faire, il

---

(1) « D'une grande lumière dans l'entendement suit une grande inclination dans la volonté. »

soit besoin de voir clairement que ce que nous faisons est mauvais ; il suffit de le voir confusément, ou seulement de se souvenir qu'on a jugé autrefois que cela l'était, sans le voir en aucune façon, c'est-à-dire, sans avoir attention aux raisons qui le prouvent ; car, si nous le voyions clairement, il nous serait impossible de pécher, pendant le temps que nous le verrions en cette sorte ; c'est pourquoi on dit que *omnis peccans est ignorans* (1). Et on ne laisse pas de mériter, bien que, voyant très clairement ce qu'il faut faire, on le fasse infailliblement, et sans aucune indifférence, comme a fait Jésus-Christ en cette vie. Car l'homme pouvant n'avoir pas toujours une parfaite attention aux choses qu'il doit faire, c'est une bonne action que de l'avoir, et de faire, par son moyen, que notre volonté suive si fort la lumière de notre entendement, qu'elle ne soit point du tout indifférente. Au reste, je n'ai point écrit que la Grâce empêchât entièrement l'indifférence ; mais seulement qu'elle nous fait pencher davantage vers un côté que vers l'autre, et ainsi qu'elle la diminue, bien qu'elle ne diminue pas la liberté ; d'où il suit, ce me semble, que cette liberté ne consiste point en l'indifférence.

[*Dieu et la vérité.*]

Pour la difficulté de concevoir, comment il a été libre et indifférent à Dieu de faire qu'il ne fût pas vrai, que les trois angles d'un triangle fussent égaux à deux droits, ou généralement que les contradictoires ne peuvent être ensemble, on la peut aisément ôter, en considérant que la puissance de Dieu ne peut avoir aucunes bornes ; puis aussi, en considérant que notre esprit est fini, et créé de telle nature, qu'il peut concevoir comme possibles les choses que Dieu a voulu être véritablement possibles, mais non pas de telle, qu'il puisse aussi concevoir comme possibles celles que Dieu aurait pu rendre possibles, mais qu'il a toutefois voulu rendre impossibles. Car la première considération nous fait connaître que Dieu ne peut avoir été déterminé à faire qu'il fût vrai, que les contradictoires ne peuvent être ensemble, et que, par conséquent, il a pu faire le contraire ; puis l'autre nous assure que, bien que cela soit vrai, nous ne devons point

---

(1) « Tout pécheur l'est par ignorance. »

tâcher de le comprendre, parce que notre nature n'en est pas capable. Et encore que Dieu ait voulu que quelques vérités fussent nécessaires, ce n'est pas à dire qu'il les ait nécessairement voulues ; car c'est tout autre chose de vouloir qu'elles fussent nécessaires, et de le vouloir nécessairement, ou d'être nécessité à le vouloir. J'avoue bien qu'il y a des contradictions qui sont si évidentes, que nous ne les pouvons représenter à notre esprit, sans que nous les jugions entièrement impossibles, comme celle que vous proposez : *Que Dieu aurait pu faire que les créatures ne fussent point dépendantes de lui*. Mais nous ne nous les devons point représenter, pour connaître l'immensité de sa puissance, ni concevoir aucune préférence ou priorité entre son entendement et sa volonté ; car l'idée que nous avons de Dieu nous apprend qu'il n'y a en lui qu'une seule action, toute simple et toute pure ; ce que ces mots de saint Augustin expriment fort bien : *Quia vides ea, sunt*, etc. (1) parce qu'en Dieu *videre* et *velle* (2) ne sont qu'une même chose.

Au P. CHARLET. *Paris, octobre 1644.*

[*Foi en sa philosophie et assurance en la postérité.*]

Et parce que je vois déjà, par expérience, que les choses que j'ai écrites, ont eu le bonheur d'être reçues et approuvées d'un assez grand nombre de personnes, je n'ai pas beaucoup à craindre qu'on réfute mes opinions. Je vois même que ceux qui ont le sens commun assez bon, et qui ne sont point encore imbus d'opinions contraires, sont tellement portés à les embrasser, qu'il y a apparence qu'elles ne pourront manquer, avec le temps, d'être reçues de la plupart des hommes, et j'ose même dire, des mieux sensés. Je sais qu'on a cru que mes opinions étaient nouvelles ; et toutefois on verra ici que je ne me sers d'aucun principe, qui n'ait été reçu par Aristote, et par tous ceux qui se sont jamais mêlés de philosopher. On s'est aussi imaginé que mon dessein était de réfuter les opinions reçues dans les écoles, et de tâcher à les rendre ridicules ; mais on verra que je n'en parle non plus que si je ne les avais jamais apprises. Enfin on a espéré que,

---

(1) « Puisque tu vois ces choses, elles sont » (*Confessions*, XIII, 38).
(2) « Voir » et « vouloir. »

lorsque ma philosophie paraîtrait au jour, on y trouverait quantité de fautes qui la rendraient facile à réfuter ; et moi, au contraire, je me promets que tous les meilleurs esprits la jugeront si raisonnable, que ceux qui entreprendront de l'impugner, n'en recevront que de la honte, et que les plus prudents feront gloire d'être les premiers à en porter un favorable jugement, qui sera suivi par après de la postérité, s'il se trouve véritable (1).

Au P. MESLAND. *Egmond, 9 février 1645* (?) (I).

[*Les corps et le corps (organisme). La transsubstantiation expliquée par l'union de l'âme et du corps.*]

Pour la façon dont on peut concevoir que le corps de J.-C. est au Saint-Sacrement, je crois que ce n'est pas à moi à l'expliquer, après avoir appris du Concile de Trente qu'il y est *ea existendi ratione quam verbis exprimere vix possumus* (2). Lesquels mots j'ai cités à dessein à la fin de ma réponse aux Quatrièmes Objections afin d'être exempt d'en dire davantage : joint aussi, que, n'étant point théologien de profession, j'aurais peur que les choses que je pourrais écrire fussent moins bien reçues de moi que d'un autre. Toutefois, à cause que le Concile ne détermine pas *verbis exprimere non possumus*, mais seulement que *vix possumus* (3), je me hasarderai de vous dire ici, en confidence, une façon qui me semble assez commode, et très utile pour éviter la calomnie des hérétiques, qui nous objectent que nous croyons en cela une chose qui est entièrement incompréhensible, et qui implique contradiction. Mais c'est, s'il vous plaît, à condition que, si vous la communiquez à d'autres, ce sera sans m'en attribuer l'invention ; et même vous ne la

---

(1) DESCARTES, au MÊME, Egmond, le 9 février 1645 : « C'est en quoi [le crédit de la philosophie] j'avoue avoir quelque intérêt ; car, étant homme comme les autres, je ne suis pas de ces insensibles qui ne se laissent point toucher par le succès [...] J'ose croire aussi que le public y a intérêt, et particulièrement votre Compagnie ; car elle ne doit pas souffrir que des vérités qui sont de quelque importance, soient plutôt reçues par d'autres que par elle. »
(2) « D'un genre d'existence qu'on peut à peine exprimer par des mots. »
(3) Non pas : « Qu'on ne peut pas exprimer par des mots », mais : « qu'on peut à peine ».

communiquerez à personne, si vous jugez qu'elle ne soit pas entièrement conforme à ce qui a été déterminé par l'Église.

Premièrement, je considère ce que c'est que le corps d'un homme, et je trouve que ce mot de corps est fort équivoque ; car, quand nous parlons d'un corps en général, nous entendons une partie déterminée de la matière et ensemble de la quantité dont l'univers est composé en sorte qu'on ne saurait ôter tant soit peu de cette quantité que nous ne jugions incontinent que le corps est moindre, et qu'il n'est plus entier ; ni changer aucune particule de cette matière, que nous ne pensions, par après, que le corps n'est plus totalement le même, ou *idem numero* (1). Mais, quand nous parlons du corps d'un homme, nous n'entendons pas une partie déterminée de matière, ni qui ait une grandeur déterminée, mais seulement nous entendons toute la matière qui est ensemble unie avec l'âme de cet homme ; en sorte que, bien que cette matière change, et que sa quantité augmente ou diminue, nous croyons toujours que c'est le même corps, *idem numero*, pendant qu'il demeure joint et uni substantiellement à la même âme ; et nous croyons que ce corps est tout entier, pendant qu'il a en soi toutes les dispositions requises pour conserver cette union. Car il n'y a personne qui ne croie que nous avons les mêmes corps que nous avons eus dès notre enfance, bien que leur quantité soit de beaucoup augmentée, et que, selon l'opinion commune des médecins, et sans doute selon la vérité, il n'y ait plus en eux aucune partie de la matière qui y était alors, et même qu'ils n'aient plus la même figure ; en sorte qu'ils ne sont *eadem numero* (2), qu'à cause qu'ils sont informés de la même âme. Pour moi, qui ai examiné la circulation du sang, et qui crois que la nutrition ne se fait que par une continuelle expulsion des parties de notre corps, qui sont chassées de leur place par d'autres qui y entrent, je ne pense pas qu'il y ait aucune particule de nos membres, qui demeure la même *numero* un seul moment, encore que notre corps, en tant que corps humain, demeure toujours le même *numero*, pendant qu'il est uni avec la même âme. Et même, en ce sens-là, il est indivisible : car, si on coupe un bras ou une

---

(1) « Le même numériquement. »
(2) « Les mêmes numériquement. »

jambe à un homme, nous pensons bien que son corps est divisé, en prenant le nom de corps en la première signification, mais non pas en le prenant en la seconde ; et nous ne pensons pas que celui qui a un bras ou une jambe coupé, soit moins homme qu'un autre. Enfin, quelque matière que ce soit, et de quelque quantité ou figure qu'elle puisse être, pourvu qu'elle soit unie avec la même âme raisonnable, nous la prenons toujours pour le corps du même homme, et pour le corps tout entier, si elle n'a pas besoin d'être accompagnée d'autre matière pour demeurer jointe à cette âme.

De plus, je considère que, lorsque nous mangeons du pain et buvons du vin, les petites parties de ce pain et de ce vin, se dissolvant en notre estomac, coulent incontinent de là dans nos veines, et par cela seul qu'elles se mêlent avec le sang, elles se transsubstantient naturellement, et deviennent parties de notre corps; bien que, si nous avions la vue assez subtile pour les distinguer d'avec les autres particules du sang, nous verrions qu'elles sont encore les mêmes *numero*, qui composaient auparavant le pain et le vin ; en sorte que, si nous n'avions point d'égard à l'union qu'elles ont avec l'âme, nous les pourrions nommer pain et vin, comme devant.

Or cette transsubstantiation se fait sans miracle. Mais, à son exemple, je ne vois point de difficulté à penser que tout le miracle de la transsubstantiation, qui se fait au Saint Sacrement, consiste en ce qu'au lieu que les particules de ce pain et de ce vin auraient dû se mêler avec le sang de J.-C. et s'y disposer en certaines façons particulières, afin que son âme les informât naturellement, elle les informe, sans cela, par la force des paroles de la Consécration ; et au lieu que cette âme de J.-C. ne pourrait demeurer naturellement jointe avec chacune de ces particules de pain et de vin, si ce n'est qu'elles fussent assemblées avec plusieurs autres qui composassent tous les organes du corps humain nécessaires à la vie, elle demeure jointe surnaturellement à chacune d'elles, encore qu'on les sépare. De cette façon, il est aisé à entendre comment le corps de J.-C. n'est qu'une fois en toute l'hostie, quand elle n'est point divisée, et néanmoins qu'il est tout entier en chacune de ses parties, quand elle l'est ; parce que toute la matière, tant grande ou petite qu'elle soit, qui est ensemble informée de la même âme humaine, est prise pour un corps humain tout entier.

Au P. Mesland. *Egmond, 9 février 1645* (?) (II).

[*Liberté d'indifférence et libre arbitre.*]

Pour le libre arbitre, je suis entièrement d'accord avec ce qui a été écrit par le Révérend Père (1). Et pour expliquer plus nettement mon opinion, je désire que l'on remarque sur ce point que l'indifférence me semble signifier proprement cet état dans lequel la volonté se trouve, lorsqu'elle n'est point portée, par la connaissance du vrai ou du bien, à suivre un parti plutôt qu'un autre ; et c'est en ce sens que je l'ai prise, quand j'ai écrit que le plus bas degré de la liberté consistait à nous déterminer aux choses auxquelles nous sommes indifférents. Mais peut-être que, par ce mot d'indifférence, d'autres entendent une faculté positive de se déterminer à l'un ou à l'autre de deux contraires, c'est-à-dire à poursuivre ou à fuir, à affirmer ou à nier. Or je n'ai jamais nié que cette faculté positive se formât en la volonté. Tant s'en faut, j'estime qu'elle s'y rencontre, non seulement dans les actions où elle n'est portée par aucune raison évidente vers un parti plutôt que vers un autre, mais encore dans toutes ses autres actions ; au point que, lors même qu'une raison fort évidente nous pousse vers un parti, quoique, moralement parlant, il soit difficile que nous puissions faire le contraire, parlant néanmoins absolument, nous le pouvons. Car il nous est toujours permis de nous empêcher de poursuivre un bien qui nous est clairement connu, ou d'admettre une vérité évidente, pourvu seulement que nous pensions que c'est un bien de témoigner par là notre libre arbitre.

De plus il faut remarquer que la liberté peut être considérée dans les actions de la volonté, soit avant qu'elles soient accomplies, soit pendant leur accomplissement.

Or il est certain qu'étant considérée dans les actions avant qu'elles soient accomplies, la liberté entraîne l'indifférence, prise dans le second sens, mais non dans le premier. Et bien que, quand nous opposons notre propre jugement aux commandements des autres, nous nous disions plus libres

---

(1) Le P. Gibieuf.

de faire ce pourquoi rien ne nous est prescrit par autrui, et où il nous est permis de suivre notre propre jugement, que de faire ce qui nous est interdit, pourtant, en opposant nos jugements entre eux ou nos connaissances les unes aux autres, nous pouvons dire que nous sommes plus libres pour faire ce qui ne nous paraît ni bien ni mal, ou encore ce en quoi nous connaissons beaucoup de raisons pour le bien certes, mais autant d'autres pour le mal, que pour faire ce en quoi nous apercevons beaucoup plus de bien que de mal. En effet, une plus grande liberté consiste soit dans une plus grande facilité à se déterminer, soit dans un plus grand usage de cette puissance positive que nous avons de suivre le pire, tout en voyant le meilleur. Or si nous suivons ce en quoi nous apparaissent plus de raisons de faire le bien, nous nous déterminons plus facilement : si nous faisons le contraire, nous faisons un plus grand usage de notre puissance positive ; et ainsi nous pouvons dans tous les cas agir plus librement, touchant les choses où nous voyons plus de bien que de mal que touchant celles que nous appelons indifférentes. En ce sens également, nous faisons moins librement les choses qui nous sont commandées par d'autres et auxquelles, sans cela, nous ne nous porterions pas de nous-mêmes, que celles qui ne nous sont pas commandées ; d'autant que le jugement qui nous dit que ces choses-là sont difficiles à faire s'oppose au jugement d'après lequel il est bon de faire ce qui nous est commandé : or ces deux jugements, plus ils nous meuvent également, plus ils mettent en nous de l'indifférence, prise dans le premier sens.

Maintenant la liberté étant considérée dans les actions de la volonté au moment même où elles sont accomplies, elle n'entraîne alors aucune indifférence, ni au premier ni au second sens du mot ; parce que ce qui se fait ne peut pas ne pas se faire, dans le temps même où il se fait. Mais elle consiste seulement dans la facilité qu'on a d'opérer ; et alors *librement*, *spontanément* et *volontairement* sont une seule et même chose. C'est en ce sens que j'ai écrit que j'étais porté d'autant plus librement à une chose, que j'y étais poussé par plus de raisons ; parce qu'il est certain que notre volonté se meut alors avec plus de facilité et d'impétuosité.

A Clerselier. *17 février 1645.*

[*Dieu et les dieux.*]

Encore que l'idée de Dieu *soit tellement empreinte en l'esprit humain*, qu'il n'y ait personne qui n'ait en soi la faculté de le connaître, cela n'empêche pas que plusieurs personnes n'aient pu passer toute leur vie sans jamais se représenter distinctement cette idée. Et, en effet, ceux qui la pensent avoir de plusieurs dieux, ne l'ont du tout point; car il implique contradiction d'en concevoir plusieurs souverainement parfaits, comme vous avez très bien remarqué; et quand les Anciens nommaient plusieurs dieux, ils n'entendaient pas plusieurs tout-puissants, mais seulement plusieurs fort puissants, au-dessus desquels ils imaginaient un seul Jupiter comme souverain, et auquel seul, par conséquent, ils appliquaient l'idée du vrai Dieu, qui se présentait confusément à eux.

A Élisabeth. *Egmond, 18 mai 1645.*

[*Maladie et tristesse.*]

Madame, j'ai été extrêmement surpris d'apprendre, par les lettres de Monsieur de Pollot, que V. A. a été longtemps malade, et je veux mal à ma solitude, pour ce qu'elle est cause que je ne l'ai point su plus tôt. [...] J'ai appris, par ses dernières, que Votre Altesse a eu, trois ou quatre semaines durant, une fièvre lente, accompagnée d'une toux sèche, et qu'après en avoir été délivrée pour cinq ou six jours, le mal est retourné, et que toutefois, au temps qu'il m'a envoyé sa lettre (laquelle a été près de quinze jours par les chemins), Votre Altesse commençait derechef à se porter mieux. En quoi je remarque les signes d'un mal si considérable, et néanmoins auquel il me semble que Votre Altesse peut si certainement remédier, que je ne puis m'abstenir de lui en écrire mon sentiment. Car, bien que je ne sois pas médecin, l'honneur que Votre Altesse me fit, l'été passé, de vouloir savoir mon opinion, touchant une autre indisposition qu'elle avait pour lors, me fait espérer que ma liberté ne lui sera pas désagréable.

La cause la plus ordinaire de la fièvre lente est la tristesse; et l'opiniâtreté de la fortune à persécuter votre maison, vous donne continuellement des sujets de fâcherie, qui sont si publics et si éclatants, qu'il n'est pas besoin d'user beaucoup de conjectures, ni être fort dans les affaires, pour juger que c'est en cela que consiste la principale cause de votre indisposition. Et il est à craindre que vous n'en puissiez être du tout délivrée, si ce n'est que, par la force de votre vertu, vous rendiez votre âme contente, malgré les disgrâces de la fortune. Je sais bien que ce serait être imprudent de vouloir persuader la joie à une personne, à qui la fortune envoie tous les jours de nouveaux sujets de déplaisir, et je ne suis point de ces philosophes cruels, qui veulent que leur sage soit insensible. Je sais aussi que Votre Altesse n'est point tant touchée de ce qui la regarde en son particulier, que de ce qui regarde les intérêts de sa maison et des personnes qu'elle affectionne ; ce que j'estime comme une vertu la plus aimable de toutes.

[*Raison contre passions : être spectateur de soi.*]

Mais il me semble que la différence qui est entre les plus grandes âmes et celles qui sont basses et vulgaires, consiste, principalement, en ce que les âmes vulgaires se laissent aller à leurs passions, et ne sont heureuses ou malheureuses, que selon que les choses qui leur surviennent sont agréables ou déplaisantes ; au lieu que les autres ont des raisonnements si forts et si puissants que, bien qu'elles aient aussi des passions, et même souvent de plus violentes que celles du commun, leur raison demeure néanmoins toujours la maîtresse, et fait que les afflictions même leur servent, et contribuent à la parfaite félicité dont elles jouissent dès cette vie. Car, d'une part, se considérant comme immortelles et capables de recevoir de très grands contentements, puis, d'autre part, considérant qu'elles sont jointes à des corps mortels et fragiles, qui sont sujets à beaucoup d'infirmités, et qui ne peuvent manquer de périr dans peu d'années, elles font bien tout ce qui est en leur pouvoir pour se rendre la fortune favorable en cette vie, mais néanmoins elles l'estiment si peu, au regard de l'éternité, qu'elles n'en considèrent quasi les événements que comme nous faisons ceux des comédies. Et comme les histoires tristes et lamentables, que nous voyons représenter sur un théâtre, nous donnent souvent autant de récréation que les gaies, bien qu'elles tirent des larmes de nos yeux ; ainsi ces plus grandes âmes, dont je parle, ont de la satisfaction, en elles-mêmes, de toutes les choses qui leur arrivent, même des plus fâcheuses et insupportables. Ainsi, ressentant de la douleur en leurs corps, elles s'exercent à la supporter patiemment, et cette épreuve qu'elles font de leur force, leur est agréable ; ainsi, voyant leurs amis en quelque grande affliction, elles compatissent à leur mal, et font tout leur possible pour les en délivrer, et ne craignent pas même de s'exposer à la mort pour ce sujet, s'il en est besoin. Mais, cependant, le témoignage que leur donne leur conscience, de ce qu'elles s'acquittent en cela de leur devoir, et font une action louable et vertueuse, les rend plus heureuses, que toute la tristesse, que leur donne la compassion, ne les afflige. Et enfin, comme les plus grandes prospérités de la fortune ne les enivrent jamais, et ne les rendent point plus insolentes, aussi les plus grandes adversités ne les peuvent abattre ni rendre si tristes, que le corps, auquel elles sont jointes, en devienne malade.

Je craindrais que ce style ne fût ridicule, si je m'en servais en écrivant à quelqu'autre ; mais, pour ce que je considère Votre Altesse comme ayant l'âme la plus noble et la plus relevée que je connaisse, je crois qu'elle doit aussi être la plus heureuse, et qu'elle le sera véritablement, pourvu qu'il lui plaise jeter les yeux sur ce qui est au-dessous d'elle, et comparer la valeur des biens qu'elle possède, et qui ne lui sauraient jamais être ôtés, avec ceux dont la fortune l'a dépouillée, et les disgrâces dont elle la persécute en la personne de ses proches ; car alors elle verra le grand sujet qu'elle a d'être contente de ses propres biens. Le zèle extrême que j'ai pour elle est cause que je me suis laissé emporter à ce discours, que je la supplie très humblement d'excuser, comme venant d'une personne qui est, etc.

A ÉLISABETH. *Egmond, mai ou juin 1645.*

[*De la force de l'imagination. Influence du milieu : décor tragique ou nature.*]

Madame, je n'ai pu lire la lettre que Votre Altesse m'a fait l'honneur de m'écrire, sans avoir des ressentiments extrêmes, de voir qu'une vertu si rare et si accomplie ne soit pas accompagnée de la santé, ni des prospérités qu'elle mérite, et je conçois aisément la multitude des déplaisirs qui se présentent continuellement à elle, et qui sont d'autant plus difficiles à surmonter, que souvent ils sont de telle nature, que la vraie raison n'ordonne pas qu'on s'oppose directement à eux et qu'on tâche de les chasser. Ce sont des ennemis domestiques, avec lesquels étant contraint de converser, on est obligé de se tenir sans cesse sur ses gardes, afin d'empêcher qu'ils ne nuisent ; et je ne trouve à cela qu'un seul remède, qui est d'en divertir son imagination et ses sens le plus qu'il est possible, et de n'employer que l'entendement seul à les considérer, lorsqu'on y est obligé par la prudence.

On peut, ce me semble, aisément remarquer ici la différence qui est entre l'entendement et l'imagination ou le sens ; car elle est telle, que je crois qu'une personne, qui aurait d'ailleurs toute sorte de sujet d'être contente, mais qui verrait continuellement représenter devant soi des tragédies dont tous les actes fussent funestes, et qui ne s'occuperait qu'à considérer des objets de tristesse et de pitié, qu'elle sût être feints et fabuleux, en sorte qu'ils ne fissent que tirer des larmes de ses yeux, et émouvoir son imagination, sans toucher son entendement, je crois, dis-je, que cela seul suffirait pour accoutumer son cœur à se resserrer et à jeter des soupirs ; en suite de quoi la circulation du sang étant retardée et ralentie, les plus grossières parties de ce sang, s'attachant les unes aux autres, pourraient facilement lui opiler la rate, en s'embarrassant et s'arrêtant dans ses pores ; et les plus subtiles, retenant leur agitation, lui pourraient altérer le poumon, et causer une toux, qui à la longue serait fort à craindre. Et, au contraire, une personne qui aurait une infinité de véritables sujets de déplaisir, mais qui s'étudierait avec tant de soin à en détourner son imagination, qu'elle ne pensât jamais à eux, que lorsque la nécessité des affaires l'y obligerait, et qu'elle employât tout le reste de son temps à ne considérer que des objets qui lui pussent apporter du contentement et de la joie, outre que cela lui serait grandement utile, pour juger plus sainement des choses qui lui importeraient, pour ce qu'elle les regarderait sans passion, je ne doute point que cela seul ne fût capable de la remettre en santé, bien que sa rate et ses poumons fussent déjà fort mal disposés par le mauvais tempérament du sang que cause la tristesse. Principalement, si elle se servait aussi des remèdes de la médecine, pour résoudre cette partie du sang qui cause des obstructions ; à quoi je juge que les eaux de Spa sont très propres, surtout si Votre Altesse observe, en les prenant, ce que les médecins ont coutume de recommander, qui est qu'il se faut entièrement délivrer l'esprit de toutes sortes de pensées tristes, et même aussi de toutes sortes de méditations sérieuses touchant les sciences, et ne s'occuper qu'à imiter ceux qui, en regardant la verdeur d'un bois, les couleurs d'une fleur, le vol d'un oiseau, et telles choses qui ne requièrent aucune attention, se persuadent qu'ils ne pensent à rien. Ce qui n'est pas perdre le temps, mais le bien employer ; car on peut, cependant, se satisfaire par l'espérance que, par ce moyen, on recouvrera une parfaite santé, laquelle est le fondement de tous les autres biens qu'on peut avoir en cette vie.

[*Sur sa propre guérison.*]

Je sais bien que je n'écris rien ici que Votre Altesse ne sache mieux que moi, et que ce n'est pas tant la théorie, que la pratique, qui est difficile en ceci ; mais la faveur extrême qu'elle me fait de témoigner qu'elle n'a pas désagréable d'entendre mes sentiments (1), me fait prendre la liberté de les écrire tels qu'ils sont, et me donne encore celle d'ajouter ici, que j'ai expérimenté en moi-même, qu'un mal presque semblable, et même plus dangereux, s'est guéri par le remède que je viens de dire. Car, étant né d'une mère qui mourut, peu de jours après ma naissance, d'un mal de poumon, causé par quelques déplaisirs, j'avais hérité d'elle une toux sèche, et une couleur pâle, que j'ai gardée jusques à l'âge de plus de vingt ans, et qui faisait que tous les médecins qui m'ont vu avant ce temps-là, me condamnaient à mourir jeune. Mais je crois que l'inclination que j'ai toujours eue à regarder les choses qui se présentaient du biais qui me les pouvait rendre le plus agréables, et à faire que mon

---

(1) ÉLISABETH (lettre du 24 mai 1645) : « C'est ce qui me fait consentir à l'avis des médecins de boire d'ici en un mois les eaux de Spa [...]. Mais je ne les prendrai point, avant que j'en sache votre opinion, puisque vous avez la bonté de me vouloir guérir le corps avec l'âme. »

principal contentement ne dépendît que de moi seul, est cause que cette indisposition, qui m'était comme naturelle, s'est peu à peu entièrement passée.

A REGIUS. *Egmond, juillet 1645.* (Traduction.)

[*Véracité de l'écrivain.*]

En ce qui me concerne, ce qu'il me faut éviter par dessus tout, ce me semble, c'est que mes opinions semblent des paradoxes, et je voudrais qu'elles ne soient jamais prises comme sujets de discussions ; mais j'ai la conviction qu'elles sont si certaines et si évidentes qu'elles ôteront toute occasion de discuter à ceux qui les comprendront bien [...].

La plus grande injure que l'on me fasse vient de ceux qui me soupçonnent d'avoir écrit sur quelque point autrement que je ne pensais ; ceux-là, si je les connaissais, je ne pourrais pas ne pas les tenir pour mes ennemis. Se taire à l'occasion, et ne pas exprimer de soi-même toutes nos opinions, c'est prudence ; mais écrire, sans y être forcé par personne, quelque chose d'autre que ce qu'on pense, et chercher à en persuader les lecteurs, c'est bassesse et malhonnêteté.

A ÉLISABETH. *Egmond, 4 août 1645.*

[*Fortune et Béatitude.*]

Madame, lorsque j'ai choisi le livre de Sénèque *De vita beata* (1) pour le proposer à Votre Altesse comme un entretien qui lui pourrait être agréable, j'ai eu seulement égard à la réputation de l'auteur et à la dignité de la matière, sans penser à la façon dont il la traite, laquelle ayant depuis considérée, je ne la trouve pas assez exacte pour mériter d'être suivie. Mais, afin que Votre Altesse en puisse juger plus aisément, je tâcherai ici d'expliquer en quelle sorte il me semble que cette matière eût dû être traitée par un

---

(1) « *De la vie heureuse* ». DESCARTES avait proposé à ÉLISABETH dans une lettre du 21 juillet : « de parler des moyens que la philosophie nous enseigne pour acquérir cette souveraine félicité, que les âmes vulgaires attendent vainement de la fortune, et que nous ne saurions avoir que de nous-mêmes. L'un de ces moyens [...] est d'examiner ce que les anciens en ont écrit ».

philosophe tel que lui, qui, n'étant point éclairé de la foi, n'avait que la raison naturelle pour guide.

Il dit fort bien, au commencement, que *vivere omnes beate volunt, sed ad pervidendum quid sit quod beatam vitam efficiat, caligant* (1). Mais il est besoin de savoir ce que c'est que *vivere beate* ; je dirais en français vivre heureusement, sinon qu'il y a de la différence entre l'heur et la béatitude, en ce que l'heur ne dépend que des choses qui sont hors de nous, d'où vient que ceux-là sont estimés plus heureux que sages, auxquels il est arrivé quelque bien qu'ils ne se sont point procurés, au lieu que la béatitude consiste, ce me semble, en un parfait contentement d'esprit et une satisfaction intérieure, que n'ont pas ordinairement ceux qui sont les plus favorisés de la fortune, et que les sages acquièrent sans elle. Ainsi *vivere beate*, vivre en béatitude, ce n'est autre chose qu'avoir l'esprit parfaitement content et satisfait.

Considérant, après cela, ce que c'est *quod beatam vitam efficiat*, c'est-à-dire quelles sont les choses qui nous peuvent donner ce souverain contentement, je remarque qu'il y en a de deux sortes : à savoir, de celles qui dépendent de nous, comme la vertu et la sagesse, et de celles qui n'en dépendent point, comme les honneurs, les richesses et la santé. Car il est certain qu'un homme bien né, qui n'est point malade, qui ne manque de rien, et qui avec cela est aussi sage et aussi vertueux qu'un autre qui est pauvre, malsain et contrefait, peut jouir d'un plus parfait contentement que lui. Toutefois comme un petit vaisseau peut être aussi plein qu'un plus grand, encore qu'il contienne moins de liqueur, ainsi, prenant le contentement d'un chacun pour la plénitude et l'accomplissement de ses désirs réglés selon la raison, je ne doute point que les plus pauvres et les plus disgraciés de la fortune ou de la nature ne puissent être entièrement contents et satisfaits, aussi bien que les autres, encore qu'ils ne jouissent pas de tant de biens. Et ce n'est que de cette sorte de contentement, de laquelle il est ici question ; car puisque l'autre n'est aucunement en notre pouvoir, la recherche en serait superflue.

---

(1) « Tous veulent vivre heureux, mais lorsqu'il s'agit de voir ce qui rend la vie heureuse, ils sont dans les ténèbres. »

[*Les trois règles de la Morale par provision.*]

Or, il me semble qu'un chacun se peut rendre content de soi-même et sans rien attendre d'ailleurs, pourvu seulement qu'il observe trois choses, auxquelles se rapportent les trois règles de morale, que j'ai mises dans le *Discours de la Méthode* (1).

La première est, qu'il tâche toujours de se servir, le mieux qu'il lui est possible, de son esprit, pour connaître ce qu'il doit faire ou ne pas faire en toutes les occurrences de la vie (2).

La seconde, qu'il ait une ferme et constante résolution d'exécuter tout ce que la raison lui conseillera, sans que ses passions ou ses appétits l'en détournent ; et c'est la fermeté de cette résolution, que je crois devoir être prise pour la vertu, bien que je ne sache point que personne l'ait jamais ainsi expliquée ; mais on l'a divisée en plusieurs espèces, auxquelles on a donné divers noms, à cause des divers objets auxquels elle s'étend.

La troisième, qu'il considère que, pendant qu'il se conduit ainsi, autant qu'il peut, selon la raison, tous les biens qu'il ne possède point sont aussi entièrement hors de son pouvoir les uns que les autres, et que, par ce moyen, il s'accoutume à ne les point désirer ; car il n'y a rien que le désir, et le regret ou le repentir, qui nous puissent empêcher d'être contents : mais si nous faisons toujours tout ce que nous dicte notre raison, nous n'aurons jamais aucun sujet de nous repentir, encore que les événements nous fissent voir, par après, que nous nous sommes trompés,

---

(1) *Discours de la Méthode*, IIIe Partie.
(2) DESCARTES à ÉLISABETH (18 août 1645) : « Il [Sénèque] approuve bien pourtant qu'on prenne conseil de ceux qu'on croit être les plus sages ; mais il veut qu'on use aussi de son propre jugement, pour examiner leurs opinions. En quoi je suis fort de son avis ; car encore que plusieurs ne soient pas capables de trouver d'eux-mêmes le droit chemin, il y en a peu toutefois qui ne le puissent assez reconnaître lorsqu'il leur est clairement montré par quelque autre ; et quoi qu'il en soit, on a sujet d'être satisfait en sa conscience, et de s'assurer que les opinions qu'on a, touchant la morale, sont les meilleures qu'on puisse avoir, lorsqu'au lieu de se laisser conduire aveuglément par l'exemple, on a eu soin de rechercher le conseil des plus habiles, et qu'on a employé toutes les forces de son esprit à examiner ce qu'on devait suivre. »

pour ce que ce n'est point par notre faute. Et ce qui fait que nous ne désirons point d'avoir, par exemple, plus de bras ou plus de langues que nous n'en avons, mais que nous désirons bien d'avoir plus de santé ou plus de richesses, c'est seulement que nous imaginons que ces choses ici pourraient être acquises par notre conduite, ou bien qu'elles sont dues à notre nature, et que ce n'est pas le même des autres : de laquelle opinion nous pourrons nous dépouiller, en considérant que, puisque nous avons toujours suivi le conseil de notre raison, nous n'avons rien omis de ce qui était en notre pouvoir, et que les maladies et les infortunes ne sont pas moins naturelles à l'homme, que les prospérités et la santé.

[*Raison et conscience.*]

Au reste, toute sorte de désirs ne sont pas incompatibles avec la béatitude ; il n'y a que ceux qui sont accompagnés d'impatience et de tristesse. Il n'est pas nécessaire aussi que notre raison ne se trompe point ; il suffit que notre conscience nous témoigne que nous n'avons jamais manqué de résolution et de vertu, pour exécuter toutes les choses que nous avons jugé être les meilleures, et ainsi la vertu seule est suffisante pour nous rendre contents en cette vie. Mais néanmoins pour ce que, lorsqu'elle n'est pas éclairée par l'entendement, elle peut être fausse, c'est-à-dire que la volonté et résolution de bien faire nous peut porter à des choses mauvaises, quand nous les croyons bonnes, le contentement qui en revient n'est pas solide ; et pour ce qu'on oppose ordinairement cette vertu aux plaisirs, aux appétits et aux passions, elle est très difficile à mettre en pratique, au lieu que le droit usage de la raison, donnant une vraie connaissance du bien, empêche que la vertu ne soit fausse, et même l'accordant avec les plaisirs licites, il en rend l'usage si aisé, et nous faisant connaître la condition de notre nature, il borne tellement nos désirs, qu'il faut avouer que la plus grande félicité de l'homme dépend de ce droit usage de la raison, et par conséquent que l'étude qui sert à l'acquérir, est la plus utile occupation qu'on puisse avoir, comme elle est aussi sans doute la plus agréable et la plus douce.

En suite de quoi, il me semble que Sénèque eût dû nous enseigner toutes les principales vérités, dont la connaissance est requise pour faciliter l'usage de la vertu, et régler nos désirs et nos passions, et ainsi jouir de la béatitude naturelle ; ce qui aurait rendu son livre le meilleur et le plus utile qu'un philosophe païen eût su écrire. Toutefois ce n'est ici que mon opinion, laquelle je soumets au jugement de Votre Altesse.

A ÉLISABETH. *Egmond, 1ᵉʳ septembre 1645.*

[*Il n'est de bonheur que pour l'homme libre.*]

Comme, lorsque j'ai parlé d'une béatitude qui dépend entièrement de notre libre arbitre et que tous les hommes peuvent acquérir sans aucune assistance d'ailleurs, vous remarquez fort bien qu'il y a des maladies qui, ôtant le pouvoir de raisonner, ôtent aussi celui de jouir d'une satisfaction d'esprit raisonnable ; et cela m'apprend que ce que j'avais dit généralement de tous les hommes, ne doit être entendu que de ceux qui ont l'usage libre de leur raison, et avec cela qui savent le chemin qu'il faut tenir pour parvenir à cette béatitude. Car il n'y a personne qui ne désire se rendre heureux ; mais plusieurs n'en savent pas le moyen ; et souvent l'indisposition qui est dans le corps, empêche que la volonté ne soit libre. Comme il arrive aussi quand nous dormons ; car le plus philosophe du monde ne saurait s'empêcher d'avoir de mauvais songes, lorsque son tempérament l'y dispose. Toutefois l'expérience fait voir que, si on a eu souvent quelque pensée, pendant qu'on a eu l'esprit en liberté, elle revient encore après, quelque indisposition qu'ait le corps ; ainsi je puis dire que mes songes ne me représentent jamais rien de fâcheux, et sans doute qu'on a grand avantage de s'être dès longtemps accoutumé à n'avoir point de tristes pensées. Mais nous ne pouvons répondre absolument de nous-mêmes, que pendant que nous sommes à nous, et c'est moins de perdre la vie que de perdre l'usage de la raison ; car, même sans les enseignements de la foi, la seule philosophie naturelle fait espérer à notre âme un état plus heureux, après la mort, que celui où elle est à présent ; et elle ne lui fait rien craindre de plus fâcheux, que d'être attachée à un corps qui lui ôte entièrement sa liberté.

Pour les autres indispositions, qui ne troublent pas tout à fait le sens, mais altèrent seulement les humeurs, et font qu'on se trouve extraordinairement enclin à la tristesse, ou à la colère, ou à quelque autre passion, elles donnent sans doute de la peine, mais elles peuvent être surmontées, et même donnent matière à l'âme d'une satisfaction d'autant plus grande, qu'elles ont été plus difficiles à vaincre. Et je crois aussi le semblable de tous les empêchements de dehors, comme de l'éclat d'une grande naissance, des cajoleries de la cour, des adversités de la fortune, et aussi de ses grandes prospérités, lesquelles ordinairement empêchent plus qu'on ne puisse jouer le rôle de philosophe, que ne font ses disgrâces. Car lorsqu'on a toutes choses à souhait, on s'oublie de penser à soi, et quand, par après, la fortune change, on se trouve d'autant plus surpris, qu'on s'était plus fié en elle. Enfin, on peut dire généralement qu'il n'y a aucune chose qui nous puisse entièrement ôter le moyen de nous rendre heureux, pourvu qu'elle ne trouble point notre raison ; et que ce ne sont pas toujours celles qui paraissent les plus fâcheuses, qui nuisent le plus.

[*Des plaisirs et de la vertu.*]

Mais afin de savoir exactement combien chaque chose peut contribuer à notre contentement, il faut considérer quelles sont les causes qui le produisent, et c'est aussi l'une des principales connaissances qui peuvent servir à faciliter l'usage de la vertu ; car toutes les actions de notre âme qui nous acquièrent quelque perfection, sont vertueuses, et tout notre contentement ne consiste qu'au témoignage intérieur que nous avons d'avoir quelque perfection. Ainsi nous ne saurions jamais pratiquer aucune vertu (c'est-à-dire faire ce que notre raison nous persuade que nous devons faire), que nous n'en recevions de la satisfaction et du plaisir. Mais il y a deux sortes de plaisirs : les uns qui appartiennent à l'esprit seul, et les autres qui appartiennent à l'homme, c'est-à-dire à l'esprit en tant qu'il est uni au corps ; et ces derniers, se présentant confusément à l'imagination, paraissent souvent beaucoup plus grands qu'ils ne sont, principalement avant qu'on les possède, ce qui est la source de tous les maux et de toutes les erreurs de la vie. Car, selon la règle de la raison, chaque plaisir se devrait mesurer par la grandeur de la perfection qui le produit, et c'est ainsi que nous mesurons ceux dont les causes nous sont clairement connues. Mais souvent la passion nous fait croire certaines choses beaucoup meilleures et plus désirables qu'elles ne sont ; puis, quand nous avons pris bien de la peine à les acquérir, et perdu cependant l'occasion de posséder d'autres biens plus véritables, la jouissance nous en fait connaître les défauts, et de là viennent les dédains, les regrets et les repentirs. C'est pourquoi le vrai office de la raison est d'examiner la juste valeur de tous les biens dont l'acquisition semble dépendre en quelque façon de notre conduite, afin que nous ne manquions jamais d'employer tous nos soins à tâcher de nous procurer ceux qui sont, en effet, les plus désirables ; en quoi, si la fortune s'oppose à nos desseins et les empêche de réussir, nous aurons au moins la satisfaction de n'avoir rien perdu par notre faute, et ne laisserons pas de jouir de toute la béatitude naturelle dont l'acquisition aura été en notre pouvoir.

Ainsi, par exemple, la colère peut quelquefois exciter en nous des désirs de vengeance si violents qu'elle nous fera imaginer plus de plaisir à châtier notre ennemi, qu'à conserver notre honneur ou notre vie, et nous fera exposer imprudemment l'un et l'autre pour ce sujet. Au lieu que, si la raison examine quel est le bien ou la perfection sur laquelle est fondé ce plaisir, qu'on tire de la vengeance, elle n'en trouvera aucune autre (au moins quand cette vengeance ne sert point pour empêcher qu'on ne nous offense derechef), sinon que cela nous fait imaginer que nous avons quelque sorte de supériorité et quelque avantage au-dessus de celui dont nous nous vengeons. Ce qui n'est souvent qu'une vaine imagination, qui ne mérite point d'être estimée à comparaison de l'honneur ou de la vie, ni même à comparaison de la satisfaction qu'on aurait de se voir maître de sa colère, en s'abstenant de se venger.

Et le semblable arrive en toutes les autres passions ; car il n'y en a aucune qui ne nous représente le bien auquel elle tend, avec plus d'éclat qu'il n'en mérite, et qui ne nous fasse imaginer des plaisirs beaucoup plus grands, avant que nous les possédions, que nous ne les trouvons par après, quand nous les avons. Ce qui fait qu'on blâme communément la volupté, pour ce qu'on ne se sert de ce mot que pour signifier des plaisirs qui nous trompent souvent par leur apparence, et nous en font négliger d'autres beaucoup plus solides, mais dont l'attente ne touche pas tant, tels que sont ordinairement ceux de l'esprit seul. Je dis ordinairement ; car tous ceux de l'esprit ne sont pas louables, pour ce qu'ils peuvent être fondés sur quelque fausse opinion, comme le plaisir qu'on prend à médire, qui n'est fondé que sur ce qu'on pense devoir être d'autant plus estimé que les autres le seront moins ; et ils nous peuvent aussi tromper par leur apparence, lorsque quelque forte passion les accompagne, comme on voit en celui que donne l'ambition.

[*Plaisirs du corps et plaisirs de l'esprit.*]

Mais la principale différence qui est entre les plaisirs du corps et ceux de l'esprit, consiste en ce que, le corps étant sujet à un changement perpétuel, et même sa conservation et son bien-être dépendant de ce changement, tous les plaisirs qui le regardent ne durent guère ; car ils ne procèdent que de l'acquisition de quelque chose qui est utile au corps, au moment qu'on la reçoit ; et sitôt qu'elle cesse de lui être utile, ils cessent aussi, au lieu que ceux de l'âme peuvent être immortels comme elle, pourvu qu'ils aient un fondement si solide que ni la connaissance de la vérité ni aucune fausse persuasion ne le détruisent.

Au reste, le vrai usage de notre raison pour la conduite de la vie ne consiste qu'à examiner et considérer sans passion la valeur de toutes les perfections, tant du corps que de l'esprit, qui peuvent être acquises par notre conduite, afin qu'étant ordinairement obligés de nous priver de quelques-unes, pour avoir les autres, nous choisissions toujours les meilleures. Et pour ce que celles du corps sont les moindres, on peut dire généralement que, sans elles, il y a moyen de se rendre heureux. Toutefois, je ne suis point d'opinion qu'on les doive entièrement mépriser, ni même qu'on doive s'exempter d'avoir des passions ; il suffit qu'on les rende sujettes à la raison, et lorsqu'on les a ainsi apprivoisées, elles sont quelquefois d'autant plus utiles qu'elles penchent plus vers l'excès. Je n'en aurai jamais de plus excessive, que celle qui me porte au respect et à la vénération que je vous dois, et me fait être, etc.

A Élisabeth. *Egmond, 15 septembre 1645.*

[*Du Jugement moral : qu'il dépend de ce que nous savons de Dieu, de l'âme, de la grandeur de l'univers.*]

Madame, votre Altesse a si exactement remarqué toutes les causes qui ont empêché Sénèque de nous exposer clairement son opinion touchant le souverain bien, et vous avez pris la peine de lire son livre avec tant de soin, que je craindrais de me rendre importun, si je continuais ici à examiner par ordre tous ses chapitres, et que cela me fît différer de répondre à la difficulté qu'il vous a plu me proposer, touchant les moyens de se fortifier l'entendement pour discerner ce qui est le meilleur en toutes les actions de la vie. C'est pourquoi, sans m'arrêter maintenant à suivre Sénèque, je tâcherai seulement d'expliquer mon opinion touchant cette matière.

Il ne peut, ce me semble, y avoir que deux choses qui soient requises pour être toujours disposé à bien juger (1) : l'une est la connaissance de la vérité, et l'autre l'habitude qui fait qu'on se souvient et qu'on acquiesce à cette connaissance, toutes les fois que l'occasion le requiert. Mais, parce qu'il n'y a que Dieu seul qui sache parfaitement toutes choses, il est besoin que nous nous contentions de savoir celles qui sont le plus à notre usage.

Entre lesquelles la première et la principale est qu'il y a un Dieu, de qui toutes choses dépendent, dont les perfections sont infinies, dont le pouvoir est immense, dont les décrets sont infaillibles : car cela nous apprend à recevoir en bonne part toutes les choses qui nous arrivent, comme nous étant expressément envoyées de Dieu ; et pour ce que le vrai objet de l'amour est la perfection, lorsque nous élevons notre esprit à le considérer tel qu'il est, nous nous trouvons naturellement si enclins à l'aimer, que nous tirons même de la joie de nos afflictions, en pensant que sa volonté s'exécute en ce que nous les recevons.

La seconde chose, qu'il faut connaître, est la nature de

(1) Élisabeth (lettre d'août 1645) : « J'espère que vous continuerez [...] à m'enseigner les moyens de fortifier l'entendement, pour juger du meilleur en toutes les actions de la vie, qui me semble être la seule difficulté, puisqu'il est impossible de ne point suivre le bon chemin quand il est connu. »

notre âme, en tant qu'elle subsiste sans le corps, et est beaucoup plus noble que lui, et capable de jouir d'une infinité de contentements qui ne se trouvent point en cette vie : car cela nous empêche de craindre la mort, et détache tellement notre affection des choses du monde, que nous ne regardons qu'avec mépris tout ce qui est au pouvoir de la fortune.

A quoi peut aussi beaucoup servir qu'on juge dignement des œuvres de Dieu, et qu'on ait cette vaste idée de l'étendue de l'univers, que j'ai tâché de faire concevoir au troisième livre de mes *Principes* : car si on s'imagine qu'au delà des cieux, il n'y a rien que des espaces imaginaires, et que tous ces cieux ne sont faits que pour le service de la terre, ni la terre que pour l'homme, cela fait qu'on est enclin à penser que cette terre est notre principale demeure, et cette vie notre meilleure ; et qu'au lieu de connaître les perfections qui sont véritablement en nous, on attribue aux autres créatures des imperfections qu'elles n'ont pas, pour s'élever au-dessus d'elles, et entrant en une présomption impertinente, on veut être du conseil de Dieu, et prendre avec lui la charge de conduire le monde, ce qui cause une infinité de vaines inquiétudes et fâcheries.

[— *qu'il dépend de la considération du bien public.*]

Après qu'on a ainsi reconnu la bonté de Dieu, l'immortalité de nos âmes et la grandeur de l'univers, il y a encore une vérité dont la connaissance me semble fort utile : qui est que, bien que chacun de nous soit une personne séparée des autres, et dont, par conséquent, les intérêts sont en quelque façon distincts de ceux du reste du monde, on doit toutefois penser qu'on ne saurait subsister seul, et qu'on est, en effet, l'une des parties de l'univers, et plus particulièrement encore l'une des parties de cette terre, l'une des parties de cet État, de cette société, de cette famille, à laquelle on est joint par sa demeure, par son serment, par sa naissance. Et il faut toujours préférer les intérêts du tout, dont on est partie, à ceux de sa personne en particulier ; toutefois avec mesure et discrétion, car on aurait tort de s'exposer à un grand mal, pour procurer seulement un petit bien à ses parents ou à son pays ; et si un homme vaut plus, lui seul, que tout le reste de sa ville, il n'aurait pas raison de se vouloir perdre pour la sauver. Mais si on rapportait tout à soi-même, on ne craindrait pas de nuire beaucoup aux autres hommes, lorsqu'on croirait en retirer quelque petite commodité, et on n'aurait aucune vraie amitié, ni aucune fidélité, ni généralement aucune vertu ; au lieu qu'en se considérant comme une partie du public, on prend plaisir à faire du bien à tout le monde, et même on ne craint pas d'exposer sa vie pour le service d'autrui, lorsque l'occasion s'en présente ; voire on voudrait perdre son âme, s'il se pouvait, pour sauver les autres. En sorte que cette considération est la source et l'origine de toutes les plus héroïques actions que fassent les hommes ; car pour ceux qui s'exposent à la mort par vanité, pour ce qu'ils espèrent en être loués, ou par stupidité, pour ce qu'ils n'appréhendent pas le danger, je crois qu'ils sont plus à plaindre qu'à priser. Mais, lorsque quelqu'un s'y expose, pour ce qu'il croit que c'est de son devoir, ou bien lorsqu'il souffre quelque autre mal, afin qu'il en revienne du bien aux autres, encore qu'il ne considère peut-être pas avec réflexion qu'il fait cela pour ce qu'il doit plus au public, dont il est partie, qu'à soi-même en son particulier, il le fait toutefois en vertu de cette considération, qui est confusément en sa pensée. Et on est naturellement porté à l'avoir, lorsqu'on connaît et qu'on aime Dieu comme il faut : car alors, s'abandonnant du tout à sa volonté, on se dépouille de ses propres intérêts, et on n'a point d'autre passion que de faire ce qu'on croit lui être agréable ; ensuite de quoi on a des satisfactions d'esprit et des contentements, qui valent incomparablement davanvage que toutes les petites joies passagères qui dépendent des sens.

[— *qu'il faut surmonter les apparences.*]

Outre ces vérités, qui regardent en général toutes nos actions, il en faut aussi savoir plusieurs autres, qui se rapportent plus particulièrement à chacune d'elles. Dont les principales me semblent être celles que j'ai remarquées en ma dernière lettre : à savoir que toutes nos passions nous représentent les biens, à la recherche desquels elles nous incitent, beaucoup plus grands qu'ils ne sont véritablement ; et que les plaisirs du corps ne sont jamais si durables que ceux de l'âme, ni si grands, quand on les possède, qu'ils paraissent, quand on les espère. Ce que nous devons soigneusement

remarquer, afin que, lorsque nous nous sentons émus de
quelque passion, nous suspendions notre jugement, jusques à
ce qu'elle soit apaisée ; et que nous ne nous laissions pas aisément tromper par la fausse apparence des biens de ce monde.

A quoi je ne puis ajouter autre chose, sinon qu'il faut aussi
examiner en particulier toutes les mœurs des lieux où nous
vivons, pour savoir jusques où elles doivent être suivies.
Et bien que nous ne puissions avoir des démonstrations certaines de tout, nous devons néanmoins prendre parti, et
embrasser les opinions qui nous paraissent les plus vraisem-
blables, touchant toutes les choses qui viennent en usage,
afin que, lorsqu'il est question d'agir, nous ne soyons jamais
irrésolus. Car il n'y a que la seule irrésolution qui cause les
regrets et les repentirs.

[— *et savoir que la vertu est habitude.*]

Au reste, j'ai dit ci-dessus qu'outre la connaissance de
la vérité, l'habitude est aussi requise, pour être toujours
disposé à bien juger. Car, d'autant que nous ne pouvons être
continuellement attentifs à même chose, quelques claires et
évidentes qu'aient été les raisons qui nous ont persuadé ci-
devant quelque vérité, nous pouvons, par après, être détour-
nés de la croire par de fausses apparences, si ce n'est que,
par une longue et fréquente méditation, nous l'ayons tellement imprimée en notre esprit, qu'elle soit tournée en
habitude. Et en ce sens on a raison, dans l'École, de dire que
les vertus sont des habitudes ; car, en effet, on ne manque
guère, faute d'avoir, en théorie, la connaissance de ce qu'on
doit faire, mais seulement faute de l'avoir en pratique, c'est-à-
dire faute d'avoir une ferme habitude de la croire. Et parce
que, pendant que j'examine ici ces vérités, j'en augmente
aussi en moi l'habitude, j'ai particulièrement obligation à
Votre Altesse, de ce qu'elle permet que je l'en entretienne,
et il n'y a rien en quoi j'estime mon loisir mieux employé.

ÉLISABETH A DESCARTES. Riswyck, 30 septembre 1645.

[Réponses et questions.]

*Monsieur Descartes, quoique vos observations sur les sen-
timents que Sénèque avait du souverain bien, m'en rendraient*

la lecture plus profitable que je ne la saurais trouver de mon chef, je ne suis point fâchée de les changer pour des vérités si nécessaires que celles qui comprennent les moyens de fortifier l'entendement, pour discerner ce qui est le meilleur en toutes les actions de la vie, à condition que vous y ajoutiez encore l'explication dont ma stupidité a besoin, touchant l'utilité des connaissances que vous proposez.

Celle de l'existence de Dieu et de ses attributs nous peut consoler des malheurs qui nous viennent du cours ordinaire de la nature et de l'ordre qu'il y a établi, comme de perdre le bien par l'orage, la santé par l'infection de l'air, les amis par la mort; mais non pas de ceux qui nous sont imposés des hommes, dont l'arbitre nous paraît entièrement libre, n'y ayant que la foi seule qui nous puisse persuader que Dieu prend le soin de régir les volontés, et qu'il a déterminé la fortune de chaque personne avant la création du monde.

L'immortalité de l'âme, et de savoir qu'elle est de beaucoup plus noble que le corps, est capable de nous faire chercher la mort, aussi bien que la mépriser, puisqu'on ne saurait douter que nous vivrons plus heureusement, exempts des maladies et passions du corps. Et je m'étonne que ceux qui se disaient persuadés de cette vérité et vivaient sans la loi révélée, préféraient une vie pénible à une mort avantageuse.

La grande étendue de l'univers, que vous avez montrée au troisième livre de vos Principes, *sert à détacher nos affections de ce que nous en voyons; mais elle sépare aussi cette providence particulière, qui est le fondement de la théologie, de l'idée que nous avons de Dieu.*

La considération que nous sommes une partie du tout dont nous devons chercher l'avantage, est bien la source de toutes les actions généreuses; mais je trouve beaucoup de difficultés aux conditions que vous leur prescrivez. Comment mesurer les maux qu'on se donne pour le public, contre le bien qui en arrivera, sans qu'ils nous paraissent plus grands, d'autant que leur idée est plus distincte? Et quelle règle aurons-nous pour la comparaison des choses qui ne nous sont point également connues, comme notre mérite propre et celui de ceux avec qui nous vivons? Un naturel arrogant fera toujours pencher la balance de son côté, et un modeste s'estimera moins qu'il vaut.

Pour profiter des vérités particulières dont vous parlez, il faut connaître exactement toutes ces passions et toutes ces préoccupations, dont la plupart sont insensibles. En observant les mœurs des pays où nous sommes, nous en trouvons quelquefois de fort déraisonnables, qu'il est nécessaire de suivre pour éviter de plus grands inconvénients.

Depuis que je suis ici, j'en fais une épreuve bien fâcheuse ; car j'espérais profiter du séjour des champs, au temps que j'emploierais à l'étude, et j'y rencontre, sans comparaison, moins de loisir que je n'avais à La Haye, par les diversions de ceux qui ne savent que faire ; et quoi qu'il soit très injuste de me priver de biens réels pour leur en donner d'imaginaires, je suis contrainte de céder aux lois impertinentes de la civilité qui sont établies, pour ne m'acquérir point d'ennemis. Votre très affectionnée à vous servir,

Élisabeth.

A ÉLISABETH. *Egmond, 6 octobre 1645.*

[*Vérité et optimisme.*]

Madame, je me suis quelquefois proposé un doute : savoir, s'il est mieux d'être gai et content, en imaginant les biens qu'on possède être plus grands et plus estimables qu'ils ne sont, et ignorant ou ne s'arrêtant pas à considérer ceux qui manquent, que d'avoir plus de considération et de savoir, pour connaître la juste valeur des uns et des autres, et qu'on devienne plus triste. Si je pensais que le souverain bien fût la joie, je ne douterais point qu'on ne dût tâcher de se rendre joyeux, à quelque prix que ce pût être, et j'approuverais la brutalité de ceux qui noient leurs déplaisirs dans le vin, ou les étourdissent avec du pétun. Mais je distingue entre le souverain bien, qui consiste en l'exercice de la vertu, ou, ce qui est le même, en la possession de tous les biens dont l'acquisition dépend de notre libre arbitre, et la satisfaction d'esprit qui suit de cette acquisition. C'est pourquoi, voyant que c'est une plus grande perfection de connaître la vérité, encore même qu'elle soit à notre désavantage, que l'ignorer, j'avoue qu'il vaut mieux être moins gai et avoir plus de connaissance. Aussi n'est-ce pas toujours lorsqu'on a le plus de gaieté, qu'on a l'esprit plus satisfait ; au contraire, les grandes joies sont ordinairement mornes et sérieuses, et il n'y a que les médiocres et passagères, qui soient accompagnées du ris. Ainsi je n'approuve point qu'on tâche à se tromper, en se repaissant de fausses imaginations ; car tout le plaisir qui en revient, ne peut toucher que la superficie de l'âme, laquelle sent cependant une amertume intérieure, en s'apercevant qu'ils sont faux. Et encore qu'il pourrait arriver qu'elle fût si continuellement divertie ailleurs, que jamais elle ne s'en aperçût, on ne jouirait pas pour cela de la béatitude dont il est question, pour ce qu'elle doit dépendre de notre conduite, et cela ne viendrait que de la fortune.

Mais lorsqu'on peut avoir diverses considérations également vraies, dont les unes nous portent à être contents, et les autres, au contraire, nous en empêchent, il me semble que la prudence veut que nous nous arrêtions principalement à celles qui nous donnent de la satisfaction ; et même, à cause que presque toutes les choses du monde sont telles, qu'on les peut regarder de quelque côté qui les fait paraître bonnes, et de quelque autre qui fait qu'on y remarque des défauts, je crois que, si on doit user de son adresse en quelque chose, c'est principalement à les savoir regarder du biais qui les fait paraître le plus à notre avantage, pourvu que ce soit sans nous tromper.

Ainsi, lorsque Votre Altesse remarque les causes pour lesquelles elle peut avoir eu plus de loisir, pour cultiver sa raison, que beaucoup d'autres de son âge, s'il lui plaît aussi considérer combien elle a plus profité que ces autres, je m'assure qu'elle aura de quoi se contenter. Et je ne vois pas pourquoi elle aime mieux se comparer à elles, en ce dont elle prend sujet de se plaindre, qu'en ce qui lui pourrait donner de la satisfaction. Car la constitution de notre nature étant telle, que notre esprit a besoin de beaucoup de relâche, afin qu'il puisse employer utilement quelques moments en la recherche de la vérité, et qu'il s'assoupirait, au lieu de se polir, s'il s'appliquait trop à l'étude, nous ne devons pas mesurer le temps que nous avons pu employer à nous instruire, par le nombre des heures que nous avons eues à nous, mais plutôt, ce me semble, par l'exemple de ce que nous voyons communément arriver aux autres, comme étant une marque de la portée ordinaire de l'esprit humain. [...]

[*Sympathie et charité.*]

En laquelle j'ai déjà déclaré mon opinion, touchant la difficulté que Votre Altesse propose : savoir, si ceux qui rapportent tout à eux-mêmes, ont plus de raison que ceux qui se tourmentent trop pour les autres. Car si nous ne pensions qu'à nous seuls, nous ne pourrions jouir que des biens qui nous sont particuliers ; au lieu que, si nous nous considérons comme parties de quelque autre corps, nous participons aussi aux biens qui lui sont communs, sans être privés pour cela d'aucun de ceux qui nous sont propres. Et il n'en est pas de même des maux ; car, selon la philosophie, le mal n'est rien de réel, mais seulement une privation ; et lorsque nous nous attristons, à cause de quelque mal qui arrive à nos amis, nous ne participons point pour cela au défaut dans lequel consiste ce mal ; et quelque tristesse ou quelque peine que nous ayons en telle occasion, elle ne saurait être si grande qu'est la satisfaction intérieure qui accompagne toujours les bonnes actions, et principalement celles qui procèdent d'une pure affection pour autrui qu'on ne rapporte point à soi-même, c'est-à-dire de la vertu chrétienne qu'on nomme charité. Ainsi on peut, même en pleurant et prenant beaucoup de peine, avoir plus de plaisir que lorsqu'on rit et se repose.

[*Usage des passions.*]

Et il est aisé de prouver que le plaisir de l'âme auquel consiste la béatitude, n'est pas inséparable de la gaieté et de l'aise du corps, tant par l'exemple des tragédies, qui nous plaisent d'autant plus qu'elles excitent en nous plus de tristesse, que par celui des exercices du corps, comme la chasse, le jeu de la paume et autres semblables, qui ne laissent pas d'être agréables, encore qu'ils soient fort pénibles ; et même on voit que souvent c'est la fatigue et la peine qui en augmente le plaisir. Et la cause du contentement que l'âme reçoit en ces exercices, consiste en ce qu'ils lui font remarquer la force, ou l'adresse, ou quelque autre perfection du corps auquel elle est jointe ; mais le contentement qu'elle a de pleurer, en voyant représenter quelque action pitoyable et funeste sur un théâtre, vient principalement de ce qu'il lui semble qu'elle fait une action vertueuse, ayant compassion des affligés ; et généralement elle se plaît à sentir émouvoir en soi des passions, de quelque nature qu'elles soient, pourvu qu'elle en demeure maîtresse.

[*Définition et physiologie des passions.*]

Mais il faut que j'examine plus particulièrement ces passions, afin de les pouvoir définir ; ce qui me sera ici plus aisé, que si j'écrivais à quelque autre ; car Votre Altesse ayant pris la peine de lire le traité que j'ai autrefois ébauché, touchant la nature des animaux, vous savez déjà comment je conçois que se forment diverses impressions dans leur cerveau, les unes par les objets extérieurs qui meuvent les sens, les autres par les dispositions intérieures du corps, ou par les vestiges des impressions précédentes qui sont demeurées en la mémoire, ou par l'agitation des esprits qui viennent du cœur, ou aussi, en l'homme, par l'action de l'âme, laquelle a quelque force pour changer les impressions qui sont dans le cerveau, comme, réciproquement, ces impressions ont la force d'exciter en l'âme des pensées qui ne dépendent point de sa volonté. En suite de quoi, on peut généralement nommer passions toutes les pensées qui sont ainsi excitées en l'âme sans le concours de sa volonté, et par conséquent, sans aucune action qui vienne d'elle, par les seules impressions qui sont dans le cerveau, car tout ce qui n'est point action est passion. Mais on restreint ordinairement ce nom aux pensées qui sont causées par quelque particulière agitation des esprits. Car celles qui viennent des objets extérieurs, ou bien des dispositions intérieures du corps, comme la perception des couleurs, des sons, des odeurs, la faim, la soif, la douleur et semblables, se nomment des sentiments, les uns extérieurs, les autres intérieurs. Celles qui ne dépendent que de ce que les impressions précédentes ont laissé en la mémoire, et de l'agitation ordinaire des esprits, sont des rêveries, soit qu'elles viennent en songe, soit aussi lorsqu'on est éveillé, et que l'âme, ne se déterminant à rien de soi-même, suit nonchalamment les impressions qui se rencontrent dans le cerveau. Mais, lorsqu'elle use de sa volonté pour se déterminer à quelque pensée qui n'est pas seulement intelligible, mais imaginable, cette pensée fait une nouvelle impression dans le cerveau, cela n'est pas en elle une passion, mais une action, qui se nomme proprement imagination. Enfin, lorsque le cours ordinaire des esprits est tel qu'il excite communément des pensées tristes ou gaies, ou autres semblables, on ne l'attribue pas à la passion, mais au naturel ou à l'humeur de celui en qui elles sont excitées, et cela fait qu'on dit que cet homme est d'un naturel triste, cet autre d'une humeur gaie, etc. Ainsi il ne reste que les pensées qui viennent de quelque particulière agitation des esprits, et dont on sent les effets comme en l'âme même, qui soient proprement nommées des passions.

Il est vrai que nous n'en avons quasi jamais aucunes qui ne dépendent de plusieurs des causes que je viens de distinguer ; mais on leur donne la dénomination de celle qui est la principale, ou à laquelle on a principalement égard : ce qui fait que plusieurs confondent le sentiment de la douleur avec la passion de la tristesse, et celui du chatouillement avec la passion de la joie, laquelle ils nomment aussi volupté ou plaisir, et ceux de la soif ou de la faim, avec les désirs de boire ou de manger, qui sont des passions : car ordinairement les causes qui font la douleur, agitent aussi les esprits, en la façon qui est requise pour exciter la tristesse, et celles qui font sentir quelque chatouillement, les agitent en la façon qui est requise pour exciter la joie et ainsi des autres.

[*L'émotion.*]

On confond aussi quelquefois les inclinations ou habitudes qui disposent à quelque passion, avec la passion même, ce qui est néanmoins facile à distinguer. Car, par exemple, lorsqu'on dit, dans une ville, que les ennemis la viennent assiéger, le premier jugement, que font les habitants, du mal qui leur en peut arriver, est une action de leur âme, non une passion. Et bien que ce jugement se rencontre semblable en plusieurs, ils n'en sont pas toutefois également émus, mais les uns plus, les autres moins, selon qu'ils ont plus ou moins d'habitude ou d'inclination à la crainte. Et avant que leur âme reçoive l'émotion, en laquelle seule consiste la passion, il faut qu'elle fasse ce jugement, ou bien, sans juger, qu'elle conçoive au moins le danger, et en imprime l'image dans le cerveau (ce qui se fait par une autre action qu'on nomme imaginer), et que, par même moyen, elle détermine les esprits, qui vont du cerveau par les nerfs dans les muscles, à entrer en ceux de ces nerfs qui servent à resserrer les ouvertures du cœur, ce qui retarde la circulation du sang ; ensuite de quoi, tout le corps devient pâle, froid et tremblant, et les nouveaux esprits, qui viennent du cœur vers le cerveau, sont agités de telle façon qu'ils ne peuvent aider à y former d'autres images que celles qui excitent en l'âme la passion de la crainte : toutes lesquelles choses se suivent de si près l'une l'autre, qu'il semble que ce ne soit qu'une seule opération. Et ainsi en toutes les autres passions il arrive quelque particulière agitation dans les esprits qui viennent du cœur.

[*Réponse à la lettre du 30 septembre.*]

Voilà ce que je pensais écrire, il y a 8 jours, à Votre Altesse, et mon dessein était d'y ajouter une particulière explication de toutes les passions ; mais ayant trouvé de la difficulté à les dénombrer, je fus contraint de laisser partir le messager sans ma lettre, et ayant reçu cependant celle que V. A. m'a fait l'honneur de m'écrire (1), j'ai une nouvelle occasion de répondre, qui m'oblige de remettre à une autre fois cet examen des passions, pour dire ici que toutes les raisons qui prouvent l'existence de Dieu, et qu'il est la cause première et immuable de tous les effets qui ne dépendent point du libre arbitre des hommes, prouvent, ce me semble, en même façon qu'il est aussi la cause de tous ceux qui en dépendent. Car on ne saurait démontrer qu'il existe, qu'en le considérant comme un être souverainement parfait ; et il ne serait pas souverainement parfait, s'il pouvait arriver quelque chose dans le monde, qui ne vînt pas entièrement de lui. Il est vrai qu'il n'y a que la foi seule, qui nous enseigne ce que c'est que la grâce, par laquelle Dieu nous élève à une béatitude surnaturelle ; mais la seule philosophie suffit pour connaître qu'il ne saurait entrer la moindre pensée en l'esprit d'un homme, que Dieu ne veuille et ait voulu de toute éternité qu'elle y entrât. Et la distinction de l'École, entre les causes universelles et particulières, n'a point ici de lieu : car ce qui fait que le soleil, par exemple, étant la cause universelle de toutes les fleurs, n'est pas cause pour cela que les tulipes diffèrent des roses, c'est que leur production dépend aussi de quelques autres causes particulières qui ne lui sont point subordonnées ; mais Dieu est tellement la cause universelle de tout, qu'il en est en même façon la cause totale ; et ainsi rien ne peut arriver sans sa volonté.

(1) Cf. p. 131-133.

Il est vrai aussi que la connaissance de l'immortalité de l'âme et des félicités dont elle sera capable étant hors de cette vie, pourrait donner sujet d'en sortir à ceux qui s'y ennuient, s'ils étaient assurés qu'ils jouiraient, par après, de toutes ces félicités ; mais aucune raison ne les en assure, et il n'y a que la fausse philosophie d'Hégésias (1), dont le livre fut défendu par Ptolémée, pour ce que plusieurs s'étaient tués après l'avoir lu, qui tâche à persuader que cette vie est mauvaise ; la vraie enseigne, tout au contraire, que, même parmi les plus tristes accidents et les plus pressantes douleurs, on y peut toujours être content, pourvu qu'on sache user de la raison.

Pour ce qui est de l'étendue de l'univers, je ne vois pas comment, en la considérant, on est convié à séparer la providence particulière de l'idée que nous avons de Dieu : car c'est tout autre chose de Dieu que des puissances finies, lesquelles pouvant être épuisées, nous avons raison de juger, en voyant qu'elles sont employées à plusieurs grands effets, qu'il n'est pas vraisemblable qu'elles s'étendent aussi jusques aux moindres ; mais d'autant que nous estimons les œuvres de Dieu être plus grands, d'autant mieux remarquons-nous l'infinité de sa puissance ; et d'autant que cette infinité nous est mieux connue, d'autant sommes-nous plus assurés qu'elle s'étend jusques à toutes les plus particulières actions des hommes.

Je ne crois pas aussi que, par cette providence particulière de Dieu, que Votre Altesse a dit être le fondement de la théologie, vous entendiez quelque changement qui arrive en ses décrets à l'occasion des actions qui dépendent de notre libre arbitre. Car la théologie n'admet point ce changement ; et lorsqu'elle nous oblige à prier Dieu, ce n'est pas afin que nous lui enseignions de quoi c'est que nous avons besoin, ni afin que nous tâchions d'impétrer de lui qu'il change quelque chose en l'ordre établi de toute éternité par sa providence : l'un et l'autre serait blâmable ; mais c'est seulement afin que nous obtenions ce qu'il a voulu de toute éternité être obtenu par nos prières. Et je crois que tous les théologiens sont

---

(1) HÉGÉSIAS, philosophe de l'école cyrénaïque (vers 300 avant J.-C.), surnommé Pisithanate (c'est-à-dire : qui conseille la mort) parce qu'il engageait ses auditeurs à se tuer. Ptolémée l'exila et ferma son école.

d'accord en ceci, même les Arminiens (1), qui semblent être ceux qui défèrent le plus au libre arbitre.

J'avoue qu'il est difficile de mesurer exactement jusques où la raison ordonne que nous nous intéressions pour le public ; mais aussi n'est-ce pas une chose en quoi il soit nécessaire d'être fort exact : il suffit de satisfaire à sa conscience, et on peut en cela donner beaucoup à son inclination. Car Dieu a tellement établi l'ordre des choses, et conjoint les hommes ensemble d'une si étroite société, qu'encore que chacun rapportât tout à soi-même, et n'eût aucune charité pour les autres, il ne laisserait pas de s'employer ordinairement pour eux en tout ce qui serait de son pouvoir, pourvu qu'il usât de prudence, principalement s'il vivait en un siècle où les mœurs ne fussent point corrompues. Et, outre cela, comme c'est une chose plus haute et plus glorieuse, de faire du bien aux autres hommes que de s'en procurer à soi-même, aussi sont-ce les plus grandes âmes qui y ont le plus d'inclination, et font le moins d'état des biens qu'elles possèdent. Il n'y a que les faibles et basses qui s'estiment plus qu'elles ne doivent, et sont comme les petits vaisseaux, que trois gouttes d'eau peuvent remplir. Je sais que V. A. n'est pas de ce nombre, et qu'au lieu qu'on ne peut inciter ces âmes basses à prendre de la peine pour autrui, qu'en leur faisant voir qu'ils en retireront quelque profit pour eux-mêmes, il faut, pour l'intérêt de V. A., lui représenter qu'elle ne pourrait être longuement utile à ceux qu'elle affectionne, si elle se négligeait soi-même, et la prier d'avoir soin de sa santé.

Au marquis DE NEWCASTLE. *Octobre 1645.*

[*Médecine.*]

La conservation de la santé a été de tout temps le principal but de mes études, et je ne doute point qu'il n'y ait moyen d'acquérir beaucoup de connaissances, touchant la médecine, qui ont été ignorées jusqu'à présent. Mais le traité des animaux que je médite, et que je n'ai encore su achever, n'étant qu'une entrée pour parvenir à ces connaissances, je n'ai garde de me vanter de les avoir ; et tout ce que j'en puis dire à présent est que je suis de l'opinion de

---

(1) Sectateurs d'ARMINIUS (1560-1609), pasteur à Amsterdam, qui soutenait contre Calvin que la grâce était offerte à tous.

Tibère, qui voulait que ceux qui ont atteint l'âge de trente ans, eussent assez d'expérience des choses qui leur peuvent nuire ou profiter, pour être eux-mêmes leurs médecins. En effet, il me semble qu'il n'y a personne, qui ait un peu d'esprit, qui ne puisse mieux remarquer ce qui est utile à sa santé, pourvu qu'il y veuille un peu prendre garde, que les plus savants docteurs ne lui sauraient enseigner.

A ÉLISABETH. *Egmond, 3 novembre 1645.*

[*Deux sortes d'excès des passions.*]

J'avoue bien que la tristesse des tragédies ne plairait pas, comme elle fait, si nous pouvions craindre qu'elle devînt si excessive que nous en fussions incommodés. Mais, lorsque j'ai dit qu'il y a des passions qui sont d'autant plus utiles qu'elles penchent plus vers l'excès, j'ai seulement voulu parler de celles qui sont toutes bonnes ; ce que j'ai témoigné, en ajoutant qu'elles doivent être sujettes à la raison. Car il y a deux sortes d'excès : l'un qui, changeant la nature de la chose, et de bonne la rendant mauvaise, empêche qu'elle ne demeure soumise à la raison ; l'autre qui en augmente seulement la mesure, et ne fait que de bonne la rendre meilleure. Ainsi la hardiesse n'a pour excès la témérité, que lorsqu'elle va au-delà des limites de la raison ; mais pendant qu'elle ne les passe point, elle peut encore avoir un autre excès, qui consiste à n'être accompagnée d'aucune irrésolution ni d'aucune crainte. [...]

[*Libre arbitre et volonté de Dieu.*]

Pour ce qui est du libre arbitre (1), je confesse qu'en ne pensant qu'à nous-mêmes, nous ne pouvons ne le pas esti-

---

(1) ÉLISABETH (lettre du 28 octobre 1645) : « Je n'oserais vous en prier, si je ne savais que vous ne laissez pas d'œuvre imparfaite, et qu'en entreprenant d'enseigner une personne stupide, comme moi, vous vous êtes préparé aux incommodités que cela vous apporte.
C'est ce qui me fait continuer à vous dire que je ne suis point persuadée, par les raisons qui prouvent l'existence de Dieu, et qu'il est cause immuable de tous les effets qui ne dépendent point du libre arbitre de l'homme, qu'il l'est encore de ceux qui en dépendent. De sa perfection souveraine, il suit évidemment qu'il pourrait l'être, c'est-à-dire qu'il pourrait n'avoir point donné de libre arbitre à l'homme ; mais puisque nous sentons en avoir, il me semble qu'il répugne au sens commun de le croire dépendant en ses opérations, comme il l'est dans son être. »

mer indépendant ; mais lorsque nous pensons à la puissance infinie de Dieu, nous ne pouvons ne pas croire que toutes choses dépendent de lui, et, par conséquent, que notre libre arbitre n'en est pas exempt. Car il implique contradiction de dire que Dieu ait créé les hommes de telle nature, que les actions de leur volonté ne dépendent point de la sienne, pour ce que c'est le même que si on disait que sa puissance est tout ensemble finie et infinie : finie, puisqu'il y a quelque chose qui n'en dépend point ; et infinie, puisqu'il a pu créer cette chose indépendante. Mais, comme la connaissance de l'existence de Dieu ne nous doit pas empêcher d'être assurés de notre libre arbitre, pour ce que nous l'expérimentons et le sentons en nous-mêmes, ainsi celle de notre libre arbitre ne nous doit point faire douter de l'existence de Dieu. Car l'indépendance que nous expérimentons et sentons en nous, et qui suffit pour rendre nos actions louables ou blâmables, n'est pas incompatible avec une dépendance qui est d'autre nature, selon laquelle toutes choses sont sujettes à Dieu.

[*Ni craindre ni désirer la mort.*]

Pour ce qui regarde l'état de l'âme après cette vie, j'en ai bien moins de connaissance que M. d'Igby (1) ; car, laissant à part ce que la foi nous en enseigne, je confesse que, par la seule raison naturelle, nous pouvons bien faire beaucoup de conjectures à notre avantage et avoir de belles espérances, mais non point aucune assurance. Et pour ce que la même raison naturelle nous apprend aussi que nous avons toujours plus de biens que de maux en cette vie, et que nous ne devons point laisser le certain pour l'incertain, elle me semble nous enseigner que nous ne devons pas véritablement craindre la mort, mais que nous ne devons aussi jamais la rechercher.

---

(1) Dans la même lettre du 28 octobre, ÉLISABETH cite « l'opinion de M. Digby, par laquelle son précepteur [...] lui a fait croire à la nécessité du purgatoire, en lui persuadant que les passions qui ont dominé sur la raison, durant la vie de l'homme, laissent encore quelques vestiges en l'âme, après le décès du corps, qui la tourmentent d'autant plus qu'elles ne trouvent aucun moyen de se satisfaire dans une substance si pure. Je ne vois pas comment cela s'accorde à l'immatérialité. »
Sur DIGBY, cf. Index des Correspondants.

[*Cosmologie.*]

Je n'ai pas besoin de répondre à l'objection que peuvent faire les théologiens, touchant la vaste étendue que j'ai attribuée à l'univers, pour ce que V. A. y a déjà répondu pour moi. J'ajoute seulement que, si cette étendue pouvait rendre les mystères de notre religion moins croyables, celle que les astronomes ont attribuée de tout temps aux cieux, aurait pu faire le même, pour ce qu'ils les ont considérés si grands que la terre n'est, à leur comparaison, que comme un point ; et toutefois cela ne leur est point objecté.

[*De la connaissance des autres.*]

Au reste, si la prudence était maîtresse des événements, je ne doute point que V. A. ne vînt à bout de tout ce qu'elle voudrait entreprendre ; mais il faudrait que tous les hommes fussent parfaitement sages, afin que, sachant ce qu'ils doivent faire, on pût être assuré de ce qu'ils feront. Ou bien il faudrait connaître particulièrement l'humeur de tous ceux avec lesquels on a quelque chose à démêler ; et encore ne serait-ce pas assez, à cause qu'ils ont, outre cela, leur libre arbitre, dont les mouvements ne sont connus que de Dieu seul. Et pour ce qu'on juge ordinairement de ce que les autres feront, par ce qu'on voudrait faire, si on était en leur place, il arrive souvent que les esprits ordinaires et médiocres, étant semblables à ceux avec lesquels ils ont à traiter, pénètrent mieux dans leurs conseils, et font plus aisément réussir ce qu'ils entreprennent, que ne font les plus relevés, lesquels, ne traitant qu'avec ceux qui leur sont de beaucoup inférieurs en connaissance et en prudence, jugent tout autrement qu'eux des affaires.

A ÉLISABETH. *Egmond, janvier 1646.*

[*D'une conversion.*]

Madame, je ne puis nier que je n'aie été surpris d'apprendre que Votre Altesse ait eu de la fâcherie, jusqu'à en être incommodée en sa santé, pour une chose que la plus grande part du monde trouvera bonne (1) et que plusieurs

---

(1) Le frère d'Élisabeth, le Prince Palatin Édouard, s'était converti au catholicisme en novembre 1645.

fortes raisons peuvent rendre excusable envers les autres. Car tous ceux de la religion dont je suis (qui font, sans doute, le plus grand nombre dans l'Europe), sont obligés de l'approuver, encore même qu'ils y vissent des circonstances et des motifs apparents qui fussent blâmables ; car nous croyons que Dieu se sert de divers moyens pour attirer les âmes à soi, et que tel est entré dans le cloître, avec une mauvaise intention, lequel y a mené, peu après, une vie fort sainte. Pour ceux qui sont d'une autre créance, s'ils en parlent mal, on peut récuser leur jugement ; car, comme en toutes les autres affaires, touchant lesquelles il y a divers partis, il est impossible de plaire aux uns sans déplaire aux autres. S'ils considèrent qu'ils ne seraient pas de la religion dont ils sont, si eux, ou leurs pères, ou leurs aïeux n'avaient quitté la Romaine, ils n'auront pas sujet de se moquer, ni de nommer inconstants ceux qui quittent la leur. [...]

[*Libre arbitre et volonté de Dieu.*]

Je passe à la difficulté que Votre Altesse propose touchant le libre arbitre (1), duquel je tâcherai d'expliquer la dépendance et la liberté par une comparaison. Si un roi qui a défendu les duels, et qui sait très assurément que deux gentilshommes de son royaume, demeurant en diverses villes, sont en querelle, et tellement animés l'un contre l'autre, que rien ne les saurait empêcher de se battre s'ils se rencontrent ; si, dis-je, ce roi donne à l'un d'eux quelque commission pour aller à certain jour vers la ville où est l'autre, et qu'il donne aussi commission à cet autre pour aller au même jour vers le lieu où est le premier, il sait bien assurément qu'ils ne manqueront pas de se rencontrer, et de se battre, et ainsi de contrevenir à sa défense, mais il ne les y contraint point pour cela ; et sa connaissance, et même la volonté qu'il a eue de les y déterminer en cette façon, n'empêche pas que ce

---

(1) Le 30 novembre 1645, ELISABETH se déclarait non encore convaincue : « Je vous avoue de même qu'encore que je ne comprenne pas que l'indépendance du libre arbitre ne répugne pas moins à l'idée que nous avons de Dieu, que sa dépendance à sa liberté, il m'est impossible de les ajuster, étant autant impossible, pour la volonté, d'être en même temps libre et attachée aux décrets de la Providence, que, pour le pouvoir divin, d'être infini et limité tout ensemble. Je ne vois point leur compatibilité, dont vous parlez, ni comment cette dépendance de la volonté peut être d'autre nature que sa liberté, si vous ne prenez la peine de me l'enseigner. »

ne soit aussi volontairement et aussi librement qu'ils se battent, lorsqu'ils viennent à se rencontrer, comme ils auraient fait s'il n'en avait rien su, et que ce fût par quelqu'autre occasion qu'ils se fussent rencontrés, et ils peuvent aussi justement être punis, pour ce qu'ils ont contrevenu à sa défense. Or ce qu'un roi peut faire en cela, touchant quelques actions libres de ses sujets, Dieu, qui a une prescience et une puissance infinie, le fait infailliblement touchant toutes celles des hommes. Et avant qu'il nous ait envoyés en ce monde, il a su exactement quelles seraient toutes les inclinations de notre volonté ; c'est lui-même qui les a mises en nous, c'est lui aussi qui a disposé toutes les autres choses qui sont hors de nous, pour faire que tels et tels objets se présentassent à nos sens à tel et tel temps, à l'occasion desquels il a su que notre libre arbitre nous déterminerait à telle ou telle chose ; et il l'a ainsi voulu, mais il n'a pas voulu pour cela l'y contraindre. Et comme on peut distinguer en ce roi deux différents degrés de volonté, l'un par lequel il a voulu que ces gentilshommes se battissent, puisqu'il a fait qu'ils se rencontrassent, et l'autre par lequel il ne l'a pas voulu, puisqu'il a défendu les duels ; ainsi les théologiens distinguent en Dieu une volonté absolue et indépendante, par laquelle il veut que toutes choses se fassent ainsi qu'elles se font, et une autre qui est relative, et qui se rapporte au mérite ou démérite des hommes, par laquelle il veut qu'on obéisse à ses lois.

[*Qu'il faut aimer la vie.*]

Il est besoin aussi que je distingue deux sortes de biens, pour accorder ce que j'ai ci-devant écrit (à savoir, qu'en cette vie nous avons toujours plus de biens que de maux) avec ce que Votre Altesse m'objecte touchant toutes les incommodités de la vie (1). Quand on considère l'idée du bien

(1) Même lettre d'ELISABETH, du 30 novembre 1645 : « J'ai de la peine à me persuader que nous avons toujours plus de biens dans la vie que de maux, puisqu'il faut plus pour composer ceux-là que ceux-ci ; que l'homme a plus d'endroits pour recevoir du déplaisir que du plaisir ; qu'il y a un nombre infini d'erreurs pour une vérité [...]. Enfin, tout ce qui dépend de la volonté et du cours du reste du monde est capable d'incommoder ; et selon votre propre sentiment, il n'y a rien que ce qui dépend absolument de la nôtre, suffisant pour nous donner une satisfaction réelle et constante. »

pour servir de règle à nos actions, on le prend pour toute la
perfection qui peut être en la chose qu'on nomme bonne, et
on la compare à la ligne droite, qui est unique entre une
infinité de courbes auxquelles on compare les maux. C'est
en ce sens que les philosophes ont coutume de dire que
bonum est ex integra causa, malum ex quovis defectu (1). Mais
quand on considère les biens et les maux qui peuvent être
en une même chose, pour savoir l'estime qu'on en doit faire,
comme j'ai fait lorsque j'ai parlé de l'estime que nous devions
faire de cette vie, on prend le bien pour tout ce qui s'y trouve
dont on peut avoir quelque commodité, et on ne nomme mal
que ce dont on peut recevoir de l'incommodité ; car pour les
autres défauts qui peuvent y être, on ne les compte point.
Ainsi, lorsqu'on offre un emploi à quelqu'un, il considère
d'un côté l'honneur et le profit qu'il en peut attendre, comme
des biens, et de l'autre la peine, le péril, la perte du temps, et
autres telles choses, comme des maux ; et comparant ces
maux avec ces biens, selon qu'il trouve ceux-ci plus ou moins
grands que ceux-là, il l'accepte ou le refuse. Or ce qui m'a
fait dire, en ce dernier sens, qu'il y a toujours plus de biens
que de maux en cette vie, c'est le peu d'état que je crois que
nous devons faire de toutes les choses qui sont hors de nous,
et qui ne dépendent point de notre libre arbitre, à comparaison de celles qui en dépendent, lesquelles nous pouvons
toujours rendre bonnes, lorsque nous en savons bien user ;
et nous pouvons empêcher, par leur moyen, que tous les
maux qui viennent d'ailleurs, tant grands qu'ils puissent être,
n'entrent plus avant en notre âme que la tristesse qu'y
excitent les comédiens, quand ils représentent devant nous
quelques actions fort funestes ; mais j'avoue qu'il faut être
fort philosophe, pour arriver jusqu'à ce point. Et toutefois,
je crois aussi que même ceux-là qui se laissent le plus emporter à leurs passions, jugent toujours, en leur intérieur,
qu'il y a plus de biens que de maux en cette vie, encore qu'ils
ne s'en aperçoivent pas eux-mêmes ; car bien qu'ils appel-
lent quelquefois la mort à leur secours, quand ils sentent de
grandes douleurs, c'est seulement afin qu'elle leur aide à
porter leur fardeau, ainsi qu'il y a dans la fable, et ils ne veulent point pour cela perdre la vie ; ou bien, s'il y en a quel-

(1) « Le bien vient de la cause entière, le mal d'un certain défaut. »

ques-uns qui la veuillent perdre, et qui se tuent eux-mêmes, c'est par une erreur de leur entendement, et non point par un jugement bien raisonné, ni par une opinion que la nature ait imprimée en eux, comme est celle qui fait qu'on préfère les biens de cette vie à ses maux.

A CHANUT. *6 mars 1646.*

[*Hivernage. De la « conversation des personnes qu'on estime ».*]

La rigueur extraordinaire de cet hiver m'a obligé à faire souvent des souhaits pour votre santé et pour celle de tous les vôtres ; car on remarque en ce pays qu'il n'y en a point eu de plus rude depuis l'année 1608. Si c'est le même en Suède, vous y aurez vu toutes les glaces que le Septentrion peut produire. Ce qui me console, c'est que je sais qu'on a plus de préservatifs contre le froid en ces quartiers-là, qu'on n'en a pas en France, et je m'assure que vous ne les aurez pas négligés. Si cela est, vous aurez passé la plupart du temps dans un poêle, où je m'imagine que les affaires publiques ne vous auront pas si continuellement occupé, qu'il ne vous soit resté du loisir pour penser quelquefois à la Philosophie. Et si vous avez daigné examiner ce que j'en ai écrit, vous me pouvez extrêmement obliger, en m'avertissant des fautes que vous y aurez remarquées. Car je n'ai encore pu rencontrer personne qui me les ait dites ; et je vois que la plupart des hommes jugent si mal, que je ne me dois point arrêter à leurs opinions ; mais je tiendrai les vôtres pour des oracles.

Si vous avez aussi jeté quelquefois la vue hors de votre poêle, vous aurez peut-être aperçu en l'air d'autres météores que ceux dont j'ai écrit, et vous m'en pourriez donner de bonnes instructions. Une seule observation que je fis de la neige hexagone, en l'année 1635, a été cause du Traité que j'en ai fait (1). Si toutes les expériences dont j'ai besoin pour le reste de ma Physique me pouvaient ainsi tomber des nues, et qu'il ne me fallût que des yeux pour les connaître, je me promettrais de l'achever en peu de temps ; mais pource qu'il faut aussi des mains pour les faire, et que je n'en ai point qui y soient propres, je perds entièrement l'envie d'y travailler davantage.

---

(1) *Les Météores.* L'observation était du 5 février 1635, et Descartes l'avait conservée dans ses notes.

Ce qui n'empêche pas néanmoins que je ne cherche toujours quelque chose, quand ce ne serait que *ut doctus emoriar* (1), et afin d'en pouvoir conférer en particulier avec mes amis, pour lesquels je ne saurais rien avoir de caché. Mais je me plains de ce que le monde est trop grand à raison du peu d'honnêtes gens qui s'y trouvent ; je voudrais qu'ils fussent tous assemblés en une ville, et alors je serais bien aise de quitter mon ermitage, pour aller vivre avec eux, s'ils me voulaient recevoir en leur compagnie. Car encore que je fuie la multitude, à cause de la quantité des impertinents et des importuns qu'on y rencontre, je ne laisse pas de penser que le plus grand bien de la vie est de jouir de la conversation des personnes qu'on estime. Je ne sais si vous en trouvez beaucoup aux lieux où vous êtes, qui soient dignes de la vôtre ; mais pource que j'ai quelquefois envie de retourner à Paris, je me plains quasi de ce que Messieurs les Ministres vous ont donné un emploi qui vous en éloigne, et je vous assure que, si vous y étiez, vous seriez l'un des principaux sujets qui me pourraient obliger d'y aller ; car c'est avec une très particulière inclinaison que je suis etc.

A BOSWELL (?). *1646 (?)*. (Traduction.)

[*La Genèse confirmée par la physique cartésienne.*]

J'avance trop peu, mais j'avance ; j'en suis déjà à la description de la naissance du monde, dans laquelle j'espère mettre la plus grande partie de ma Physique. Or je dirai qu'en relisant le premier chapitre de la Genèse, je n'ai pas vu sans émerveillement que le tout pouvait être expliqué selon mes pensées beaucoup mieux, à ce qu'il me semble, que par toutes les explications qu'ont données les commentateurs : jamais je n'en avais espéré autant : mais maintenant, après l'exposé de ma Philosophie nouvelle, je me propose de montrer clairement qu'elle s'accorde beaucoup mieux que celle d'Aristote avec toutes les vérités de la foi.

A ÉLISABETH. *Mai 1646* (I).

[*Physiologie des passions : amour, joie, tristesse, admiration, etc.*]

Madame, je reconnais, par expérience, que j'ai eu raison de mettre la gloire au nombre des passions ; car je ne puis

---

(1) « Pour mourir savant. »

m'empêcher d'en être touché, en voyant le favorable jugement que fait Votre Altesse du petit traité que j'en ai écrit. Et je ne suis nullement surpris de ce qu'elle y remarque aussi des défauts, pour ce que je n'ai point douté qu'il n'y en eut en grand nombre, étant une matière que je n'avais jamais ci-devant étudiée, et dont je n'ai fait que tirer le premier crayon, sans y ajouter les couleurs et les ornements qui seraient requis pour la faire paraître à des yeux moins clairvoyants que ceux de Votre Altesse.

Je n'y ai pas mis aussi tous les principes de physique dont je me suis servi pour déchiffrer quels sont les mouvements du sang qui accompagnent chaque passion, pour ce que je ne les saurais bien déduire sans expliquer la formation de toutes les parties du corps humain ; et c'est une chose si difficile que je ne l'oserais encore entreprendre, bien que je me sois à peu près satisfait moi-même touchant la vérité des principes que j'ai supposés en cet écrit. Dont les principaux sont : que l'office du foie et de la rate est de contenir toujours du sang de réserve, moins purifié que celui qui est dans les veines ; et que le feu qui est dans le cœur a besoin d'être continuellement entretenu, ou bien par le suc des viandes, qui vient directement de l'estomac, ou bien, à son défaut, par ce sang qui est en réserve, à cause que l'autre sang, qui est dans les veines, se dilate trop aisément ; et qu'il y a une telle liaison entre notre âme et notre corps, que les pensées qui ont accompagné quelques mouvements du corps, dès le commencement de notre vie, les accompagnent encore à présent, en sorte que, si les mêmes mouvements sont excités derechef dans le corps par quelque cause extérieure, ils excitent aussi en l'âme les mêmes pensées, et réciproquement, si nous avons les mêmes pensées, elles produisent les mêmes mouvements ; et enfin que la machine de notre corps est tellement faite, qu'une seule pensée de joie, ou d'amour, ou autre semblable, est suffisante pour envoyer les esprits animaux par les nerfs en tous les muscles qui sont requis pour causer les divers mouvements du sang que j'ai dit accompagner les passions. Il est vrai que j'ai eu de la difficulté à distinguer ceux qui appartiennent à chaque passion, à cause qu'elles ne sont jamais seules ; mais néanmoins, pour ce que les mêmes ne sont pas toujours jointes ensemble, j'ai tâché de remarquer les changements qui arrivaient dans le corps, lorsqu'elles changeaient de compagnie. Ainsi, par exemple, si l'amour était toujours jointe à la joie, je ne saurais à laquelle des deux il faudrait attribuer la chaleur et la dilatation qu'elles font sentir autour du cœur ; mais, pour ce qu'elle est aussi quelquefois jointe à la tristesse, et qu'alors on sent encore cette chaleur et non plus cette dilatation, j'ai jugé que la chaleur appartient à l'amour, et la dilatation à la joie. Et bien que le désir soit quasi toujours avec l'amour, ils ne sont pas néanmoins toujours ensemble au même degré : car, encore qu'on aime beaucoup, on désire peu, lorsqu'on ne conçoit aucune espérance ; et pour ce qu'on n'a point alors la diligence et la promptitude qu'on aurait, si le désir était plus grand, on peut juger que c'est de lui qu'elle vient, et non de l'amour.

Je crois bien que la tristesse ôte l'appétit à plusieurs ; mais, pour ce que j'ai toujours éprouvé en moi qu'elle l'augmente, je m'étais réglé là-dessus. Et j'estime que la différence qui arrive en cela, vient de ce que le premier sujet de tristesse que quelques-uns ont eu au commencement de leur vie, a été qu'ils ne recevaient pas assez de nourriture, et que celui des autres a été que celle qu'ils recevaient leur était nuisible. Et en ceux-ci le mouvement des esprits qui ôte l'appétit est toujours depuis demeuré joint avec la passion de la tristesse. Nous voyons aussi que les mouvements qui accompagnent les autres passions ne sont pas entièrement semblables en tous les hommes, ce qui peut être attribué à pareille cause.

Pour l'admiration, encore qu'elle ait son origine dans le cerveau, et ainsi que le seul tempérament du sang ne la puisse causer, comme il peut souvent causer la joie ou la tristesse, toutefois elle peut, par le moyen de l'impression qu'elle fait dans le cerveau, agir sur le corps autant qu'aucune des autres passions, ou même plus en quelque façon, à cause que la surprise qu'elle contient cause les mouvements les plus prompts de tous. Et comme on peut mouvoir la main ou le pied quasi au même instant qu'on pense à les mouvoir, pour ce que l'idée de ce mouvement, qui se forme dans le cerveau, envoie les esprits dans les muscles qui servent à cet effet ; ainsi l'idée d'une chose plaisante qui surprend l'esprit, envoie aussitôt les esprits dans les nerfs qui ouvrent les orifices du cœur ; et l'admiration ne fait en ceci autre chose, sinon que, par sa surprise, elle augmente la force du mouvement qui cause la joie, et fait que, les orifices du cœur étant dilatés tout à coup, le sang qui entre dedans par la veine cave, et qui en sort par la veine artérieuse, enfle subitement le poumon.

[*Les signes des passions.*]

Les mêmes signes extérieurs, qui ont coutume d'accompagner les passions, peuvent bien aussi quelquefois être produits par d'autres causes. Ainsi la rougeur du visage ne vient pas toujours de la honte ; mais elle peut aussi venir de la chaleur du feu, ou bien de ce qu'on fait de l'exercice. Et le ris qu'on nomme sardonien, n'est autre chose qu'une convulsion des nerfs du visage. Et ainsi on peut soupirer quelquefois par coutume, ou par maladie, mais cela n'empêche pas que les soupirs ne soient des signes extérieurs de la tristesse et du désir, lorsque ce sont ces passions qui les causent. Je n'avais jamais ouï dire ni remarqué qu'ils fussent aussi quelquefois causés par la réplétion de l'estomac ; mais, lorsque cela arrive, je crois que c'est un mouvement dont la nature se sert pour faire que le suc des viandes passe plus promptement par le cœur, et ainsi que l'estomac en soit plutôt déchargé. Car les soupirs, agitant le poumon, font que le sang qu'il contient descend plus vite par l'artère veineuse dans le côté gauche du cœur, et ainsi que le nouveau sang, composé du suc des viandes, qui vient de l'estomac par le foie et par le cœur jusqu'au poumon, y peut aisément être reçu.

[*Remèdes contre les passions.*]

Pour les remèdes (1) contre les excès des passions, j'avoue bien qu'ils sont difficiles à pratiquer, et même qu'ils ne peuvent suffire pour empêcher les désordres qui arrivent

---

(1) ÉLISABETH (lettre du 25 avril 1646) : « Mais je trouve encore moins de difficulté à entendre tout ce que vous dites des passions, qu'à pratiquer les remèdes que vous ordonnez contre leurs excès. Car comment prévoir tous les accidents qui peuvent survenir en la vie, qu'il est impossible de nombrer ? Et comment nous empêcher de désirer avec ardeur les choses qui tendent nécessairement à la conservation de l'homme (comme la santé et les moyens pour vivre), qui néanmoins ne dépendent point de son arbitre ? »

dans le corps, mais seulement pour faire que l'âme ne soit point troublée, et qu'elle puisse retenir son jugement libre. A quoi je ne juge pas qu'il soit besoin d'avoir une connaissance exacte de la vérité de chaque chose, ni même d'avoir prévu en particulier tous les accidents qui peuvent survenir, ce qui serait sans doute impossible ; mais c'est assez d'en avoir imaginé en général de plus fâcheux que ne sont ceux qui arrivent, et de s'être préparé à les souffrir. Je ne crois pas aussi qu'on pèche guère par excès en désirant les choses nécessaires à la vie ; ce n'est que des mauvaises ou superflues que les désirs ont besoin d'être réglés. Car ceux qui ne tendent qu'au bien sont, ce me semble, d'autant meilleurs qu'ils sont plus grands ; et quoique j'aie voulu flatter mon défaut, en mettant une je ne sais quelle langueur entre les passions excusables, j'estime néanmoins beaucoup plus la diligence de ceux qui se portent toujours avec ardeur à faire les choses qu'ils croient être en quelque façon de leur devoir, encore qu'ils n'en espèrent pas beaucoup de fruit.

[*L'expérience de la vie civile.*]

Je mène une vie si retirée, et j'ai toujours été si éloigné du maniement des affaires, que je ne serais pas moins impertinent que ce philosophe qui voulait enseigner le devoir d'un capitaine en la présence d'Hannibal, si j'entreprenais d'écrire ici les maximes qu'on doit observer en la vie civile (1). Et je ne doute point que celle que propose Votre Altesse ne soit la meilleure de toutes, à savoir qu'il vaut mieux se régler en cela sur l'expérience que sur la raison, pour ce qu'on a rarement à traiter avec des personnes parfaitement raisonnables, ainsi que tous les hommes devraient être, afin qu'on pût juger ce qu'ils feront, par la seule considération de ce qu'ils devraient faire ; et souvent les meilleurs conseils ne sont pas les plus heureux. C'est pourquoi on est contraint de hasarder, et de se mettre au pouvoir de la fortune, laquelle je souhaite aussi obéissante à vos désirs que je suis, etc.

---

(1) ÉLISABETH (même lettre, du 25 avril) : « Je me contenterais de savoir encore vos maximes touchant la vie civile, quoique celle-là nous rende dépendant de personnes si peu raisonnables, que jusqu'ici je me suis toujours trouvée mieux de me servir de l'expérience que de la raison, aux choses qui la concernent. »

A Élisabeth. *Egmond, mai 1646* (II).

[*De la résolution.*]

Madame, l'occasion que j'ai de donner cette lettre à Monsieur de Beclin, qui m'est très intime ami, et à qui je me fie autant qu'à moi-même, est cause que je prends la liberté de m'y confesser d'une faute très signalée que j'ai commise dans le *Traité des Passions*, en ce que, pour flatter ma négligence, j'y ai mis, au nombre des émotions de l'âme qui sont excusables, une je ne sais quelle langueur qui nous empêche quelquefois de mettre en exécution les choses qui ont été approuvées par notre jugement. Et ce qui m'a donné le plus de scrupule en ceci, est que je me souviens que Votre Altesse a particulièrement remarqué cet endroit, comme témoignant n'en pas désapprouver la pratique en un sujet où je ne puis voir qu'elle soit utile. J'avoue bien qu'on a grande raison de prendre du temps pour délibérer, avant que d'entreprendre les choses qui sont d'importance ; mais lorsqu'une affaire est commencée, et qu'on est d'accord du principal, je ne vois pas qu'on ait aucun profit de chercher des délais en disputant pour les conditions. Car si l'affaire, nonobstant cela réussit, tous les petits avantages qu'on aura peut-être acquis par ce moyen, ne servent pas tant que peut nuire le dégoût que causent ordinairement ces délais ; et si elle ne réussit pas, tout cela ne sert qu'à faire savoir au monde qu'on a eu des desseins qui ont manqué. Outre qu'il arrive bien plus souvent, lorsque l'affaire qu'on entreprend est fort bonne, que, pendant qu'on en diffère l'exécution, elle s'échappe, que non pas lorsqu'elle est mauvaise. C'est pourquoi je me persuade que la résolution et la promptitude sont des vertus très nécessaires pour les affaires déjà commencées. Et l'on n'a pas sujet de craindre ce qu'on ignore ; car souvent les choses qu'on a le plus appréhendées, avant que de les connaître, se trouvent meilleures que celles qu'on a désirées. Ainsi le meilleur est en cela de se fier à la providence divine, et de se laisser conduire par elle. Je m'assure que Votre Altesse entend fort bien ma pensée, encore que je l'explique fort mal, et qu'elle pardonne au zèle extrême qui m'oblige d'écrire ceci ; car je suis, autant que je puis être, etc.

A Chanut. *Egmond, 15 juin 1646.*

[*Rapports de la morale et de la physique.*]

Afin qu'il ne semble pas que je veuille vous détourner de votre dessein, je vous dirai, en confidence, que la notion telle quelle de la physique, que j'ai tâché d'acquérir, m'a grandement servi pour établir des fondements certains en la morale ; et que je me suis plus aisément satisfait en ce point qu'en plusieurs autres touchant la médecine, auxquels j'ai néanmoins employé beaucoup plus de temps. De façon qu'au lieu de trouver les moyens de conserver la vie, j'en ai trouvé un autre, bien plus aisé et plus sûr, qui est de ne pas craindre la mort ; sans toutefois pour cela être chagrin, comme sont ordinairement ceux dont la sagesse est toute tirée des enseignements d'autrui, et appuyée sur des fondements qui ne dépendent que de la prudence et de l'autorité des hommes.

Je vous dirai de plus que, pendant que je laisse croître les plantes de mon jardin, dont j'attends quelques expériences pour tâcher de continuer ma *Physique*, je m'arrête aussi quelquefois à penser aux questions particulières de la morale. Ainsi j'ai tracé cet hiver un petit Traité de la Nature des Passions de l'Ame, sans avoir néanmoins dessein de le mettre au jour, et je serais maintenant d'humeur à écrire encore quelque autre chose si le dégoût (1) que j'ai de voir combien il y a peu de personnes au monde qui daignent lire mes écrits ne me faisait être négligent. Je ne le ferai jamais en ce qui regardera votre service : car je suis de cœur et d'affection, etc.

A Clerselier. *juin ou juillet 1646.*

[*Des principes.*]

Le mot de *principe* se peut prendre en divers sens et [...] c'est autre chose de chercher *une notion commune*, qui soit si claire et si générale qu'elle puisse servir de principe pour prouver l'existence de tous les êtres, les *Entia*, qu'on connaîtra par après ; et autre chose de chercher *un être*, l'existence duquel

---

(1) A Mersenne, le 20 avril 1646 : « Je suis si dégoûté du métier de faire des livres, que ce m'est de la peine seulement d'y penser. »

Au P. Charlet, le 14 décembre 1646 : « Je puis dire en vérité, que si je n'avais suivi que mon inclination, je n'aurais jamais rien fait imprimer. »

nous soit plus connue que celle d'aucuns autres, en sorte qu'elle nous puisse servir de *principe* pour les connaître.

Au premier sens, on peut dire que *impossibile est idem simul esse et non esse* (1) est un principe, et qu'il peut généralement servir, non pas proprement à faire connaître l'existence d'aucune chose, mais seulement à faire que, lorsqu'on la connaît, on en confirme la vérité par un tel raisonnement : *il est impossible que ce qui est ne soit pas ; or je connais que telle chose est ; donc je connais qu'il est impossible qu'elle ne soit pas.* Ce qui est de bien peu d'importance, et ne nous rend de rien plus savants.

En l'autre sens, le premier principe est *que notre Ame existe,* à cause qu'il n'y a rien dont l'existence nous soit plus notoire.

J'ajoute aussi que ce n'est pas une condition qu'on doive requérir au premier principe, que d'être tel que toutes les autres propositions se puissent réduire et prouver par lui ; c'est assez qu'il puisse servir à en trouver plusieurs, et qu'il n'y en ait point d'autre dont il dépende, ni qu'on puisse plutôt trouver que lui. Car il se peut faire qu'il n'y ait point au monde aucun principe auquel seul toutes les choses se puissent réduire ; et la façon dont on réduit les autres propositions à celles-ci : *impossibile est idem simul esse et non esse,* est superflue et de nul usage ; au lieu que c'est avec très grande utilité qu'on commence à s'assurer de *l'existence de Dieu,* et ensuite de celle de toutes les créatures, *par la considération de sa propre existence.*

A HUYGENS. 5 *octobre* 1646.

[*Pluie de sang. De la recherche des causes.*]

Monsieur, je vous remercie très humblement du livre *de Pluvia purpurea,* que vous m'avez fait la faveur de m'envoyer. L'observation qu'il contient est belle ; et ayant été faite par M. Vendelinus (2), qui est homme savant aux Mathématiques, et de très bon esprit, je ne fais point de doute

---

(1) Descartes traduit : « Il est impossible que ce qui est ne soit pas. »
(2) Godefroy WENDELIN (1580-1667), mathématicien et astronome, né à Herck (Limbourg belge) dont il devint le curé. Il fut l'ami de Gassendi et de Huygens et venait de publier un livre *La pluie rouge* (1646).

qu'elle ne soit vraie. Je ne vois rien aussi à dire contre les raisons qu'il en donne, pource qu'en de telles matières, dont on n'a pas plusieurs expériences, c'est assez d'imaginer une cause qui puisse produire l'effet proposé, encore qu'il puisse aussi être produit par d'autres, et qu'on ne sache point la vraie. Ainsi je crois facilement qu'il peut sortir quelques exhalaisons des divers endroits de la terre, et particulièrement de ceux où il y a du vitriol qui, se mêlant avec l'eau de la pluie dans les nues, la rendent rouge. Mais, pour assurer qu'on a justement trouvé la vraie cause, il me semble qu'il faudrait faire voir, par quelque expérience, non pas comment le vitriol tire la teinture des roses, mais comment quelques vapeurs ou exhalaisons, qui sortent du vitriol, jointes à celles qui sortent du bitume, se mêlant avec celles de l'eau de pluie, la rendent rouge ; et ajouter pourquoi, les mêmes mines de vitriol et de bitume demeurant toujours aux mêmes lieux proches de Bruxelles, on n'a toutefois encore jamais remarqué, que cette seule fois, qu'il y soit tombé de la pluie rouge.

A Mersenne. *Egmond, 12 octobre 1646*.

[*Dégoût de la polémique et des livres.*]

Mon Révérend Père, il y a fort peu de temps que je me suis donné l'honneur de vous écrire ; mais, pour ce que j'ai encore depuis reçu de vos lettres, où vous me menacez de m'envoyer des écrits de Roberval, j'ai pensé vous devoir encore écrire ce mot, pour vous dire que j'estime si peu tout ce qui saurait venir de lui, que je ne crois pas qu'il vaille le port, et que je vous supplie très humblement de ne m'envoyer jamais rien de sa part ; je n'ai point tant de curiosité pour voir des sottises. Il a beau dire qu'il en sait mille fois plus que moi en géométrie ; pendant qu'il n'en donnera point d'autres preuves qu'il a fait jusques à présent, je ne l'en estimerai pas davantage. Et pour ce qu'il m'a dit, étant à Paris, touchant la question de Pappus (1), sachez que ce n'était rien qui concernât la géométrie, mais seulement la grammaire, en ce qu'il faisait quelque équivoque, ou trans-

---

(1) Le Problème de Pappus est énoncé et résolu par Descartes dans *La Géométrie.* Cf. p. 30.

posait quelque virgule, pour dire que je n'avais pas bien pris le sens de l'auteur ; ce que je jugeai alors si ridicule et de si peu d'importance, que je ne le mis point en ma mémoire, et ne le puis pour tout retrouver. Mais pensez-vous que, s'il avait quelque chose à y reprendre, il fût besoin de l'en prier pour l'obliger à le faire ? Je vous assure bien que, tout au contraire, il n'y aurait point de prières qui le pussent faire taire, et qu'il n'aurait pas marchandé deux ans à m'envoyer cette belle pièce. Quoi qu'il en soit, je vous supplie, encore un coup, de ne m'envoyer jamais rien de sa part, ni aussi de la part d'aucun autre de ses semblables, je veux dire de ceux qui ne cherchent pas ingénument la vérité, mais tâchent d'acquérir de la réputation en contredisant. Enfin je déclare, dès à présent, que je ne sais plus lire aucuns écrits, excepté les lettres de mes amis, qui m'apprendront de leurs nouvelles et en quoi j'aurai moyen de les servir ; comme aussi je n'écrirai jamais plus rien que des lettres à mes amis, dont le sujet sera, *si vales, bene est* (1), etc. Je ne me mêle plus d'aucune science, que pour mon instruction particulière. Et tous ceux qui se vanteront d'avoir quelque chose à dire contre mes écrits, je vous prie de les convier, non point à me l'envoyer en particulier, mais à le faire imprimer. Et qu'ils fassent des livres contre moi, tant qu'ils voudront, si je n'apprends des plus intelligents qu'ils soient très bons, je ne les lirai seulement pas. Et je dois encore moins lire des choses écrites à la main, que je saurais venir d'un homme comme Roberval (2), de qui je n'ai jamais rien vu qui valût rien. Je suis néanmoins, mon Révérend Père, votre très humble, très zélé et très obligé serviteur.

A ÉLISABETH. *Novembre 1646.*

[*De la joie : condition de la santé et du succès.*]

Madame, j'ai reçu une très grande faveur de Votre Altesse, en ce qu'elle a voulu que j'apprisse par ses lettres le succès de son voyage (3), et qu'elle est arrivée heureusement en un lieu où, étant grandement estimée et chérie de ses proches,

---

(1) Formule épistolaire : « Si vous allez bien, c'est parfait ».
(2) ROBERVAL. Cf. Index des Correspondants.
(3) Élisabeth était allée à Berlin.

il me semble qu'elle a autant de biens qu'on en peut souhaiter avec raison en cette vie. Car, sachant la condition des choses humaines, ce serait trop importuner la fortune, que d'attendre d'elle tant de grâces, qu'on ne pût pas, même en imaginant, trouver aucun sujet de fâcherie. Lorsqu'il n'y a point d'objets présents qui offensent les sens, ni aucune indisposition dans le corps qui l'incommode, un esprit qui suit la vraie raison peut facilement se contenter. Et il n'est pas besoin, pour cela, qu'il oublie ni qu'il néglige les choses éloignées ; c'est assez qu'il tâche à n'avoir aucune passion pour celles qui lui peuvent déplaire : ce qui ne répugne point à la charité, pour ce qu'on peut souvent mieux trouver des remèdes aux maux qu'on examine sans passion, qu'à ceux pour lesquels on est affligé. Mais, comme la santé du corps et la présence des objets agréables aident beaucoup à l'esprit, pour chasser hors de soi toutes les passions qui participent de la tristesse, et donner entrée à celles qui participent de la joie, ainsi, réciproquement, lorsque l'esprit est plein de joie, cela sert beaucoup à faire que le corps se porte mieux, et que les objets présents paraissent plus agréables.

Et même aussi j'ose croire que la joie (1) intérieure a quelque secrète force pour se rendre la fortune plus favorable. Je ne voudrais pas écrire ceci à des personnes qui auraient l'esprit faible, de peur de les induire à quelque superstition ; mais, au regard de Votre Altesse, j'ai seulement peur qu'elle se moque de me voir devenir trop crédule. Toutefois j'ai une infinité d'expériences, et avec cela l'autorité de Socrate, pour confirmer mon opinion. Les expériences sont que j'ai souvent remarqué que les choses que j'ai faites avec un cœur gai, et sans aucune répugnance intérieure, ont coutume de me succéder heureusement, jusque-là même que, dans les jeux de hasard, où il n'y a que la fortune seule qui règne, je l'ai toujours éprouvée plus favorable, ayant d'ailleurs des sujets de joie, que lorsque j'en avais de tristesse. Et ce qu'on nomme communément le génie de Socrate,

---

(1) Descartes à Elisabeth (Egmond, décembre 1646) : « Elles [vos dernières lettres] me font juger que vous avez maintenant plus de santé et plus de joie que je ne vous en ai vu auparavant ; et je crois, qu'après la vertu, laquelle ne vous a jamais manqué, ce sont les deux principaux biens que l'on peut avoir en cette vie. »

n'a sans doute été autre chose, sinon qu'il avait accoutumé de suivre ses inclinations intérieures, et pensait que l'événement de ce qu'il entreprenait serait heureux, lorsqu'il avait quelque secret sentiment de gaieté, et, au contraire, qu'il serait malheureux, lorsqu'il était triste. Il est vrai pourtant que ce serait être superstitieux, de croire autant à cela, qu'on dit qu'il faisait ; car Platon rapporte de lui que même il demeurait dans le logis, toutes les fois que son génie ne lui conseillait point d'en sortir. Mais, touchant les actions importantes de la vie, lorsqu'elles se rencontrent si douteuses, que la prudence ne peut enseigner ce qu'on doit faire, il me semble qu'on a grande raison de suivre le conseil de son génie, et qu'il est utile d'avoir une forte persuasion que les choses que nous entreprenons sans répugnance, et avec la liberté qui accompagne d'ordinaire la joie, ne manqueront pas de nous bien réussir.

Ainsi j'ose ici exhorter Votre Altesse, puisqu'elle se rencontre en un lieu où les objets présents ne lui donnent que de la satisfaction, qu'il lui plaise aussi contribuer du sien, pour tâcher à se rendre contente ; ce qu'elle peut, ce me semble, aisément, en n'arrêtant son esprit qu'aux choses présentes, et ne pensant jamais aux affaires, qu'aux heures où le courrier est près de partir. Et j'estime que c'est un bonheur que les livres de Votre Altesse n'ont pu lui être apportés sitôt qu'elle les attendait ; car leur lecture n'est pas si propre à entretenir la gaieté, qu'à faire venir la tristesse, principalement celle du livre de ce docteur des princes (1), qui, ne représentant que les difficultés qu'ils ont à se maintenir, et les cruautés ou perfidies qu'il leur conseille, fait que les particuliers qui le lisent, ont moins de sujet d'envier leur condition, que de la plaindre. [...]

[*Des guérisons miraculeuses.*]

Votre Altesse a [...] fort bien remarqué le secret de la fontaine miraculeuse (2), en ce qu'il y a plusieurs pauvres qui

(1) MACHIAVEL. Dans une lettre de septembre, qui n'a pu être reproduite, faute de place, Descartes avait, à la demande d'Elisabeth, exposé le livre du *Prince*.
(2) Le 10 octobre 1646, ELISABETH avait écrit, à propos des eaux de la fontaine miraculeuse située à « une petite lieue » de Cheuningen, près de Berlin : « On parle de quantité de guérisons miraculeuses qu'elles font ;

en publient les vertus, et qui sont peut-être gagés par ceux qui en espèrent du profit. Car il est certain qu'il n'y a point de remède qui puisse servir à tous les maux ; mais, plusieurs ayant usé de celui-là, ceux qui s'en sont bien trouvés en disent du bien, et on ne parle point des autres.

A CHANUT. *Egmond, 1er novembre 1646.*

[*Première mention de Christine de Suède.*]

Monsieur, si je ne faisais une estime toute extraordinaire de votre savoir, et que je n'eusse point un extrême désir d'apprendre, je n'aurais pas usé de tant d'importunité que j'ai fait, à vous convier d'examiner mes écrits. Je n'ai guère accoutumé d'en prier personne, et même je les ai fait sortir en public sans être parés, ni avoir aucun des ornements qui peuvent attirer les yeux du peuple, afin que ceux qui ne s'arrêtent qu'à l'extérieur, ne les vissent pas, et qu'ils fussent seulement regardés par quelques personnes de bon esprit, qui prissent la peine de les examiner avec soin, afin que je puisse tirer d'eux quelque instruction. Mais, bien que vous ne m'ayez pas encore fait cette faveur, vous n'avez pas laissé de m'obliger beaucoup en d'autres choses, et particulièrement en ce que vous avez parlé avantageusement de moi à plusieurs, ainsi que j'ai appris de très bonne part ; et même Monsieur Clerselier m'a écrit que vous attendez de lui mes *Méditations* françaises, pour les présenter à la Reine (1) du pays où vous êtes. Je n'ai jamais eu assez d'ambition pour désirer que les personnes de ce rang sussent mon nom, et même, si j'avais été seulement aussi sage qu'on dit que les sauvages se persuadent que sont les singes, je n'aurais jamais été connu de qui que ce soit, en qualité de faiseur de livres : car on dit qu'ils s'imaginent que les singes pourraient parler, s'ils voulaient, mais qu'ils s'en abstiennent, afin qu'on ne les contraigne point de travailler ; et parce que je n'ai pas eu la

mais je n'en ai pu apprendre de personnes dignes de foi. Ils disent bien que ce lieu est rempli de pauvres, qui publient avoir été sourds, aveugles, boiteux ou bossus, et trouvé leur guérison en cette fontaine. Mais puisque ce sont des gens mercenaires, et qu'ils rencontrent une nation assez crédule aux miracles, je ne crois pas que cela doive persuader les personnes raisonnables. »

(1) CHRISTINE DE SUÈDE. Cf. Index des Correspondants.

même prudence à m'abstenir d'écrire, je n'ai plus tant de loisir ni tant de repos que j'aurais, si j'eusse eu l'esprit de me taire. Mais, puisque la faute est déjà commise, et que je suis connu d'une infinité de gens d'École, qui regardent mes écrits de travers, et y cherchent de tous côtés les moyens de me nuire, j'ai grand sujet de souhaiter aussi de l'être des personnes de plus grand mérite, de qui le pouvoir et la vertu me puissent protéger. [...]

[*Des calomnies des « gens d'école ».*]

Peut-être que, si j'y avais traité de la morale, j'aurais occasion d'espérer qu'ils lui pourraient être plus agréables ; mais c'est de quoi je ne dois pas me mêler d'écrire. Messieurs les Régents sont si animés contre moi, à cause des innocents principes de physique qu'ils ont vus, et si en colère de ce qu'ils n'y trouvent aucun prétexte pour me calomnier, que, si je traitais après cela de la morale, ils ne me laisseraient aucun repos. Car puisqu'un Père Bourdin (1) a cru avoir assez de sujet, pour m'accuser d'être sceptique, de ce que j'ai réfuté les sceptiques ; et qu'un ministre (2) a entrepris de persuader que j'étais athée, sans en alléguer d'autre raison, sinon que j'ai tâché de prouver l'existence de Dieu ; que ne diraient-ils point, si j'entreprenais d'examiner quelle est la juste valeur de toutes les choses qu'on peut désirer ou craindre ; quel sera l'état de l'âme après la mort ; jusques où nous devons aimer la vie ; et quels nous devons être, pour n'avoir aucun sujet d'en craindre la perte ?

[*Éloge des passions.*]

Au reste, il semble que vous inférez, de ce que j'ai étudié les passions, que je n'en dois plus avoir aucune ; mais je vous dirai que, tout au contraire, en les examinant, je les ai trouvées presque toutes bonnes, et tellement utiles à cette vie, que notre âme n'aurait pas sujet de vouloir demeurer jointe à son corps un seul moment, si elle ne les pouvait ressentir. Il est vrai que la colère est une de celles dont j'estime qu'il se faut garder, en tant qu'elle a pour objet une offense reçue ; et pour cela nous devons tâcher d'élever si

---

(1) Le P. BOURDIN, cf. Index des Correspondants.
(2) VOËTIUS, cf. Index des Correspondants.

haut notre esprit, que les offenses que les autres nous peuvent faire, ne parviennent jamais jusques à nous. Mais je crois qu'au lieu de colère, il est juste d'avoir de l'indignation, et j'avoue que j'en ai souvent contre l'ignorance de ceux qui veulent être pris pour doctes, lorsque je la vois jointe à la malice. Mais je vous puis assurer qu'à votre égard les passions que j'ai, sont de l'admiration pour votre vertu et un zèle très particulier, qui fait que je suis, etc.

A MERSENNE. *2 novembre 1646.*

[*Expériences d'embryologie.*]

Il y a longtemps que j'ai aussi vu faire une expérience pareille à celle que vous me mandez d'une poule ; car en lui faisant quelques lignes du bout du doigt devant ses yeux, on arrêtait tellement son imagination qu'elle demeurait immobile. Et pour la formation des poulets dans l'œuf, il y a plus de quinze ans que j'ai lu ce que *Fabricius ab Aquapendente* (1) en a écrit, et même j'ai quelquefois cassé des œufs pour voir cette expérience. Mais j'ai bien eu plus de curiosité ; car j'ai fait autrefois tuer une vache, que je savais avoir conçu peu de temps auparavant, exprès afin d'en voir le fruit. Et ayant appris, par après, que les bouchers de ce pays en tuent souvent qui se rencontrent pleines, j'ai fait qu'ils m'ont apporté plus d'une douzaine de ventres dans lesquels il y avait de petits veaux, les uns grands comme des souris, les autres comme des rats, et les autres comme de petits chiens, où j'ai pu observer beaucoup plus de choses qu'en des poulets, à cause que les organes y sont plus grands et plus visibles.

Au Marquis DE NEWCASTLE. *Egmond, 23 novembre 1646.*

[*De l'homme machine.*]

Pour ce qui est de l'entendement ou de la pensée que Montaigne et quelques autres attribuent aux bêtes, je ne puis être de leur avis. Ce n'est pas que je m'arrête à ce qu'on dit, que les hommes ont un empire absolu sur tous les autres

---

(1) *De formatione ovi et pulli* (« De la formation de l'œuf et du poulet »), Padoue, 1621.

animaux ; car j'avoue qu'il y en a de plus forts que nous, et crois qu'il y en peut aussi avoir qui aient des ruses naturelles, capables de tromper les hommes les plus fins. Mais je considère qu'il ne nous imitent ou surpassent, qu'en celles de nos actions qui ne sont point conduites par notre pensée ; car il arrive souvent que nous marchons et que nous mangeons, sans penser en aucune façon à ce que nous faisons ; et c'est tellement sans user de notre raison que nous repoussons les choses qui nous nuisent, et parons les coups que l'on nous porte, qu'encore que nous voulussions expressément ne point mettre nos mains devant notre tête, lorsqu'il arrive que nous tombons, nous ne pourrions nous en empêcher. Je crois aussi que nous mangerions, comme les bêtes, sans l'avoir appris, si nous n'avions aucune pensée ; et l'on dit que ceux qui marchent en dormant, passent quelquefois des rivières à nage, où ils se noieraient étant éveillés. Pour les mouvements de nos passions, bien qu'ils soient accompagnés en nous de pensée, à cause que nous avons la faculté de penser, il est néanmoins très évident qu'ils ne dépendent pas d'elle, parce qu'ils se font souvent malgré nous, et que, par conséquent, ils peuvent être dans les bêtes, et même plus violents qu'ils ne sont dans les hommes, sans qu'on puisse, pour cela, conclure qu'elles aient des pensées.

[*Langage et dressage.*]

Enfin il n'y a aucune de nos actions extérieures, qui puisse assurer ceux qui les examinent, que notre corps n'est pas seulement une machine qui se remue de soi-même, mais qu'il y a aussi en lui une âme qui a des pensées, excepté les paroles, ou autres signes faits à propos des sujets qui se présentent, sans se rapporter à aucune passion. Je dis les paroles ou autres signes, parce que les muets se servent de signes en même façon que nous de la voix ; et que ces signes soient à propos, pour exclure le parler des perroquets, sans exclure celui des fous, qui ne laisse pas d'être à propos des sujets qui se présentent, bien qu'il ne suive pas la raison ; et j'ajoute que ces paroles ou signes ne se doivent rapporter à aucune passion, pour exclure non seulement les cris de joie ou de tristesse, et semblables, mais aussi tout ce qui peut être enseigné par artifice aux animaux ; car si on apprend à une pie à dire bonjour à sa maîtresse, lorsqu'elle la voit arriver, ce ne peut être qu'en faisant que la prolation de cette parole devienne le mouvement de quelqu'une de ses passions ; à savoir, ce sera un mouvement de l'espérance qu'elle a de manger, si l'on a toujours accoutumé de lui donner quelque friandise, lorsqu'elle l'a dit ; et ainsi toutes les choses qu'on fait faire aux chiens, aux chevaux et aux singes, ne sont que des mouvements de leur crainte, de leur espérance, ou de leur joie, en sorte qu'ils les peuvent faire sans aucune pensée. Or il est, ce me semble, fort remarquable que la parole, étant ainsi définie, ne convient qu'à l'homme seul. Car, bien que Montaigne et Charon aient dit qu'il y a plus de différence d'homme à homme, que d'homme à bête, il ne s'est toutefois jamais trouvé aucune bête si parfaite, qu'elle ait usé de quelque signe, pour faire entendre à d'autres animaux quelque chose qui n'eût point de rapport à ses passions ; et il n'y a point d'homme s imparfait, qu'il n'en use ; en sorte que ceux qui sont sourds et muets, inventent des signes particuliers, par lesquels ils expriment leurs pensées. Ce qui me semble un très fort argument, pour prouver que ce qui fait que les bêtes ne parlent point comme nous, est qu'elles n'ont aucune pensée, et non point que les organes leur manquent. Et on ne peut dire qu'elles parlent entre elles, mais que nous ne les entendons pas ; car, comme les chiens et quelques autres animaux nous expriment leurs passions, ils nous exprimeraient aussi bien leurs pensées, s'ils en avaient.

[*De l'instinct des bêtes.*]

Je sais bien que les bêtes font beaucoup de choses mieux que nous, mais je ne m'en étonne pas ; car cela même sert à prouver qu'elles agissent naturellement et par ressorts, ainsi qu'une horloge, laquelle montre bien mieux l'heure qu'il est, que notre jugement ne nous l'enseigne. Et sans doute que, lorsque les hirondelles viennent au printemps, elles agissent en cela comme des horloges. Tout ce que font les mouches à miel est de même nature, et l'ordre que tiennent les grues en volant, et celui qu'observent les singes en se battant, s'il est vrai qu'ils en observent quelqu'un, et enfin l'instinct d'ensevelir leurs morts, n'est pas plus étrange que celui des chiens et des chats, qui grattent la terre pour ensevelir leurs excréments, bien qu'ils ne les ensevelissent presque jamais : ce qui montre qu'ils ne le font que par instinct, et sans y penser. On peut seulement dire que, bien que les bêtes ne fassent aucune action qui nous assure qu'elles pensent, toutefois, à cause que les organes de leurs corps ne sont pas fort différents des nôtres, on peut conjecturer qu'il y a quelque pensée jointe à ces organes, ainsi que nous expérimentons en nous, bien que la leur soit beaucoup moins parfaite. A quoi je n'ai rien à répondre, sinon que, si elles pensaient ainsi que nous, elles auraient une âme immortelle aussi bien que nous ; ce qui n'est pas vraisemblable, à cause qu'il n'y a point de raison pour le croire de quelques animaux, sans le croire de tous, et qu'il y en a plusieurs trop imparfaits pour pouvoir croire cela d'eux, comme sont les huitres, les éponges, etc. (1).

A CHANUT. *Egmond, 1er février 1647.*

[*Descartes répond ici à des questions, qu'à la suite d'un entretien avec Christine de Suède, Chanut lui avait envoyées.*]

Monsieur, l'aimable lettre que je viens de recevoir de votre part, ne me permet pas que je repose jusques à ce que j'y aie fait réponse ; et bien que vous y proposiez des questions que de plus savants que moi auraient bien de la peine à examiner en peu de temps, toutefois, à cause que je sais bien qu'encore que j'y en employasse beaucoup, je ne les pourrais entièrement résoudre, j'aime mieux mettre promptement sur le papier ce que le zèle qui m'incite me dictera, que d'y penser plus à loisir, et n'écrire par après rien de meilleur.

Vous voulez savoir mon opinion touchant trois choses : *1. Ce que c'est que l'amour. 2. Si la seule lumière naturelle nous enseigne à aimer Dieu. 3. Lequel des deux dérèglements et mauvais usages est le pire, de l'amour ou de la haine ?*

[1° *De l'Amour. Amour de raison et amour passion.*]

Pour répondre au premier point, je distingue entre l'amour qui est purement intellectuelle ou raisonnable, et

---

(1) Le 21 février 1649, DESCARTES écrira à MORUS : « Mon opinion n'est pas si cruelle à l'égard des bêtes qu'elle n'est pieuse à l'égard des hommes, affranchis des superstitions des Pythagoriciens, car elle les absout du soupçon de faute chaque fois qu'ils mangent ou qu'ils tuent des animaux. »
Sur MORUS, cf. Index des Correspondants.

celle qui est une passion. La première n'est, ce me semble, autre chose sinon que, lorsque notre âme aperçoit quelque bien, soit présent, soit absent, qu'elle juge lui être convenable, elle se joint à lui de volonté, c'est-à-dire, elle se considère soi-même avec ce bien-là comme un tout dont il est une partie et elle l'autre. Ensuite de quoi, s'il est présent, c'est-à-dire, si elle le possède, ou qu'elle en soit possédée, ou enfin qu'elle soit jointe à lui non seulement par sa volonté, mais aussi réellement et de fait, en la façon qu'il lui convient d'être jointe, le mouvement de sa volonté, qui accompagne la connaissance qu'elle a que ce lui est un bien, est sa joie ; et s'il est absent, le mouvement de sa volonté, qui accompagne la connaissance qu'elle a d'en être privée, est sa tristesse ; mais celui qui accompagne la connaissance qu'elle a qu'il lui serait bon de l'acquérir, est son désir. Et tous ces mouvements de la volonté auxquels consistent l'amour, la joie et la tristesse, et le désir, en tant que ce sont des pensées raisonnables, et non point des passions, se pourraient trouver en notre âme, encore qu'elle n'eût point de corps. Car, par exemple, si elle s'apercevait qu'il y a beaucoup de choses à connaître en la nature, qui sont fort belles, sa volonté se porterait infailliblement à aimer la connaissance de ces choses, c'est-à-dire, à la considérer comme lui appartenant. Et si elle remarquait, avec cela, qu'elle eût cette connaissance, elle en aurait de la joie ; si elle considérait qu'elle ne l'eût pas, elle en aurait de la tristesse ; si elle pensait qu'il lui serait bon de l'acquérir, elle en aurait du désir. Et il n'y a rien en tous ces mouvements de sa volonté qui lui fût obscur, ni dont elle n'eût une très parfaite connaissance, pourvu qu'elle fît réflexion sur ses pensées.

Mais pendant que notre âme est jointe au corps, cette amour raisonnable est ordinairement accompagnée de l'autre, qu'on peut nommer sensuelle ou sensitive, et qui, comme j'ai sommairement dit de toutes les passions, appétits et sentiments, en la page 461 (1) de mes *Principes* français, n'est autre chose qu'une pensée confuse excitée en l'âme par quelque mouvement des nerfs, laquelle la dispose à

---

(1) *Les Principes de la philosophie*, IVe Partie, art. 189 et 190.

cette autre pensée plus claire en qui consiste l'amour raisonnable. Car, comme en la soif, le sentiment qu'on a de la sécheresse du gosier, est une pensée confuse qui dispose au désir de boire, mais qui n'est pas ce désir même ; ainsi en l'amour on sent je ne sais quelle chaleur autour du cœur, et une grande abondance de sang dans le poumon, qui fait qu'on ouvre même les bras comme pour embrasser quelque chose, et cela rend l'âme encline à joindre à soi de volonté l'objet qui se présente. Mais la pensée par laquelle l'âme sent cette chaleur, est différente de celle qui la joint à cet objet ; et même il arrive quelquefois que ce sentiment d'amour se trouve en nous, sans que notre volonté se porte à rien aimer, à cause que nous ne rencontrons point d'objet que nous pensions en être digne. Il peut arriver aussi, au contraire, que nous connaissions un bien qui mérite beaucoup, et que nous nous joignions à lui de volonté, sans avoir, pour cela, aucune passion, à cause que le corps n'y est pas disposé.

[*Les deux amours sont le plus souvent unies.*]

Mais, pour l'ordinaire, ces deux amours se trouvent ensemble : car il y a une telle liaison entre l'une et l'autre, que, lorsque l'âme juge qu'un objet est digne d'elle, cela dispose incontinent le cœur aux mouvements qui excitent la passion d'amour, et lorsque le cœur se trouve ainsi disposé par d'autres causes, cela fait que l'âme imagine des qualités aimables en des objets, où elle ne verrait que des défauts en un autre temps. Et ce n'est pas merveille que certains mouvements de cœur soient ainsi naturellement joints à certaines pensées, avec lesquelles ils n'ont aucune ressemblance ; car, de ce que notre âme est de telle nature qu'elle a pu être unie à un corps, elle a aussi cette propriété que chacune de ses pensées se peut tellement associer avec quelques mouvements ou autres dispositions de ce corps, que, lorsque les mêmes dispositions se trouvent une autre fois en lui, elles induisent l'âme à la même pensée ; et réciproquement, lorsque la même pensée revient, elle prépare le corps à recevoir la même disposition. Ainsi, lorsqu'on apprend une langue, on joint les lettres ou la prononciation de certains mots, qui sont des choses matérielles, avec leurs significations, qui sont des pensées ; en sorte que, lorsqu'on ouït après derechef les mêmes mots, on conçoit les mêmes choses ; et quand on conçoit les mêmes choses, on se ressouvient des mêmes mots.

[*Les quatre passions premières et les impressions d'enfance.*]

Mais les premières dispositions du corps qui ont ainsi accompagné nos pensées, lorsque nous sommes entrés au monde, ont dû sans doute se joindre plus étroitement avec elles, que celles qui les accompagnent par après. Et pour examiner l'origine de la chaleur qu'on sent autour du cœur, et celle des autres dispositions du corps qui accompagnent l'amour, je considère que, dès le premier moment que notre âme a été jointe au corps, il est vraisemblable qu'elle a senti de la joie, et incontinent après de l'amour, puis peut-être aussi de la haine, et de la tristesse ; et que les mêmes dispositions du corps, qui ont pour lors causé en elle ces passions, en ont naturellement par après accompagné les pensées. Je juge que sa première passion a été la joie, pour ce qu'il n'est pas croyable que l'âme ait été mise dans le corps, sinon lorsqu'il a été bien disposé, et que, lorsqu'il est ainsi bien disposé, cela nous donne naturellement de la joie. Je dis aussi que l'amour est venue après, à cause que, la matière de notre corps s'écoulant sans cesse, ainsi que l'eau d'une rivière, et étant besoin qu'il en revienne d'autre en sa place, il n'est guère vraisemblable que le corps ait été bien disposé, qu'il n'y ait eu aussi proche de lui quelque matière fort propre à lui servir d'aliment, et que l'âme, se joignant de volonté à cette nouvelle matière, a eu pour elle de l'amour ; comme aussi, par après, s'il est arrivé que cet aliment ait manqué, l'âme en a eu de la tristesse. Et s'il en est venu d'autre en sa place, qui n'ait pas été propre à nourrir le corps, elle a eu pour lui de la haine.

Voilà les quatre passions que je crois avoir été en nous les premières, et les seules que nous avons eues avant notre naissance ; et je crois aussi qu'elles n'ont été alors que des sentiments ou des pensées fort confuses ; pour ce que l'âme était tellement attachée à la matière, qu'elle ne pouvait encore vaquer à autre chose qu'à en recevoir les diverses impressions ; et bien que, quelques années après, elle ait commencé à avoir d'autres joies et d'autres amours, que celles qui ne dépendent que de la bonne constitution et convenable nourriture du corps, toutefois, ce qu'il y a eu d'intellectuel en ses joies ou amours, a toujours été accompagné des premiers sentiments qu'elle en avait eus, et même aussi des mouvements ou fonctions naturelles qui étaient alors dans le corps : en sorte que, d'autant que l'amour n'était causée, avant la naissance, que par un aliment convenable qui, entrant abondamment dans le foie, dans le cœur et dans le poumon, y excitait plus de chaleur que de coutume, de là vient que maintenant cette chaleur accompagne toujours l'amour, encore qu'elle vienne d'autres causes fort différentes. Et si je ne craignais d'être trop long, je pourrais faire voir, par le menu, que toutes les autres dispositions du corps, qui ont été au commencement de notre vie avec ces quatre passions, les accompagnent encore. Mais je dirai seulement que ce sont ces sentiments confus de notre enfance, qui, demeurant joints avec les pensées raisonnables par lesquelles nous aimons ce que nous en jugeons digne, sont cause que la nature de l'amour nous est difficile à connaître. A quoi j'ajoute que plusieurs autres passions, comme la joie, la tristesse, le désir, la crainte, l'espérance, etc., se mêlant diversement avec l'amour, empêchent qu'on ne reconnaisse en quoi c'est proprement qu'elle consiste. Ce qui est principalement remarquable touchant le désir ; car on le prend si ordinairement pour l'amour, que cela est cause qu'on a distingué deux sortes d'amours : l'une qu'on nomme amour de Bienveillance, en laquelle ce désir ne paraît pas tant, et l'autre qu'on nomme amour de Concupiscence, laquelle n'est qu'un désir fort violent, fondé sur un amour qui souvent est faible.

[2° *De l'Amour de Dieu.*]

Mais il faudrait écrire un gros volume pour traiter de toutes les choses qui appartiennent à cette passion ; et bien que son naturel soit de faire qu'on se communique le plus que l'on peut, en sorte qu'elle m'incite à tâcher ici de vous dire plus de choses que je n'en sais, je me veux pourtant retenir, de peur que la longueur de cette lettre ne vous ennuie. Ainsi je passe à votre seconde question, savoir : *si la seule lumière naturelle nous enseigne à aimer Dieu, et si on le peut aimer par la force de cette lumière.*

Je vois qu'il y a deux fortes raisons pour en douter ; la première est que les attributs de Dieu qu'on considère le plus ordinairement, sont si relevés au-dessus de nous, que nous ne concevons en aucune façon qu'ils nous puissent être convenables, ce qui est cause que nous ne nous joignons point à eux de volonté ; la seconde est qu'il n'y a rien en Dieu qui soit imaginable, ce qui fait qu'encore qu'on aurait pour lui quelque amour intellectuelle, il ne semble pas qu'on en puisse avoir aucune sensitive, à cause qu'elle devrait passer par l'imagination pour venir de l'entendement dans le sens. C'est pourquoi je ne m'étonne pas si quelques philosophes se persuadent qu'il n'y a que la religion chrétienne qui, nous enseignant le mystère de l'Incarnation, par lequel Dieu s'est abaissé jusqu'à se rendre semblable à nous, fait que nous sommes capables de l'aimer ; et que ceux qui, sans la connaissance de ce mystère, ont semblé avoir de la passion pour quelque divinité, n'en ont point eu, pour cela, pour le vrai Dieu, mais seulement pour quelques idoles qu'ils ont appelées de son nom ; tout de même qu'Ixion, au dire des poètes, embrassait une nue au lieu de la Reine des Dieux. Toutefois je ne fais aucun doute que nous ne puissions véritablement aimer Dieu par la seule force de notre nature. Je n'assure point que cette amour soit méritoire sans la grâce, je laisse démêler cela aux théologiens ; mais j'ose dire qu'au regard de cette vie, c'est la plus ravissante et la plus utile passion que nous puissions avoir ; et même qu'elle peut être la plus forte, bien qu'on ait besoin, pour cela, d'une méditation fort attentive, à cause que nous sommes continuellement divertis par la présence des autres objets.

[« *Une chose qui pense.* »]

Or le chemin que je juge qu'on doit suivre, pour parvenir à l'amour de Dieu, est qu'il faut considérer qu'il est un esprit, ou une chose qui pense, en quoi la nature de notre âme ayant quelque ressemblance avec la sienne, nous venons à nous persuader qu'elle est une émanation de sa souveraine intelligence, *et divinæ quasi particula auræ* (1). Même, à

---

(1) « Et comme une parcelle du souffle divin. » HORACE, *Sat.*, II, 2, 79.

cause que notre connaissance semble se pouvoir accroître par degrés jusques à l'infini, et que, celle de Dieu étant infinie, elle est au but où vise la nôtre, si nous ne considérons rien davantage, nous pouvons venir à l'extravagance de souhaiter d'être dieux, et ainsi, par une très grande erreur, aimer seulement la divinité au lieu d'aimer Dieu. Mais si, avec cela, nous prenons garde à l'infinité de sa puissance, par laquelle il a créé tant de choses, dont nous ne sommes que la moindre partie ; à l'étendue de sa providence, qui fait qu'il voit d'une seule pensée tout ce qui a été, qui est, qui sera, et qui saurait être ; à l'infaillibilité de ses décrets, qui, bien qu'ils ne troublent point notre libre arbitre, ne peuvent néanmoins en aucune façon être changés ; et enfin, d'un côté, à notre petitesse, et de l'autre, à la grandeur de toutes les choses créées, en remarquant de quelle sorte elles dépendent de Dieu, et en les considérant d'une façon qui ait du rapport à sa toute-puissance, sans les enfermer en une boule, comme font ceux qui veulent que le monde soit fini : la méditation de toutes ces choses remplit un homme qui les entend bien d'une joie si extrême, que, tant s'en faut qu'il soit injurieux et ingrat envers Dieu jusqu'à souhaiter de tenir sa place, il pense déjà avoir assez vécu de ce que Dieu lui a fait la grâce de parvenir à de telles connaissances ; et se joignant entièrement à lui de volonté, il l'aime si parfaitement, qu'il ne désire plus rien au monde, sinon que la volonté de Dieu soit faite. Ce qui est cause qu'il ne craint plus ni la mort, ni les douleurs, ni les disgrâces, parce qu'il sait que rien ne lui peut arriver, que ce que Dieu aura décrété ; et il aime tellement ce divin décret, il l'estime si juste et si nécessaire, il sait qu'il en doit si entièrement dépendre, que, même lorsqu'il en attend la mort ou quelqu'autre mal, si par impossible il pouvait le changer, il n'en aurait pas la volonté. Mais, s'il ne refuse point les maux ou les afflictions, parce qu'elles lui viennent de la providence divine, il refuse encore moins tous les biens ou plaisirs licites dont il peut jouir en cette vie, parce qu'ils en viennent aussi ; et les recevant avec joie, sans avoir aucune crainte des maux, son amour le rend parfaitement heureux.

Il est vrai qu'il faut que l'âme se détache fort du commerce des sens, pour se représenter les vérités qui excitent en elle cette amour ; d'où vient qu'il ne semble pas qu'elle puisse la communiquer à la faculté imaginative pour en faire une passion. Mais néanmoins je ne doute point qu'elle ne lui communique. Car, encore que nous ne puissions rien imaginer de ce qui est en Dieu, lequel est l'objet de notre amour, nous pouvons imaginer notre amour même, qui consiste en ce que nous voulons nous unir à quelque objet, c'est-à-dire, au regard de Dieu, nous considérer comme une très petite partie de toute l'immensité des choses qu'il a créées ; pour ce que, selon que les objets sont divers, on se peut unir avec eux, ou les joindre à soi en diverses façons ; et la seule idée de cette union suffit pour exciter de la chaleur autour du cœur, et causer une très violente passion.

[*L'amitié et le respect.*]

Il est vrai aussi que l'usage de notre langue et la civilité des compliments ne permet pas que nous disions à ceux qui sont d'une condition fort relevée au-dessus de la nôtre, que nous les aimons, mais seulement que nous les respectons, honorons, estimons, et que nous avons du zèle et de la dévotion pour leur service ; dont il me semble que la raison est que l'amitié d'homme à homme rend égaux en quelque façon ceux en qui elle est réciproque ; et ainsi que, pendant que l'on tâche à se faire aimer de quelque grand, si on lui disait qu'on l'aime, il pourrait penser qu'on le traite d'égal, et qu'on lui fait tort. Mais, pour ce que les philosophes n'ont pas coutume de donner divers noms aux choses qui conviennent en une même définition, et que je ne sais point d'autre définition de l'amour, sinon qu'elle est une passion qui nous fait joindre de volonté à quelque objet, sans distinguer si cet objet est égal, ou plus grand, ou moindre que nous, il me semble que, pour parler leur langue, je dois dire qu'on peut aimer Dieu.

Et si je vous demandais, en conscience, si vous n'aimez point cette grande Reine, auprès de laquelle vous êtes à présent, vous auriez beau dire que vous n'avez pour elle que du respect, de la vénération et de l'étonnement, je ne laisserais pas de juger que vous avez aussi une très ardente affection. Car votre style coule si bien, quand vous parlez d'elle, que, bien que je croie tout ce que vous en dites, pour ce que je sais que vous êtes très véritable et que j'en ai aussi ouï parler à d'autres, je ne crois pas néanmoins que vous la pussiez décrire comme vous faites, si vous n'aviez beaucoup de zèle, ni que vous pussiez être auprès d'une si grande lumière sans en recevoir de la chaleur.

[*Le sacrifice de soi.*]

Et tant s'en faut que l'amour que nous avons pour les objets qui sont au-dessus de nous, soit moindre que celle que nous avons pour les autres ; je crois que, de sa nature, elle est plus parfaite, et qu'elle fait qu'on embrasse avec plus d'ardeur les intérêts de ce qu'on aime. Car la nature de l'amour est de faire qu'on se considère avec l'objet aimé comme un tout dont on n'est qu'une partie, et qu'on transfère tellement les soins qu'on a coutume d'avoir pour soi-même à la conservation de ce tout, qu'on n'en retienne pour soi en particulier qu'une partie aussi grande ou aussi petite qu'on croit être une grande ou petite partie du tout auquel on a donné son affection : en sorte que, si on s'est joint de volonté avec un objet qu'on estime moindre que soi, par exemple, si nous aimons une fleur, un oiseau, un bâtiment, ou chose semblable, la plus haute perfection où cette amour puisse atteindre, selon son vrai usage, ne peut faire que nous mettions notre vie en aucun hasard pour la conservation de ces choses, pour ce qu'elles ne sont pas des parties plus nobles du tout qu'elles composent avec nous, que nos ongles et nos cheveux sont de notre corps ; et ce serait une extravagance de mettre tout le corps au hasard pour la conservation des cheveux. Mais quand deux hommes s'entr'aiment, la charité veut que chacun d'eux estime son ami plus que soi-même ; c'est pourquoi leur amitié n'est point parfaite, s'ils ne sont prêts de dire, en faveur l'un de l'autre : *Meme adsum qui feci, in me convertite ferrum*, etc (1). Tout de même, quand un particulier se joint de volonté à son prince, ou à son pays, si son amour est parfaite, il ne se doit estimer que comme une fort petite partie du tout qu'il compose avec eux, et ainsi ne craindre pas plus d'aller à une mort assurée pour leur service, qu'on craint de tirer un peu de sang de son bras, pour faire que le reste du corps se porte mieux. Et on voit tous les

---

(1) « C'est moi qui ai fait cela, tournez votre fer contre moi. » VIRGILE, *Enéide*, IX, 427.

jours des exemples de cette amour, même en des personnes de basse condition, qui donnent leur vie de bon cœur pour le bien de leur pays, ou pour la défense d'un grand qu'ils affectionnent. En suite de quoi il est évident que notre amour envers Dieu doit être sans comparaison la plus grande et la plus parfaite de toutes.

[3° *De l'Amour et de la Haine.*]

Je n'ai pas peur que ces pensées métaphysiques donnent trop de peine à votre esprit ; car je sais qu'il est très capable de tout ; mais j'avoue qu'elles lassent le mien, et que la présence des objets sensibles ne permet pas que je m'y arrête longtemps. C'est pourquoi je passe à la troisième question, savoir : *lequel des deux dérèglements est le pire, celui de l'amour, ou celui de la haine ?* (1). Mais je me trouve plus empêché à y répondre qu'aux deux autres, à cause que vous y avez moins expliqué votre intention, et que cette difficulté se peut entendre en divers sens, qui me semblent devoir être examinés séparément. On peut dire qu'une passion est pire qu'une autre, à cause qu'elle nous rend moins vertueux ; ou à cause qu'elle répugne davantage à notre contentement ; ou enfin à cause qu'elle nous emporte à de plus grands excès, et nous dispose à faire plus de mal aux autres hommes.

Pour le premier point, je le trouve douteux. Car en considérant les définitions de ces deux passions, je juge que l'amour que nous avons pour un objet qui ne le mérite pas, nous peut rendre pires que ne fait la haine que nous avons pour un autre que nous devrions aimer ; à cause qu'il y a plus de danger d'être joint à une chose qui est mauvaise, et d'être comme transformé en elle, qu'il n'y en a d'être séparé de volonté d'une qui est bonne. Mais quand je prends garde aux inclinations ou habitudes qui naissent de ces passions, je change d'avis : car, voyant que l'amour, quelque déréglée qu'elle soit, a toujours le bien pour objet, il ne me semble pas

---

(1) De Chanut à Descartes (1ᵉʳ décembre 1646) : « Elle [la reine Christine] tomba, par l'occasion d'une affaire, sur une question, dont elle m'obligea de dire mes sentiments [...] savoir lequel des deux déréglements et mauvais usages était le pire de l'amour ou de la haine. La question était générale, et ce terme d'amour ou de haine entendu à la mode des Philosophes, et non point comme on le fait sonner si souvent aux oreilles des filles. »

qu'elle puisse tant corrompre nos mœurs, que fait la haine qui ne se propose que le mal. Et on voit, par expérience, que les plus gens de bien deviennent peu à peu malicieux, lorsqu'ils sont obligés de haïr quelqu'un ; car, encore même que leur haine soit juste, ils se représentent si souvent les maux qu'ils reçoivent de leur ennemi, et aussi ceux qu'ils lui souhaitent, que cela les accoutume peu à peu à la malice. Au contraire, ceux qui s'adonnent à aimer, encore même que leur amour soit déréglée et frivole, ne laissent pas de se rendre souvent plus honnêtes gens et plus vertueux, que s'ils occupaient leur esprit à d'autres pensées.

Pour le second point, je n'y trouve aucune difficulté : car la haine est toujours accompagnée de tristesse et de chagrin ; et quelque plaisir que certaines gens prennent à faire du mal aux autres, je crois que leur volupté est semblable à celle des démons, qui, selon notre religion, ne laissent pas d'être damnés, encore qu'ils s'imaginent continuellement se venger de Dieu, en tourmentant les hommes dans les enfers. Au contraire, l'amour, tant déréglée qu'elle soit, donne du plaisir, et bien que les poètes s'en plaignent souvent dans leurs vers, je crois néanmoins que les hommes s'abstiendraient naturellement d'aimer, s'ils n'y trouvaient plus de douceur que d'amertume ; et que toutes les afflictions, dont on attribue la cause à l'amour, ne viennent que des autres passions qui l'accompagnent, à savoir, des désirs téméraires et des espérances mal fondées.

Mais si l'on demande laquelle de ces deux passions nous emporte à de plus grands excès, et nous rend capables de faire plus de mal au reste des hommes, il me semble que je dois dire que c'est l'amour ; d'autant qu'elle a naturellement beaucoup plus de force et plus de vigueur que la haine ; et que souvent l'affection qu'on a pour un objet de peu d'importance, cause incomparablement plus de maux, que ne pourrait faire la haine d'un autre de plus de valeur. Je prouve que la haine a moins de vigueur que l'amour, par l'origine de l'une et de l'autre. Car, s'il est vrai que nos premiers sentiments d'amour soient venus de ce que notre cœur recevait abondance de nourriture qui lui était convenable, et au contraire, que nos premiers sentiments de haine aient été causés par un aliment nuisible qui venait au cœur et que maintenant les mêmes mouvements accompagnent encore les mêmes passions, ainsi qu'il a tantôt été dit, il est évident que, lorsque nous aimons, tout le plus pur sang de nos veines coule abondamment vers le cœur, ce qui envoie quantité d'esprits animaux au cerveau, et ainsi nous donne plus de force, plus de vigueur et plus de courage ; au lieu que, si nous avons de la haine, l'amertume du fiel et l'aigreur de la rate, se mêlant avec notre sang, est cause qu'il ne vient pas tant ni de tels esprits au cerveau, et ainsi qu'on demeure plus faible, plus froid et plus timide. Et l'expérience confirme mon dire ; car les Hercules, les Rolands, et généralement ceux qui ont le plus de courage, aiment plus ardemment que les autres ; et au contraire, ceux qui sont faibles et lâches, sont les plus enclins à la haine. La colère peut bien rendre les hommes hardis, mais elle emprunte sa vigueur de l'amour qu'on a pour soi-même, laquelle lui sert toujours de fondement, et non pas de la haine qui ne fait que l'accompagner. Le désespoir fait faire aussi de grands efforts de courage, et la peur fait exercer de grandes cruautés ; mais il y a de la différence entre ces passions et la haine.

Il me reste encore à prouver que l'amour qu'on a pour un objet de peu d'importance, peut causer plus de mal, étant déréglée, que ne fait la haine d'un autre de plus de valeur. Et la raison que j'en donne, est que le mal qui vient de la haine s'étend seulement sur l'objet haï, au lieu que l'amour déréglée n'épargne rien, sinon son objet, lequel n'a, pour l'ordinaire, que si peu d'étendue, à comparaison de toutes les autres choses dont elle est prête de procurer la perte et la ruine, afin que cela serve de ragoût à l'extravagance de sa fureur. On dira peut-être que la haine est la plus prochaine cause des maux qu'on attribue à l'amour, pour ce que, si nous aimons quelque chose, nous haïssons, par même moyen, tout ce qui lui est contraire. Mais l'amour est toujours plus coupable que la haine des maux qui se font en cette façon, d'autant qu'elle en est la première cause, et que l'amour d'un seul objet peut ainsi faire naître la haine de beaucoup d'autres. Puis, outre cela, les plus grands maux de l'amour ne sont pas ceux qu'elle commet en cette façon par l'entremise de la haine ; les principaux et les plus dangereux sont ceux qu'elle fait, ou laisse faire, pour le seul plaisir de l'objet aimé, ou pour le sien propre. Je me souviens d'une saillie de Théophile, qui peut être mise ici pour exemple ; il fait dire à une personne éperdue d'amour :

> *Dieux, que le beau Pâris eut une belle proie !*
> *Que cet amant fit bien,*
> *Alors qu'il alluma l'embrasement de Troie,*
> *Pour amortir le sien !* (1)

Ce qui montre que même les plus grands et les plus funestes désastres peuvent être quelquefois, comme j'ai dit, des ragoûts d'une amour mal réglée, et servir à la rendre plus agréable, d'autant qu'ils en enrichissent le prix. Je ne sais si mes pensées s'accordent en ceci avec les vôtres ; mais je vous assure bien qu'elles s'accordent en ce que, comme vous m'avez promis beaucoup de bienveillance, ainsi je suis avec une très ardente passion, etc.

(1) *Stances pour Mademoiselle de M.*

CINQUIÈME PARTIE

DERNIÈRES ANNÉES
(1647-1650)

A ÉLISABETH. *Egmond, 10 mai 1647.*

[*Persécutions (Les théologiens de Leyde).*]

Pour le repos que j'y étais ci-devant venu chercher [en Hollande], je prévois que dorénavant je ne l'y pourrai avoir si entier que je désirerais. [...] Depuis trois ou quatre mois, un certain Régent du Collège des Théologiens de Leyde nommé Revius (1), a fait disputer quatre diverses Thèses contre moi, pour pervertir le sens de mes *Méditations*, et faire croire que j'y ai mis des choses fort absurdes, et contraires à la gloire de Dieu : comme qu'il faut douter qu'il y ait un Dieu ; et même, que je veux qu'on nie absolument pour quelque temps qu'il y en ait un, et choses semblables. [...] D'autres thèses ont aussi été faites par Triglandius, leur premier professeur de Théologie. [...] Sur quoi mes amis ont jugé, même ceux qui sont aussi Théologiens, que l'intention de ces gens-là, en m'accusant d'un si grand crime comme est le blasphème, n'était pas moindre que de tâcher à faire condamner mes opinions comme très pernicieuses, premièrement par quelque Synode où ils seraient les plus forts, et ensuite, de tâcher aussi à me faire faire des affronts par les Magistrats qui croient en eux ; et que, pour obvier à cela, il était besoin que je m'opposasse à leurs desseins : ce qui est cause que, depuis huit jours, j'ai écrit une longue lettre aux Curateurs de l'Académie de Leyde,

---

(1) REVIUS (Jacques de Reves), régent (ou principal) du Collège théologique, destiné à former les jeunes théologiens, faisait accuser Descartes de pélagianisme (hérésie de Pélage, qui prétendait que la grâce n'est pas nécessaire à l'homme), parce que Descartes avait déclaré que la liberté humaine est infinie, comme celle de Dieu.

TRIGLANDIUS, premier professeur de Théologie à l'Université, le faisait accuser de blasphème, et même d'athéisme, parce qu'il avait supposé que Dieu pouvait être trompeur.

pour demander justice contre les calomnies de ces deux Théologiens. Je ne sais point encore la réponse que j'en aurai ; mais selon que je connais l'humeur des personnes de ce pays, et combien ils révèrent, non pas la probité et la vertu, mais la barbe, la voix et le sourcil des Théologiens, en sorte que ceux qui sont les plus effrontés, et qui savent crier le plus haut, ont ici le plus de pouvoir (comme ordinairement en tous les états populaires) (1), encore qu'ils aient le moins de raison, je n'en attends que quelques emplâtres, qui, n'ôtant point la cause du mal, ne serviront qu'à le rendre plus long et plus importun ; au lieu que, de mon côté, je pense être obligé de faire mon mieux, pour tirer une entière satisfaction de ces injures [...] et en cas que je ne puisse obtenir justice [...] de me retirer tout à fait de ces Provinces.

A Huygens. *Egmond, 12 mai 1647.*

[*Contre l'Inquisition.*]

[Je] crie bien haut que vos docteurs me veulent mettre ici à l'inquisition après tant de sang que ceux de ma nation ont répandu pour aider à la chasser de ce pays ; et je maintiens que d'autant qu'il n'y a pas un mot en mes écrits qui touche les controverses ou la différence de nos religions, nos théologiens ne peuvent entreprendre de juger de mes opinions que ce ne soit usurper sur moi injustement un droit d'inquisition qui ne leur doit pas être permis. Car pour ce qui ne regarde pas plus votre religion que la nôtre, comme ce que j'ai écrit de Dieu, on doit laisser à nos docteurs le soin de le censurer s'il le mérite, ou autrement on ne nous donne pas ici la liberté de conscience.

(1) Elisabeth à Descartes, mai 1647 : « Je croyais bien que cela vous donnerait la même peine qu'a fait la calomnie de l'écolier de Voetius, mais non pas la résolution de quitter l'Hollande [...] puisqu'il est indigne de vous de céder la place à vos ennemis, et que cela paraîtrait comme une espèce de bannissement, qui vous apporterait plus de préjudice que tout ce que Messieurs les théologiens peuvent faire contre vous, puisque la calomnie n'est point considérable en un lieu où ceux qui gouvernent ne s'en peuvent exempter eux-mêmes, ni punir ceux qui les font. Le peuple y paie cette grande contribution pour la seule liberté de la langue, et celle des théologiens étant privilégiée partout ne saurait recevoir de la restreinte en un état populaire. »

A X. *27 mai 1647.*

[*Indignation : les « chats-huants ».*]

Ce n'est point que je désire qu'on parle de moi en leur Académie (1) ; je voudrais qu'il n'y eût aucun pédant en toute la terre, qui sût mon nom ; et si entre leurs professeurs il se trouve des chats-huants, qui n'en puissent supporter la lumière, je veux bien que, pour favoriser leur faiblesse, ils mettent ordre, en particulier, que ceux qui jugent bien de moi, ne le témoignent point en public par des louanges excessives. Je n'en ai jamais recherché ni désiré de telles ; au contraire, je les ai toujours évitées ou empêchées, autant qu'il a été en mon pouvoir. Mais de défendre publiquement qu'on ne parle de moi, ni en bien ni en mal, et qui plus est, de m'écrire qu'on a fait cette défense, et vouloir que je cesse de maintenir les opinions que j'ai, comme si elles avaient été bien et légitimement impugnées par leurs Professeurs, c'est vouloir que je me rétracte après avoir écrit la vérité, au lieu que j'attendais qu'on fît rétracter ceux qui ont menti en me calomniant ; et au lieu de me rendre la justice que j'ai demandée, ordonner contre moi tout le pis qui puisse être imaginé (2).

A Chanut. *La Haye, 6 juin 1647.*

[*Cosmologie : le monde est-il infini ?*]

En premier lieu (3), je me souviens que le Cardinal de Cusa (4) et plusieurs autres docteurs ont supposé le monde infini, sans qu'ils aient jamais été repris de l'Église pour ce sujet ; au contraire, on croit que c'est honorer Dieu, que de faire concevoir ses œuvres fort grands. Et mon opinion est moins difficile à recevoir que la leur ; pour ce que je ne dis

---

(1) De l'Université de Leyde.
(2) A Elisabeth, Egmond, 6 juin 1647 : « On a fait taire les théologiens qui me voulaient nuire, mais en les flattant et en se gardant de les offenser le plus qu'on a pu, ce qu'on attribue maintenant au temps ; mais j'ai peur que ce temps durera toujours, et qu'on leur laissera prendre tant de pouvoir, qu'ils seront insupportables. »
(3) Descartes vient d'exprimer à Chanut son « admiration » pour « la force et le poids des objections que Sa Majesté [la reine Christine] a remarquées touchant la grandeur que j'ai attribuée à l'univers ».
(4) De Cusa (ou de Cuse) Nicolas (1401-1464), philosophe néo-platonicien.

pas que le monde soit *infini*, mais *indéfini* seulement. En quoi il y a une différence assez remarquable : car, pour dire qu'une chose est infinie, on doit avoir quelque raison qui la fasse connaître telle, ce qu'on ne peut avoir que de Dieu seul ; mais pour dire qu'elle est indéfinie, il suffit de n'avoir point de raison par laquelle on puisse prouver qu'elle ait des bornes. Ainsi il me semble qu'on ne peut prouver, ni même concevoir, qu'il y ait des bornes en la matière dont le monde est composé. Car, en examinant la nature de cette matière, je trouve qu'elle ne consiste en autre chose qu'en ce qu'elle a de l'étendue en longueur, largeur et profondeur, de façon que tout ce qui a ces trois dimensions est une partie de cette matière ; et il ne peut y avoir aucun espace entièrement vide, c'est-à-dire qui ne contienne aucune matière, à cause que nous ne saurions concevoir un tel espace, que nous ne concevions en lui ces trois dimensions, et, par conséquent, de la matière. Or, en supposant le monde fini, on imagine au delà de ses bornes quelques espaces qui ont leurs trois dimensions, et ainsi qui ne sont pas purement imaginaires, comme les philosophes les nomment, mais qui contiennent en soi de la matière, laquelle, ne pouvant être ailleurs que dans le monde, fait voir que le monde s'étend au delà des bornes qu'on avait voulu lui attribuer. N'ayant donc aucune raison pour prouver, et même ne pouvant concevoir que le monde ait des bornes, je le nomme *indéfini*. Mais je ne puis nier pour cela qu'il n'en ait peut-être quelques-unes qui sont connues de Dieu, bien qu'elles me soient incompréhensibles : c'est pourquoi je ne dis pas absolument qu'il est *infini*. [...]

[*Des causes de l'amour (La jeune fille louche)*.]

Je passe maintenant à votre question, touchant les causes qui nous incitent souvent à aimer une personne plutôt qu'une autre, avant que nous en connaissions le mérite ; et j'en remarque deux, qui sont, l'une dans l'esprit, et l'autre dans le corps. Mais pour celle qui n'est que dans l'esprit, elle présuppose tant de choses touchant la nature de nos âmes, que je n'oserais entreprendre de les déduire dans une lettre. Je parlerai seulement de celle du corps. Elle consiste dans la disposition des parties de notre cerveau, soit que cette disposition ait été mise en lui par les objets des sens, soit par quelque autre cause. Car les objets qui touchent nos sens meuvent par l'entremise des nerfs quelques parties de notre cerveau, et y font comme certains plis, qui se défont lorsque l'objet cesse d'agir ; mais la partie où ils ont été faits demeure par après disposée à être pliée derechef en la même façon par un autre objet qui ressemble en quelque chose au précédent, encore qu'il ne lui ressemble pas en tout. Par exemple lorsque j'étais enfant, j'aimais une fille de mon âge, qui était un peu louche ; au moyen de quoi, l'impression qui se faisait par la vue en mon cerveau, quand je regardais ses yeux égarés, se joignait tellement à celle qui s'y faisait aussi pour émouvoir en moi la passion de l'amour, que longtemps après, en voyant des personnes louches, je me sentais plus enclin à les aimer qu'à en aimer d'autres, pour cela seul qu'elles avaient ce défaut ; et je ne savais pas néanmoins que ce fût pour cela. Au contraire, depuis que j'y ai fait réflexion, et que j'ai reconnu que c'était un défaut, je n'en ai plus été ému. Ainsi, lorsque nous sommes portés à aimer quelqu'un, sans que nous en sachions la cause, nous pouvons croire que cela vient de ce qu'il y a quelque chose en lui de semblable à ce qui a été dans un autre objet que nous avons aimé auparavant, encore que nous ne sachions pas ce que c'est. Et bien que ce soit plus ordinairement une perfection qu'un défaut, qui nous attire ainsi à l'amour ; toutefois, à cause que ce peut être quelquefois un défaut, comme en l'exemple que j'ai apporté, un homme sage ne se doit pas laisser entièrement aller à cette passion, avant que d'avoir considéré le mérite de la personne pour laquelle nous nous sentons émus. Mais, à cause que nous ne pouvons pas aimer également tous ceux en qui nous remarquons des mérites égaux, je crois que nous sommes seulement obligés de les estimer également ; et que, le principal bien de la vie étant d'avoir de l'amitié pour quelques-uns, nous avons raison de préférer ceux à qui nos inclinations secrètes nous joignent, pourvu que nous remarquions aussi en eux du mérite. Outre que, lorsque ces inclinations secrètes ont leur cause en l'esprit, et non dans le corps, je crois qu'elles doivent toujours être suivies ; et la marque principale qui les fait connaître, est que celles qui viennent de l'esprit sont réciproques, ce qui n'arrive pas souvent aux autres. Mais les preuves que j'ai de votre affection m'assurent si fort que l'inclination que j'ai pour vous est réciproque, qu'il faudrait que je fusse entièrement ingrat, et que je manquasse à toutes les règles que je crois devoir être observées en l'amitié, si je n'étais pas avec beaucoup de zèle, etc.

A ÉLISABETH. *Paris, juillet 1647.*

[*Puissance de l'esprit sur le corps : guérison par la confiance en sa santé.*]

Madame, mon voyage (1) ne pouvait être accompagné d'aucun malheur, puisque j'ai été si heureux, en le faisant, que d'être en la souvenance de Votre Altesse ; la très favorable lettre, qui m'en donne des marques, est la chose la plus précieuse que je pusse recevoir en ce pays. Elle m'aurait entièrement rendu heureux, si elle ne m'avait appris que la maladie qu'avait Votre Altesse, auparavant que je partisse de La Haye, lui a encore laissé quelques restes d'indisposition en l'estomac. Les remèdes qu'elle a choisis, à savoir la diète et l'exercice, sont, à mon avis, les meilleurs de tous, après toutefois ceux de l'âme, qui a sans doute beaucoup de force sur le corps, ainsi que montrent les grands changements que la colère, la crainte et les autres passions excitent en lui. Mais ce n'est pas directement par sa volonté qu'elle conduit les esprits dans les lieux où ils peuvent être utiles ou nuisibles ; c'est seulement en voulant ou pensant à quelqu'autre chose. Car la construction de notre corps est telle, que certains mouvements suivent en lui naturellement de certaines pensées ; comme on voit que la rougeur du visage suit de la honte, les larmes de la compassion, et le ris de la joie. Et je ne sache point de pensée plus propre pour la conservation de la santé, que celle qui consiste en une forte persuasion et ferme créance que l'architecture de nos corps est si bonne que, lorsqu'on est une fois sain, on ne peut pas aisément tomber malade, si ce n'est qu'on fasse quelque excès notable, ou bien que l'air ou les autres causes extérieures nous nuisent ; et qu'ayant une maladie, on peut aisément se remettre par la seule force de la nature, principalement lorsqu'on est encore jeune. Cette persuasion est sans doute beaucoup plus vraie et plus raisonnable, que celle de certaines gens, qui, sur le rapport d'un astrologue ou d'un médecin, se font accroire qu'ils doivent mourir en certain

(1) Descartes venait d'arriver à Paris.

temps, et par cela seul deviennent malades, et même en meurent assez souvent, ainsi que j'ai vu arriver à diverses personnes (1). Mais je ne pourrais manquer d'être extrêmement triste, si je pensais que l'indisposition de Votre Altesse durât encore ; j'aime mieux espérer qu'elle est toute passée ; et toutefois le désir d'en être certain me fait avoir des passions extrêmes de retourner en Hollande.

A CHRISTINE DE SUÈDE. *Egmond, 20 novembre 1647.*

[*Que le libre arbitre nous égale à Dieu.*]

Il me semble que le Souverain bien de tous les hommes ensemble est un amas ou un assemblage de tous les biens, tant de l'âme que du corps et de la fortune, qui peuvent être en quelques hommes ; mais que celui d'un chacun en particulier est tout autre chose, et qu'il ne consiste qu'en une ferme volonté de bien faire, et au contentement qu'elle produit [...] Et par ce moyen, je pense accorder les deux plus contraires et plus célèbres opinions des anciens, à savoir celle de Zénon, qui l'a mis en la vertu et l'honneur, et celle d'Épicure, qui l'a mis au contentement, auquel il a donné le nom de volupté. [...]

Il me reste encore ici à prouver que c'est de ce bon usage du libre arbitre, que vient le plus grand et le plus solide contentement de la vie ; ce qui me semble n'être pas difficile, pour ce que, considérant avec soin en quoi consiste la volupté ou le plaisir, et généralement toutes les sortes de contentements qu'on peut avoir, je remarque, en premier lieu, qu'il n'y en a aucun qui ne soit entièrement en l'âme, bien que plusieurs dépendent du corps ; de même que c'est aussi l'âme qui voit, bien que ce soit par l'entremise des yeux. Puis je remarque qu'il n'y a rien qui puisse donner du contentement à l'âme, sinon l'opinion qu'elle a de posséder quelque bien, et que souvent cette opinion n'est en elle qu'une représentation fort confuse, et même que son union avec le corps est cause qu'elle se représente ordinairement certains biens incomparablement plus grands qu'ils ne sont ; mais que, si elle connaissait distinctement leur juste valeur, son contentement serait toujours proportionné à la grandeur du bien dont il procéderait. Je remarque aussi

(1) Cf. p. 61.

que la grandeur d'un bien, à notre égard, ne doit pas seulement être mesurée par la valeur de la chose en quoi il consiste, mais principalement aussi par la façon dont il se rapporte à nous ; et qu'outre que le libre arbitre est de soi la chose la plus noble qui puisse être en nous, d'autant qu'il nous rend en quelque façon pareils à Dieu et semble nous exempter de lui être sujets, et que, par conséquent, son bon usage est le plus grand de tous nos biens, il est aussi celui qui est le plus proprement nôtre et qui nous importe le plus, d'où il suit que ce n'est que de lui que nos plus grands contentements peuvent procéder. Aussi voit-on, par exemple, que le repos d'esprit et la satisfaction intérieure que sentent en eux-mêmes ceux qui savent qu'ils ne manquent jamais à faire leur mieux, tant pour connaître le bien que pour l'acquérir, est un plaisir sans comparaison plus doux, plus durable et plus solide que tous ceux qui viennent d'ailleurs.

A Huygens. *Egmond, 27 décembre 1647.*

[*Demande de grâce. De la force des passions.*]

Monsieur, je sais que vous avez tant d'occupations qui valent mieux que de vous arrêter à lire des compliments d'un homme qui ne fréquente ici que des paysans, que je n'ose m'ingérer de vous écrire, que lorsque j'ai quelque occasion de vous importuner. Celle qui se présente maintenant est pour vous donner sujet d'exercer votre charité en la personne d'un pauvre paysan de mon voisinage, qui a eu le malheur d'en tuer un autre. Ses parents ont dessein d'avoir recours à la clémence de Son Altesse, afin de tâcher d'obtenir sa grâce, et ils ont désiré aussi que je vous en écrivisse, pour vous supplier de vouloir seconder leur requête d'un mot favorable, en cas que l'occasion s'en présente. Pour moi, qui ne recherche rien tant que la sécurité et le repos, je suis bien aise d'être en un pays où les crimes soient châtiés avec rigueur, pour ce que l'impunité des méchants leur donne trop de licence ; mais, pour ce que, tous les mouvements de nos passions n'étant pas toujours en notre pouvoir, il arrive quelquefois que les meilleurs hommes commettent de très grandes fautes, pour cela l'usage des grâces est plus utile que celui des lois ; à cause qu'il vaut mieux qu'un homme de bien soit sauvé que non pas que mille méchants soient punis ; aussi est-ce l'action la plus glorieuse et la plus auguste que puissent faire les princes que de pardonner. Le paysan pour qui je vous prie est ici en réputation de n'être nullement querelleux, et de n'avoir jamais fait de déplaisir à personne avant ce malheur. Tout ce qu'on peut dire le plus à son désavantage, est que sa mère était mariée avec celui qui est mort ; mais, si on ajoute qu'elle en était aussi fort outrageusement battue, et l'avait été pendant plusieurs années qu'elle avait tenu ménage avec lui, jusqu'à ce qu'enfin elle s'en était séparée, et ainsi ne le considérait plus comme son mari, mais comme son persécuteur et son ennemi, lequel même, pour se venger de cette séparation, la menaçait d'ôter la vie à quelqu'un de ses enfants (l'un desquels est celui-ci), on trouvera que cela même sert beaucoup à l'excuser. Et comme vous savez que j'ai coutume de philosopher sur tout ce qui se présente, je vous dirai que j'ai voulu rechercher la cause qui a pu porter ce pauvre homme à faire une action, de laquelle son humeur paraissait être fort éloignée ; et j'ai su qu'au temps que ce malheur lui est arrivé, il avait une extrême affliction, à cause de la maladie d'un sien enfant dont il attendait la mort à chaque moment, et que, pendant qu'il était auprès de lui, on le vint appeler pour secourir son beau-frère, qui était attaqué par leur commun ennemi. Ce qui fait que je ne trouve nullement étrange, de ce qu'il ne fut pas maître de soi-même en telle rencontre : car, lorsqu'on a quelque grande affliction, et qu'on est mis au désespoir par la tristesse, il est certain qu'on se laisse bien plus emporter à la colère, s'il en survient alors quelque sujet, qu'on ne serait en un autre temps. Et ce sont ordinairement les meilleurs hommes, qui, voyant d'un côté la mort d'un fils et de l'autre le péril d'un frère, en sont le plus violemment émus. C'est pourquoi les fautes ainsi commises, sans aucune malice préméditée, sont, ce me semble, les plus excusables. Aussi lui fut-il pardonné par tous les principaux parents du mort, au jour même qu'ils étaient assemblés pour le mettre en terre. Et de plus les juges d'ici l'ont absous, mais par une faveur trop précipitée, laquelle ayant obligé le Fiscal à se porter appelant de leur sentence, il n'ose pas se présenter derechef devant la justice, laquelle doit suivre la rigueur des lois, sans avoir égard aux personnes ; mais il supplie que l'innocence de sa vie passée lui puisse faire obtenir grâce de Son Altesse. Je sais bien qu'il est très utile de laisser quelquefois faire des exemples, pour donner de la crainte aux méchants ; mais il me semble que le sujet qui se présente n'y est pas propre ; car, outre que, le criminel étant absent, tout ce qu'on lui peut faire n'est que de l'empêcher de revenir dans le pays, et ainsi punir sa femme et ses enfants plus que lui, j'apprends qu'il y a quantité d'autres paysans en ces provinces, qui ont commis des meurtres moins excusables et dont la vie est moins innocente, qui ne laissent pas d'y demeurer, sans avoir aucun pardon de Son Altesse (et le mort était de ce nombre) ; ce qui me fait croire que, si on commençait par mon voisin à faire un exemple, ceux qui sont plus accoutumés que lui à tirer le couteau, diraient qu'il n'y a que les innocents et les idiots qui tombent entre les mains de la justice, et seraient confirmés par là en leur licence. Enfin, si vous contribuez quelque chose à faire que ce pauvre homme puisse revenir auprès de ses enfants, je puis dire que vous ferez une bonne action, et que ce sera une nouvelle obligation que vous aura, etc.

A MERSENNE. *4 avril 1648.*

[*Sur* La Géométrie *: se défendre contre les « monstres »*.]

Ma *Géométrie* est comme elle doit être pour empêcher que le Rob. (1) et ses semblables n'en puissent médire sans que cela tourne à leur confusion ; car ils ne sont pas capables de l'entendre, et je l'ai composée ainsi tout à dessein, en y omettant ce qui était le plus facile, et n'y mettant que les choses qui en valaient le plus la peine. Mais je vous avoue que, sans la considération de ces esprits malins, je l'aurais écrite tout autrement que je n'ai fait, et l'aurais rendue beaucoup plus claire ; ce que je ferai peut-être encore quelque jour, si je vois que ces monstres soient assez vaincus ou abaissés (2).

A SILHON (?). *Mars ou avril 1648.*

[*De la reconnaissance.*]

La philosophie que je cultive n'est pas si barbare ni si farouche qu'elle rejette l'usage des passions ; au contraire,

(1) ROBERVAL. Cf. Index des Correspondants.
(2) Cf. Lettre du 20 février 1639, ci-dessus, p. 53.

c'est en lui seul que je mets toute la douceur et la félicité de cette vie. Et bien qu'il y ait plusieurs de ces passions dont les excès soient vicieux, il y en a toutefois quelques autres que j'estime d'autant meilleures, qu'elles sont plus excessives ; et je mets la reconnaissance entre celles-ci, aussi bien qu'entre les vertus. C'est pourquoi je ne croirais pas pouvoir être ni vertueux ni heureux, si je n'avais un désir très passionné de vous témoigner par effet, dans toutes les occasions, que je n'en manque point. Et puisque vous ne m'en offrez point présentement d'autre que celle de satisfaire à vos deux demandes, je ferai mon possible pour m'en bien acquitter, quoique l'une de vos questions (1) soit d'une matière qui est fort éloignée de mes spéculations ordinaires. [...]

De la connaissance intuitive.]

Pour votre autre question, vous avez ce me semble, fort bien répondu vous-même sur la qualité de la connaissance de Dieu en la béatitude, la distinguant de celle que nous en avons maintenant, en ce qu'elle sera intuitive. Et si ce terme ne vous satisfait pas, et que vous croyiez que cette connaissance de Dieu intuitive soit pareille, ou seulement différente de la nôtre dans le plus et le moins des choses connues, et non en la façon de connaître, c'est en cela qu'à mon avis vous vous détournez du droit chemin. La connaissance intuitive est une illustration de l'esprit, par laquelle il voit en la lumière de Dieu les choses qu'il lui plaît lui découvrir par une impression directe de la clarté divine sur notre entendement, qui en cela n'est point considéré comme agent, mais seulement comme recevant les rayons de la divinité. Or toutes les connaissances que nous pouvons avoir de Dieu sans miracle en cette vie, descendent du raisonnement et du progrès de notre discours, qui les déduit des principes de la foi qui est obscure, ou viennent des idées et des notions naturelles qui sont en nous, qui, pour claires qu'elles soient, ne sont que grossières et confuses sur un si haut sujet. De sorte que ce que nous avons ou acquérons de connaissance par le chemin que tient notre raison, a, premièrement, les ténèbres des principes dont il est tiré, et de plus, l'incertitude que nous éprouvons en tous nos raisonnements.

(1) Sur la quantité de mouvement dans la matière.

Comparez maintenant ces deux connaissances, et voyez s'il y a quelque chose de pareil, en cette perception trouble et douteuse, qui nous coûte beaucoup de travail et dont encore ne jouissons-nous que par moments après que nous l'avons acquise, à une lumière pure, constante, claire, certaine, sans peine, et toujours présente.

Or, que notre esprit, lorsqu'il sera détaché du corps ou que ce corps glorifié ne lui fera plus d'empêchement, ne puisse recevoir de telles illustrations et connaissances directes, en pouvez-vous douter, puisque, dans ce corps même, les sens lui en donnent des choses corporelles et sensibles, et que notre âme en a déjà quelques-unes de la bénéficence de son Créateur, sans lesquelles il ne serait pas capable de raisonner ? J'avoue qu'elles sont un peu obscurcies par le mélange du corps ; mais encore nous donnent-elles une connaissance première, gratuite, certaine, et que nous touchons de l'esprit avec plus de confiance que nous n'en donnons au rapport de nos yeux. Ne m'avouerez-vous pas que vous êtes moins assuré de la présence des objets que vous voyez, que de la vérité de cette proposition : *Je pense, donc je suis* ? Or cette connaissance n'est point un ouvrage de votre raisonnement, ni une instruction que vos maîtres vous aient donnée ; votre esprit la voit, la sent et la manie ; et quoique votre imagination, qui se mêle importunément dans vos pensées, en diminue la clarté, la voulant revêtir de ses figures, elle vous est pourtant une preuve de la capacité de nos âmes à recevoir de Dieu une connaissance intuitive.

A ÉLISABETH. *Paris* (1), *juin ou juillet 1648.*

[*Entre deux pays : pour fuir les orages politiques.*]

On dit qu'ils (2) se proposent de trouver de l'argent suffisamment pour continuer la guerre et entretenir de grandes armées, sans pour cela fouler le peuple ; s'ils pren-

(1) Le 4 mai 1648, DESCARTES écrivait à CHANUT : « Je crois vous avoir dit autrefois que cet air [de Paris] me dispose à concevoir des chimères, au lieu de pensées de philosophe. J'y vois tant d'autres personnes qui se trompent en leurs opinions et en leurs calculs, qu'il me semble que c'est une maladie universelle. L'innocence du désert d'où je viens me plaisait beaucoup davantage, et je ne crois pas que je puisse m'empêcher d'y retourner dans peu de temps ». Cf. aussi, à Mersenne, 27 mai 1638.

(2) Le Parlement, joint avec les autres « Cours souveraines ».

nent ce biais, je me persuade que ce sera le moyen de venir enfin à une paix générale. Mais en attendant que cela soit, j'eusse bien fait de me tenir au pays où la paix est déjà ; et si ces orages ne se dissipent bientôt, je me propose de retourner vers Egmond dans six semaines ou deux mois, et de m'y arrêter jusqu'à ce que le ciel de France soit plus serein. Cependant me tenant comme je fais, un pied en un pays, et l'autre en un autre, je trouve ma condition très heureuse, en ce qu'elle est libre.

Pour ARNAULD (?). *4 juin 1648.* (Traduction.)

[*De la mémoire.*]

Encore que l'auteur des objections qui m'ont été adressées hier n'ait voulu se faire connaître ni de visage ni de nom, il n'est pas possible cependant qu'il ne soit connu par ce qu'il y a de meilleur en lui : son esprit. Celui-ci me semble si perspicace et savant, que je n'aurai pas honte d'être par lui vaincu et instruit. Il dit être animé par le désir non de disputer, mais de découvrir la seule vérité ; aussi ne répondrai-je (1) ici qu'en peu de mots, réservant le reste à la conversation : avec les disputeurs, il est plus sûr d'écrire, mais avec ceux qui cherchent le vrai, il est plus commode, ce me semble, de discuter de vive voix.

J'admets qu'il y ait deux formes de mémoire ; or je crois que dans l'âme du jeune enfant, il n'y a jamais eu d'intellections pures, mais seulement des sensations confuses ; sans doute, ces sensations confuses laissent-elles dans le cerveau des traces, qui y restent toute la vie ; ces traces ne suffisent pas néanmoins pour que nous remarquions que des sensa-

(1) Les questions posées par ARNAULD (?) (3 juin 1648) reviennent à ceci, qui se réfère aux réponses aux Cinquièmes Objections : l'âme, a dit Descartes, substance pensante, pense toujours ; mais l'enfant dans le ventre de sa mère, pense : comment se fait-il donc que nous ne nous souvenions pas de ces pensées-là ? Descartes a répondu que la mémoire exigeait des traces dans le cerveau, traces que le cerveau de l'enfant, comme celui du dormeur, est incapable de retenir. Or, écrit Arnauld, si l'on admet une double mémoire (l'une toute spirituelle, l'autre qui a besoin du corps), et aussi deux formes différentes de pensée (l'une pure, l'autre s'appliquant aux traces du cerveau — ou imagination), on comprend bien qu'il ne puisse y avoir mémoire des imaginations, s'il n'y a pas eu de traces dans le cerveau ; mais pourquoi n'y aurait-il pas mémoire pure des pensées pures ?

tions qui nous parviennent quand nous sommes adultes sont semblables à celles que nous avons reçues dans le ventre de notre mère, et qu'ainsi nous nous souvenions d'elles ; car cela dépend d'une certaine réflexion de l'entendement, ou réflexion de la mémoire intellectuelle, dont nous ne pouvions user dans le ventre de notre mère. Et il semble nécessaire que l'âme pense toujours en acte : car la pensée constitue son essence, comme l'étendue constitue l'essence du corps, et elle n'est pas conçue comme un attribut qui peut être présent ou manquer, comme on conçoit dans un corps la division des parties ou le mouvement.

Pour ARNAULD (?). *29 juillet 1648* (1). (Traduction.)

[*Le cerveau et la mémoire.*]

2. Il ne suffit pas, pour que nous nous souvenions de quelque chose, que la chose ait été présente auparavant à notre esprit, et ait laissé des traces dans notre cerveau, à l'occasion desquelles la même chose se présente de nouveau à notre pensée ; mais il est requis en outre que nous reconnaissions, lorsqu'elle se présente une seconde fois, que cela se fait parce qu'elle a déjà été perçue auparavant par nous ; c'est ainsi que plus d'une fois les poètes trouvent des vers qu'ils ne se souviennent pas avoir déjà lus chez d'autres, mais qu'ils ne trouveraient pas s'ils ne les avaient pas lus ailleurs.

Il est donc évident que la mémoire requiert non pas n'importe quelles traces laissées dans le cerveau par nos pensées précédentes, mais celles-là seulement qui sont telles que l'esprit sache qu'elles n'ont pas toujours été en nous, mais qu'un jour elles se produisirent pour la première fois. Mais pour que l'esprit puisse le savoir, il a dû, il me semble, au moment où elles s'imprimaient ainsi pour la première fois, user d'une intellection pure, et cela pour remarquer que la chose qui lui était alors présente était nouvelle, c'est-à-dire

---

(1) Questions d'ARNAULD (?) (Lettre de juillet 1648).

a) Quelle est exactement cette réflexion qui constituerait la mémoire intellectuelle ? Comment se distingue-t-elle de la réflexion en général, et pourquoi l'enfant en est-il incapable dans le ventre de sa mère ?

b) Si la pensée est l'essence de l'esprit, nos pensées changeant, cette essence devrait changer ? L'esprit tirant de lui-même le fait de former telle ou telle pensée, il devrait donc tirer de lui-même la pensée en général, c'est-à-dire son être même.

qu'elle ne s'était jamais présentée à lui auparavant ; car de cette nouveauté, il ne peut y avoir de trace corporelle. Ainsi donc si j'ai écrit quelque part que les pensées des enfants ne laissaient pas de traces dans leur cerveau, je l'ai entendu des traces qui suffisent pour le souvenir, c'est-à-dire de celles dont nous remarquons par une pure intellection, pendant qu'elles s'impriment en nous, qu'elles sont neuves : de la même façon que nous disons qu'il n'y a pas de traces d'hommes sur du sable, où nous ne reconnaissons aucune empreinte de pied humain, alors qu'il se peut que bien des inégalités y aient été produites par des pieds humains, et qu'on puisse les appeler en un autre sens : traces humaines. Enfin, nous distinguons la vision directe et la vision réfléchie : l'une dépend du premier choc des rayons, l'autre du second ; de même les pensées premières et élémentaires des enfants (la douleur que leur cause quelque vent qui distend leurs intestins ; le plaisir d'être nourri d'un sang agréable), je les appelle *directes*, non réfléchies ; mais lorsqu'un adulte sent quelque chose, et en même temps perçoit qu'il n'a pas encore senti cela auparavant, cette seconde perception, je l'appelle *réflexion*, et je la rapporte à l'entendement seul, encore qu'elle soit tellement conjointe à la sensation qu'elles se produisent en même temps et ne semblent pas se distinguer l'une de l'autre.

[*Contre l'ambiguïté du mot « pensée ».*]

3. Je me suis efforcé de supprimer l'ambiguïté du mot *pensée* aux articles 63 et 64 de la première partie des *Principes*. L'étendue, qui constitue la nature d'un corps, est très différente des figures variées ou modes de l'étendue que revêt ce corps ; de même la pensée, ou nature pensante, en laquelle je pense que consiste l'essence de l'esprit humain, est tout autre chose que tel ou tel acte de penser : l'esprit tire de lui-même le fait de choisir tel ou tel acte de penser, mais non le fait d'être chose pensante ; ainsi une flamme tire d'elle-même, en tant que cause efficiente, le fait de s'étendre vers tel ou tel côté, mais non d'être une chose étendue. Par pensée donc je n'entends pas quelque idée générale comprenant tous les modes de pensée, mais une nature particulière qui reçoit tous ces modes, de même que l'étendue est une nature qui reçoit toutes figures.

A Élisabeth. *Egmond, Octobre 1648.*

[*Sur la vie en France.*]

Pour moi, grâces à Dieu, j'ai achevé celui [le voyage] qu'on m'avait obligé de faire en France, et je ne suis pas marri d'y être allé, mais je suis encore plus aise d'en être revenu. Je n'y ai vu personne dont il m'ait semblé que la condition fût digne d'envie, et ceux qui y paraissent avec le plus d'éclat m'ont semblé être les plus dignes de pitié. Je n'y pouvais aller en un temps plus avantageux pour me faire bien reconnaître la félicité de la vie tranquille et retirée, et la richesse des plus médiocres fortunes.

A Élisabeth. *Egmond, 22 février 1649.*

[*La force et le droit. Indifférence à la patrie.*]

J'ai toujours été en peine, depuis la conclusion de cette paix, de n'apprendre point que Monsieur l'Électeur votre frère (1) l'eût acceptée, et j'aurais pris la liberté d'en écrire plus tôt mon sentiment à Votre Altesse, si j'avais pu m'imaginer qu'il mît cela en délibération. Mais, pour ce que je ne sais point les raisons particulières qui le peuvent mouvoir, ce serait témérité à moi d'en faire aucun jugement. Je puis seulement dire, en général, que, lorsqu'il est question de la restitution d'un État occupé ou disputé par d'autres qui ont les forces en main, il me semble que ceux qui n'ont que l'équité et le droit des gens qui plaide pour eux, ne doivent jamais faire leur compte d'obtenir toutes leurs prétentions, et qu'ils ont bien plus de sujet de savoir gré à ceux qui leur en font rendre quelque partie, tant petite qu'elle soit, que de vouloir du mal à ceux qui leur retiennent le reste. Et encore qu'on ne puisse trouver mauvais qu'ils disputent leur droit le plus qu'ils peuvent, pendant que ceux qui ont la force en délibèrent, je crois que, lorsque les conclusions sont arrêtées, la prudence les oblige à témoigner qu'ils en sont contents, encore qu'ils ne le fussent pas ; et à

---

(1) La paix de Westphalie restituait au frère d'Elisabeth une partie seulement de ses Etats. — Dans la première partie de la lettre, Descartes avait parlé de la « funeste conclusion des Tragédies d'Angleterre », Charles Iᵉʳ, oncle d'Elisabeth, venait d'être exécuté le 9 février.

remercier non seulement ceux qui leur font rendre quelque chose, mais aussi ceux qui ne leur ôtent pas tout, afin d'acquérir, par ce moyen, l'amitié des uns et des autres, ou du moins d'éviter leur haine : car cela peut beaucoup servir, par après, pour se maintenir. Outre qu'il reste encore un long chemin pour venir des promesses jusqu'à l'effet ; et que, si ceux qui ont la force s'accordent seuls, il leur est aisé de trouver des raisons pour partager entre eux ce que peut-être ils n'avaient voulu rendre à un tiers que par jalousie les uns des autres, et pour empêcher que celui qui s'enrichirait de ses dépouilles ne fût trop puissant. La moindre partie du Palatinat vaut mieux que tout l'Empire des Tartares ou des Moscovites, et après deux ou trois années de paix, le séjour en sera aussi agréable que celui d'aucun autre endroit de la terre. Pour moi, qui ne suis attaché à la demeure d'aucun lieu, je ne ferais aucune difficulté de changer ces provinces, ou même la France, pour ce pays-là, si j'y pouvais trouver un repos aussi assuré, encore qu'aucune autre raison que la beauté du pays ne m'y fît aller ; mais il n'y a point de séjour au monde, si rude ni si incommode, auquel je ne m'estimasse heureux de passer le reste de mes jours, si Votre Altesse y était, et que je fusse capable de lui rendre quelque service ; parce que je suis entièrement, et sans aucune réserve, etc.

A Chanut. *Egmond, 26 février 1649.*

[*Sur* Les Principes de la philosophie.]

Encore que j'aie reçu, comme une faveur nullement méritée, la lettre que cette incomparable Princesse a daigné m'écrire, et que j'admire qu'elle en ait pris la peine, je n'admire pas en même façon qu'elle veuille prendre celle de lire le livre de mes *Principes*, à cause que je me persuade qu'il contient plusieurs vérités qu'on trouverait difficilement ailleurs. On peut dire que ce ne sont que des vérités de peu d'importance, touchant des matières de physique, qui semblent n'avoir rien de commun avec ce que doit savoir une reine. Mais, d'autant que l'esprit de celle-ci est capable de tout, et que ces vérités de physique font partie des fondements de la plus haute et plus parfaite morale, j'ose espérer qu'elle aura de la satisfaction de les connaître. [...]

[Hésite à se mettre en voyage.]

Bien que rien ne m'attache en ce lieu, sinon que je n'en connais point d'autre où je puisse être mieux, je me vois néanmoins en grand hasard d'y passer le reste de mes jours ; car j'ai peur que nos orages de France ne soient pas si tôt apaisés, et je deviens de jour à autre plus paresseux, en sorte qu'il serait difficile que je pusse derechef me résoudre à souffrir l'incommodité d'un voyage. Mais je suppose que vous reviendrez quelque jour du lieu où vous êtes ; alors j'espère que j'aurai l'honneur de vous voir ici en passant. Et je serai toute ma vie, etc.

A Chanut. *Egmond, 31 mars 1649.*

[La « simple » vérité mésestimée.]

Monsieur, je vous donnerai, s'il vous plaît, la peine de lire cette fois deux de mes lettres ; car, jugeant que vous en voudrez peut-être faire voir une à la Reine de Suède, j'ai réservé pour celle-ci ce que je pensais n'être pas besoin qu'elle vît, à savoir, que j'ai beaucoup plus de difficulté à me résoudre à ce voyage, que je ne me serais moi-même imaginé. Ce n'est pas que je n'aie un très grand désir de rendre service à cette Princesse. J'ai tant de créance à vos paroles, et vous me l'avez représentée avec des mœurs et un esprit que j'admire et estime si fort, qu'encore qu'elle ne serait point en la haute fortune où elle est, et n'aurait qu'une naissance commune, si seulement j'osais espérer que mon voyage lui fût utile, j'en voudrais entreprendre un plus long et plus difficile que celui de Suède, pour avoir l'honneur de lui offrir tout ce que je puis contribuer pour satisfaire à son désir. Mais l'expérience m'a enseigné que, même entre les personnes de très bon esprit, et qui ont un grand désir de savoir, il n'y en a que fort peu qui se puissent donner le loisir d'entrer en mes pensées, en sorte que je n'ai pas sujet de l'espérer d'une Reine, qui a une infinité d'autres occupations. L'expérience m'a aussi enseigné que, bien que mes opinions surprennent d'abord, à cause qu'elles sont fort différentes des vulgaires, toutefois, après qu'on les a comprises, on les trouve si simples, et si conformes au sens commun, qu'on cesse entièrement de les admirer et par même moyen d'en faire cas, à cause que le naturel des hommes est tel, qu'ils n'estiment que les choses qui leur laissent de l'admiration et qu'ils ne possèdent pas tout à fait. Ainsi, encore que la santé soit le plus grand de tous ceux de nos biens qui concernent le corps, c'est toutefois celui auquel nous faisons le moins de réflexion et que nous goûtons le moins. La connaissance de la vérité est comme la santé de l'âme : lorsqu'on la possède, on n'y pense plus. Et bien que je ne désire rien tant que de communiquer ouvertement et gratuitement à un chacun tout le peu que je pense savoir, je ne rencontre presque personne qui le daigne apprendre. Mais je vois que ceux qui se vantent d'avoir des secrets, par exemple en la chimie ou en l'astrologie judiciaire, ne manquent jamais, tant ignorants et impertinents qu'ils puissent être, de trouver des curieux, qui achètent bien cher leurs impostures.

[*Hésitations et remarques désabusées.*]

Au reste, il semble que la fortune est jalouse de ce que je n'ai jamais rien voulu attendre d'elle, et que j'ai tâché de conduire ma vie en telle sorte qu'elle n'eût sur moi aucun pouvoir ; car elle ne manque jamais de me désobliger, sitôt qu'elle en peut avoir quelque occasion. Je l'ai éprouvé en tous les trois voyages que j'ai faits en France, depuis que je suis retiré en ce pays, mais particulièrement au dernier, qui m'avait été commandé comme de la part du Roi. Et pour me convier à le faire, on m'avait envoyé des lettres en parchemin, et fort bien scellées, qui contenaient des éloges plus grands que je n'en méritais, et le don d'une pension assez honnête. Et de plus, par des lettres particulières de ceux qui m'envoyaient celles du Roi, on me promettait beaucoup plus que cela, sitôt que je serais arrivé. Mais, lorsque j'ai été là, les troubles inopinément survenus, ont fait qu'au lieu de voir quelques effets de ce qu'on m'avait promis, j'ai trouvé qu'on avait fait payer par l'un de mes proches les expéditions des lettres qu'on m'avait envoyées, et que je lui en devais rendre l'argent ; en sorte qu'il semble que je n'étais allé à Paris que pour acheter un parchemin, le plus cher et le plus inutile qui ait jamais été entre mes mains. Je me soucie néanmoins fort peu de cela ; je ne l'aurais attribué qu'à la fâcheuse rencontre des affaires publiques, et n'eusse pas laissé d'être satisfait, si j'eusse vu que mon voyage eût pu servir de quelque chose à ceux qui m'avaient appelé. Mais ce qui m'a le plus dégoûté, c'est qu'aucun d'eux n'a témoigné vouloir connaître autre chose de moi que mon visage ; en sorte que j'ai sujet de croire, qu'ils me voulaient seulement avoir en France comme un éléphant ou une panthère, à cause de la rareté, et non point pour y être utile à quelque chose.

Je n'imagine rien de pareil du lieu où vous êtes ; mais les mauvais succès de tous les voyages que j'ai faits depuis vingt ans, me font craindre qu'il ne me reste plus pour celui-ci, que de trouver en chemin des voleurs qui me dépouillent, ou un naufrage qui m'ôte la vie. Toutefois cela ne me retiendra pas, si vous jugez que cette incomparable Reine continue dans le désir d'examiner mes opinions, et qu'elle en puisse prendre le loisir ; je serai ravi d'être si heureux que de lui pouvoir rendre service. Mais, si cela n'est pas, et qu'elle ait seulement eu quelque curiosité qui lui soit maintenant passée, je vous supplie et vous conjure de faire en sorte que, sans lui déplaire, je puisse être dispensé de ce voyage ; et je serai toute ma vie, etc. (1).

A CLERSELIER. *Egmond, 23 avril 1649.*

[*Voyage décidé.*]

Je ne m'étendrai point ici à vous remercier de tous les soins et des précautions dont il vous a plu user, afin que les lettres que j'ai eu l'honneur de recevoir du pays du Nord [de Suède] ne manquassent pas de tomber entre mes mains ; car je vous suis d'ailleurs si acquis, et j'ai tant d'autres preuves de votre amitié, que cela ne m'est pas nouveau Je vous dirai seulement qu'il ne s'en est égaré aucune, et que je me résous au voyage auquel j'ai été convié par les dernières,

---

(1) A BRASSET, secrétaire de l'Ambassade de France à La Haye, Descartes écrit le 23 avril : « J'avoue qu'un homme qui est né dans les jardins de la Touraine, et qui est maintenant en une terre, où, s'il n'y a pas tant de miel qu'en celle que Dieu avait promise aux Israélites, il est croyable qu'il y a plus de lait, ne peut pas si facilement se résoudre à la quitter pour aller vivre au pays des ours, entre des rochers et des glaces. »

Et à FREINSHEMIUS, professeur à l'Université d'Upsal et bibliothécaire de la reine Christine, en juin : « J'avais préparé mon petit équipage, et tâché de vaincre toutes les difficultés qui se présentent à un homme de ma sorte et de mon âge, lorsqu'il doit quitter sa demeure ordinaire pour s'engager en un si long chemin. »

bien que j'y aie eu d'abord plus de répugnance que vous ne pourriez peut-être imaginer. Celui que j'ai fait à Paris l'été passé m'avait rebuté ; et je vous puis assurer que l'estime extraordinaire que je fais de Monsieur Chanut et l'assurance que j'ai de son amitié, ne sont pas les moins principales raisons qui m'ont fait résoudre.

A CARCAVI. *11 juin 1649.*

[*Après la mort du P. Mersenne. L'expérience de Pascal.*]

Monsieur, je vous suis très obligé de l'offre qu'il vous a plu me faire de l'honneur de votre correspondance, touchant ce qui concerne les bonnes lettres ; et je la reçois comme une faveur que je tâcherai de mériter par tous les services que je serai capable de vous rendre. J'avais cet avantage, pendant la vie du bon Père Mersenne, que, bien que je ne m'enquisse jamais d'aucune chose, je ne laissais pas d'être averti soigneusement de tout ce qui se passait entre les doctes ; en sorte que, s'il me faisait quelquefois des questions, il m'en payait fort libéralement les réponses, en me donnant avis de toutes les expériences que lui ou d'autres avaient faites, de toutes les rares inventions qu'on avait trouvées ou cherchées, de tous les livres nouveaux qui étaient en quelque estime, et enfin de toutes les controverses qui étaient entre les savants.

Je craindrais de me rendre importun, si je vous demandais toutes ces choses ensemble ; mais je me promets que vous n'aurez pas désagréable que je vous prie de m'apprendre le succès d'une expérience qu'on m'a dit que Monsieur Pascal avait faite ou fait faire sur les montagnes d'Auvergne, pour savoir si le vif-argent monte plus haut dans le tuyau étant au pied de la montagne, et de combien il monte plus haut qu'au-dessus. J'avais droit d'attendre cela de lui plutôt que de vous, parce que c'est moi qui l'ai avisé, il y a deux ans, de faire cette expérience, et qui l'ai assuré que, bien que je ne l'eusse pas faite, je ne doutais point du succès (1). Mais, parce qu'il est ami de Monsieur (Robervai),

(1) Le 13 décembre 1647, DESCARTES avait écrit à MERSENNE : « Je m'étonne que vous ayez gardé quatre ans cette expérience, ainsi que le dit M. Pascal, sans que vous m'en ayez jamais rien mandé, ni que vous ayez commencé à le faire avant cet été ; car sitôt que vous m'en parlâtes,

qui fait profession de n'être pas le mien, et que j'ai déjà vu qu'il a tâché d'attaquer ma matière subtile dans un certain imprimé de deux ou trois pages, j'ai sujet de croire qu'il suit les passions de son ami.

A ÉLISABETH. *Stockholm, 9 octobre 1649.*

[*Descartes et la reine de Suède. La recherche de la vérité.*]

Elle [Christine de Suède] est extrêmement portée à l'étude des lettres ; mais parce que je ne sache point qu'elle ait encore rien vu de la philosophie, je ne puis juger du goût qu'elle y prendra, ni si elle y pourra employer du temps, ni par conséquent si je serai capable de lui donner quelque satisfaction, et de lui être utile en quelque chose. Cette grande ardeur qu'elle a pour la connaissance des lettres, l'incite surtout maintenant à cultiver la langue grecque, et à ramasser beaucoup de livres anciens ; mais peut-être que cela changera. Et quand il ne changerait pas, la vertu que je remarque en cette Princesse, m'obligera toujours de préférer l'utilité de son service au désir de lui plaire ; en sorte que cela ne m'empêchera pas de lui dire franchement mes sentiments ; et s'ils manquent de lui être agréables, ce que je ne pense pas, j'en tirerai au moins cet avantage que j'aurai satisfait à mon devoir, et que cela me donnera occasion de pouvoir d'autant plus tôt retourner en ma solitude, hors de laquelle il est difficile que je puisse rien avancer en la recherche de la vérité ; et c'est en cela que consiste mon principal bien en cette vie. Monsieur Freinshemius (1) a fait trouver bon à Sa Majesté que je n'aille jamais au château qu'aux heures qu'il lui plaira de me donner pour avoir l'honneur de lui parler ; ainsi je n'aurai pas beaucoup de

je jugeai qu'elle était de conséquence, et qu'elle pourrait grandement servir à vérifier ce que j'ai écrit de physique. »

Le 17 août 1649, à CARCAVI : « Je vous suis obligé de la peine que vous avez prise de m'écrire le succès de l'expérience de M. Pascal touchant le vif-argent, qui monte moins haut dans un tuyau qui est sur une montagne que dans celui qui est dans un lieu plus bas. J'avais quelque intérêt de le savoir, alors que c'est moi qui l'avais prié, il y a deux ans, de vouloir la faire, et je l'avais assuré du succès comme étant entièrement conforme à mes principes, sans quoi il n'eût eu garde d'y penser, à cause qu'il était d'opinion contraire. »

(1) Cf. p. 198, note.

peine à faire ma cour, et cela s'accommode fort à mon humeur. Après tout néanmoins, encore que j'aie une très grande vénération pour Sa Majesté, je ne crois pas que rien soit capable de me retenir en ce pays plus longtemps que jusques à l'été prochain ; mais je ne puis absolument répondre de l'avenir.

A Brégy (1). *Stockholm, 15 janvier 1650.*

[*Aspiration au retour.*]

Monsieur, je tiens à beaucoup de faveur qu'il vous ait plu prendre la peine de m'écrire de Hambourg, et je voudrais avoir quelques nouvelles qui méritassent de vous être mandées ; mais, depuis les lettres que j'ai eu l'honneur de vous écrire le 8 décembre, je n'ai vu la Reine que quatre ou cinq fois, et ç'a toujours été le matin en sa bibliothèque, en la compagnie de Monsieur Freinshemius, où il ne s'est présenté aucune occasion de parler de rien qui vous touche. Et il y a quinze jours qu'elle est allée à Upsal, où je ne l'ai point suivie, ni ne l'ai pas encore vue depuis son retour, qui n'est que de jeudi au soir. Je sais aussi que Monsieur notre Ambassadeur ne l'a vue qu'une seule fois avant ce voyage d'Upsal, excepté en sa première audience, à laquelle j'étais présent. Pour d'autres visites, je n'en fais aucunes, et je n'entends parler de rien, de façon qu'il me semble que les pensées des hommes se gèlent ici pendant l'hiver aussi bien que les eaux ; mais le zèle que j'ai pour votre service, ne saurait jamais se refroidir pour cela. Je vous suis extrêmement obligé de la bonne opinion qu'il vous a plu donner

---

(1) M. de Flessel, vicomte de Brégy, conseiller du Roi et ambassadeur de France en Pologne.

Descartes lui écrivait le 18 décembre 1649 : « Le mauvais temps qu'il a fait ici quelques jours après votre départ, m'avait donné beaucoup de crainte pour vous ; et lorsque j'ai appris que vous étiez arrivé vivant à Dantzig, j'ai beaucoup participé à la joie qu'il me semble que vous devez avoir se..ie, après vous être vu échappé de la tempête [...].

« Je ne vous puis encore rien dire de la façon qu'on a goûté ici la nouvelle de votre retour, pour ce que je parle à fort peu de personnes, et que vous ne pouvez douter que ceux du pays n'en aient beaucoup de jalousie. Aujourd'hui, qui est le jour de la naissance de la Reine, on a chanté le *Te Deum* et on a célébré la réjouissance de la Paix ; mais vous apprendrez mieux cela des gazettes que de moi. »

de moi à Monsieur Salvius ; je crains seulement que, si je suis encore ici, lorsqu'il y viendra, il ne me trouve si différent de l'homme que vous lui aurez représenté, que cela lui fasse d'autant mieux voir mes défauts. Mais je vous jure que le désir que j'ai de retourner en mon désert, s'augmente tous les jours de plus en plus, et que je ne sais pas même si je pourrai attendre ici le temps de votre retour. Ce n'est pas que je n'aie toujours un zèle très parfait pour le service de la Reine, et qu'elle ne me témoigne autant de bienveillance que j'en puis raisonnablement souhaiter. Mais je ne suis pas ici en mon élément, et je ne désire que la tranquillité et le repos, qui sont des biens que les plus puissants rois de la terre ne peuvent donner à ceux qui ne les savent pas prendre d'eux-mêmes. Je prie Dieu qu'il vous fasse avoir ceux que vous désirez, et je vous supplie de croire certainement que je suis, Monsieur, Votre très humble et très obéissant serviteur.

Sur la mort de Descartes (11 février 1650)

[De Chanut a M. de Brienne. Stockholm, 12 février 1650.]

« *Nous sommes affligés en cette maison par le décès de M. Descartes [...] C'était un homme rare dans le siècle ; la Reine de Suède avait désiré de le voir avec passion ; il était venu cet automne, et Sa Majesté le voyait deux ou trois fois la semaine dans son cabinet d'étude à 5 heures du matin. Il tomba malade, quinze jours après moi, d'un mal tout pareil et qui le saisit avec les mêmes symptômes ; mais soit qu'il fût plus violent, ou que la difficulté qu'apporta le dit sieur Descartes à se laisser tirer du sang les premiers jours, ait augmenté l'inflammation, il n'a point passé le neuvième. C'était un homme d'un savoir exquis ; mais l'intime amitié qui était entre lui et moi, me rend encore plus sensible.* »

[Du même, à M. Périer, 28 mars 1650.]

« ... *nous perdîmes M. Descartes... Je soupire en vous l'écrivant ; car sa doctrine et son esprit étaient encore au-dessous de sa grandeur* [sic pro candeur], *de sa bonté et de l'innocence de sa vie.* »

INDEX BIOGRAPHIQUE
DES CORRESPONDANTS

Arnauld, Antoine (1612-1694). Le janséniste, le « grand Arnauld ». Prêtre et Docteur en 1641. Le *Traité de la Fréquente communion*, publié en 1643 lui vaudra vingt-cinq ans de persécution. Mersenne lui communique en 1640 les *Méditations* manuscrites. Auteur des *4es Objections*. Meurt à Bruxelles, en exil.

Baigné, Jean-François (1565-1641). Prélat italien ; nonce du Pape en Flandres puis à Paris. Laisse soutenir l'opinion du mouvement de la terre. En 1627 demande à Descartes d'exposer chez lui sa philosophie. Descartes lui envoyait ses œuvres.

Balzac, J.-L. Guez de (1597-1654). « Le Grand Épistolier ». Lié avec Descartes sans doute dès 1623 ; ils échangeaient leurs œuvres et avaient pour ami commun Huygens. Descartes a défendu Balzac contre de nombreuses attaques.

Beaugrand, Jean de (mort en 1640). Mathématicien réputé. Auteur, entre autres ouvrages, d'une *Géostatique*, dédiée à Richelieu. Longs débats sur une indiscrétion au sujet de la *Dioptrique*. Beaugrand appelé par Descartes le géostaticien, le traite lui-même de « méthodique impertinent ».

Beeckman, Isaac (1588-1637). Philosophe et savant de Hollande. Grades de médecine à l'Université de Caen. Enseigne dans divers collèges de son pays ; finit recteur à Dordrecht. Descartes le rencontre à Bréda (1618-19) et lui dédie son *Abrégé de Musique*. Lié avec Mersenne et Gassendi.

Boswell, William (mort en 1649). Anglais. Secrétaire de l'ambassadeur en Hollande, à qui il succède comme résident du roi d'Angleterre à La Haye. Dépositaire des papiers de François Bacon. Ami de Huygens qui le met en relation avec Descartes.

Bourdin, Pierre (1595-1653). Jésuite. Professe les humanités et surtout les mathématiques au Collège de La Flèche, puis à Paris au collège de Clermont. Auteur de plusieurs écrits de physique. Descartes lui reproche de déformer sa pensée, celle de la *Dioptrique* puis celle des *Méditations*, risquant de provoquer contre lui « l'aversion » de toute la Compagnie. La querelle fut vive (Descartes écrit à Huygens le 31 janvier 1642 : « ... peut-être ces guerres scolastiques seront cause que mon *Monde* se fera bientôt voir au monde... ») et dura jusqu'à 1643, où il y eut « accommodement ». P. Bourdin est l'auteur des 7ᵉˢ *Objections*.

CARCAVY, Pierre DE (mort en 1684). Fils d'un banquier de Cahors. Conseiller au Parlement de Toulouse, puis à Paris au Grand Conseil (1636). Devient l'intermédiaire entre Mersenne, Fermat, Roberval, etc. Finit bibliothécaire du roi.

CHANUT, Hector-Pierre (1601-1662). De famille auvergnate. Conseiller aux Finances. Résident puis ambassadeur de France à Stockholm (1649). Dès 1630 fait partie du cercle du P. Mersenne, avec son ami Étienne Pascal ; était compté aussi comme philosophe. Semble n'avoir connu personnellement Descartes qu'en 1644, mais celui-ci lui écrit : « Dès la première heure [...] j'ai été entièrement à vous [...] Je ne pourrais vous être plus acquis si j'avais passé avec vous toute ma vie [...] » (1ᵉʳ novembre 1646).

Chanut transmit à Descartes les invitations pressantes de la reine Christine et le décida à venir en Suède. Pendant les quatre mois de son séjour, Descartes habita à l'ambassade. C'est Chanut et sa femme qui l'assistèrent pendant les neuf jours de sa maladie. Chanut recueillit ses papiers. On a pu dire qu'il avait été le plus grand ami de Descartes.

CHARLET, Étienne (1570-1652). Jésuite. Professeur de théologie au Collège de La Flèche en 1606, puis recteur. Assistant général des Jésuites à Rome de 1627 à 1646. « Je suis obligé au P. Charlet de l'institution de toute ma jeunesse, dont il a eu la direction huit années durant. » (1606-14) a dit Descartes, qui le nomme « son second père ». En appelle à lui contre le P. Bourdin.

CHRISTINE DE SUÈDE (1626-1689). Fille de Gustave Adolphe. Lui succéda à 6 ans. Elle prit la direction des affaires du royaume en 1644 et hâta la négociation du Traité de Westphalie. — Chanut écrit à Descartes (1ᵉʳ décembre 1646) : « ... Sans mentir vous seriez étonné de la force de son esprit. Pour la conduite de ses affaires, non seulement elle les connaît, mais elle en porte vigoureusement le poids, et le porte quasi seule... Dans les moments qu'elle peut retrancher des affaires publiques... elle s'égaye dans des entretiens qui passeraient pour très sérieux entre les savants. » Avide de sciences, protectrice des arts et des lettres, elle appelait impérieusement à la cour ceux qu'elle admirait. Son luxe, son rôle de Mécène, compromirent les finances publiques. Elle abdiqua en 1654. Se convertit au catholicisme en 1656. Acheva sa vie à Rome où elle fonda l'Académie des Arcades.

CLERSELIER, Claude (1614-1684). Avocat au Parlement de Paris où il était connu pour sa piété. C'est chez lui que Descartes fit la connaissance de Chanut — qui avait épousé la sœur de Clerselier en 1626. Baillet le désigne comme « un des plus zélés et des plus vertueux amis de M. Descartes ». Il a traduit en français les *Objections et réponses* qui font suite aux *Méditations*, texte revu par Descartes. Après la mort de Mersenne (1er septembre 1648) devint le principal correspondant en France de Descartes. Entra en possession des papiers de celui-ci par l'intermédiaire de Chanut. Édita la *Correspondance* (1657-1667) et les ouvrages inédits, en particulier le *Traité de la Lumière* et le *Traité de l'Homme* (1677).

COLVIUS, Andreas (1594-1676). Ministre protestant. Dirige la communauté wallonne de Dordrecht, sa ville natale. Amateur de livres et collectionneur. Mis en relation avec Descartes par Beeckman.

DE BEAUNE, Florimond (1601-1652). Conseiller au présidial de Blois, et mathématicien. Baillet célèbre ses « excellentes notes » à la *Géométrie*, parues en 1638.

DESARGUES (1593-1662). Géomètre et architecte (a bâti le Palais Cardinal en 1636). Descartes qui l'estime et le consulte souvent est défendu par lui contre le P. Bourdin. Baillet le range parmi les « mathématiciens qui [...] se déclaraient cartésiens [...] malgré la jalousie de M. de Roberval ».

DIGBY (Sir) (1603-1665). Chevalier anglais, fidèle à Charles Ier. Nombreuses aventures politiques qui le font passer souvent, d'Angleterre, en France et en Hollande. Rencontre Descartes à plusieurs reprises et voudrait le faire venir en Angleterre en 1640. Publie à Paris en 1644 deux Traités, dont l'un s'intitule : *A Treatise declaring the Operations and Nature of Man's Soul, out of wich the Immortality of reasonables Souls is evinced.*

ÉLISABETH DE BOHÊME. Princesse Palatine (1618-1680). Née à Heidelberg, fille aînée de Frédéric V de Bohême, « roi d'un hiver » et d'une des filles de Jacques Ier d'Angleterre. Elle fut élevée, dès 1621, auprès des Princes d'Orange, dans la « petite cour en exil » à La Haye et à Renen, près d'Utrecht. Belle et de grande intelligence, elle savait les mathématiques, et six langues dont le latin ; le français était sa langue habituelle. Elle avait 24 ans quand elle entra en rapport avec Descartes, par l'intermédiaire de Pollot, à la fin de 1642 ; elle fut très vite disciple et amie. Leur correspondance comprend 59 lettres (26 d'Élisabeth, 33 de Descartes). En 1644 Descartes lui fit hommage des *Principes*. Dans l'Épître Dédicatoire il écrit : « Je n'ai jamais rencontré personne qui ait si généralement et si bien entendu tout ce qui est contenu dans mes écrits. Car il y en a plusieurs qui les trouvent très obscurs, même entre les meilleurs esprits et les plus doctes ; et je remarque presque en tous que ceux qui conçoivent aisément les choses qui appartiennent aux mathématiques, ne sont nullement propres à entendre celles qui se rapportent à la métaphysique, et au contraire que ceux à qui celles-ci sont aisées ne peuvent comprendre les autres ; en sorte que je puis dire avec vérité que je n'ai jamais rencontré que le seul esprit de Votre Altesse auquel l'un et l'autre fût également facile. » Il semble qu'il a achevé pour elle le *Traité des Passions* — Élisabeth quitta la Hollande pour le Brandebourg en 1646, où elle vécut auprès de l'Électrice douairière. Après 1649, une fois son frère rétabli Électeur Palatin, elle vint souvent à Heidelberg. Après la mort de Descartes, on sait qu'elle lut Gassendi, étudia Épicure, plus tard Malebranche. Elle finit abbesse de Hertford, en Westphalie, où elle accueillit Labadie (Jésuite converti au calvinisme), William Penn et autres persécutés. Elle semble avoir incliné de plus en plus vers le mysticisme.

FERMAT, Pierre DE (1601-1665). Conseiller au Parlement de Toulouse. Un des plus grands mathématiciens du XVIIe siècle. Connaît par le P. Mersenne la *Dioptrique* avant l'impression et rassemble aussitôt ses objections. Descartes sera jusqu'à la fin partagé entre l'estime et l'hostilité ; il écrit (4 mars 1641) que si Fermat « sait des mathématiques, en philosophie il raisonne mal ».

GASSENDI, Pierre (1592-1655). Le célèbre « libertin ». Philosophe et théologien, est ordonné prêtre à Marseille en 1616. Professe la théologie à l'Université d'Aix, puis les mathématiques au Collège de France. Ses observations astronomiques en Provence et ses expériences de physique avaient intéressé Descartes.

GIBIEUF, Guillaume (1591-1650). Oratorien, vicaire général de la Congrégation en 1627. Théologien. Descartes le connut à Paris. Le trouve « tout pour lui » (27 mai 1638) sur les preuves de l'existence de Dieu. Semble avoir défendu les *Méditations* en Sorbonne. En accord aussi sur la liberté d'indifférence.

HOBBES, Thomas (1588-1679). Secrétaire de Bacon. Attaché à la famille Cavendish. En 1634, lors d'un voyage en France avec William Cavendish dont il est précepteur, se lie avec Mersenne. Chassé par les troubles politiques d'Angleterre séjourne en France de 1640 à 1652. Connaît dès le premier jour les *Méditations* par Mersenne et compose les *3e Objections*. Polémique avec Descartes sur la *Dioptrique* (prétend avoir formé des idées analogues sur la lumière et le son). En 1642 publie à Paris le *De Cive*. Le marquis de Newcastle, en 1647, réunit Descartes, alors de passage à Paris, avec Hobbes et Gassendi en un repas de réconciliation.

HUYGENS, Constantin (1596-1687). Seigneur de Zuylichem. Études à Leyde. Entre dans la diplomatie (Venise, Londres) ; puis devient secrétaire des Stathouders Frédéric-Henri, Guillaume II et Guillaume III. S'intéresse aux sciences, à la musique, à la poésie. De tous ses correspondants celui que Descartes semble estimer et ménager le plus. Fut curateur du nouveau collège du Prince d'Orange, dite École Illustre, d'inspiration cartésienne. Le second de ses 5 enfants, Christian, fut le grand Huygens.

DE LAUNAY (abbé). On s'est demandé s'il ne s'agit pas en réalité de Jean de Launoy (1603-1678) dont le nom aurait été mal orthographié. De Launoy était docteur en théologie de la Sorbonne, lié avec plusieurs savants ; il assista à la réconciliation de Descartes et de Gassendi, et à une répétition des expériences sur le tube barométrique, faites par Pascal en présence de Descartes (sept. 1647).

MERSENNE, Marin (1588-1er septembre 1648). Né dans le Maine. Acheva ses études au Collège de La Flèche, depuis la fondation de celui-ci (1604-1609) et y connut Descartes. En 1612 fit profession aux Minimes. Enseigna la philosophie et la théologie près de Nevers ; en 1619 est appelé au couvent de la Place Royale, qu'il ne quittera plus, sauf pour quelques voyages en Italie. Nombreux et copieux ouvrages de théologie, mathématique, mécanique, physique, musique, etc.

Valéry écrit de lui : « Ami d'enfance, ami constant et excessif de Descartes, propagateur de ses doctrines et l'un des plus aimables de ces êtres secondaires dont le rôle est peut-être nécessaire dans le développement des grands hommes... » (Variété II, p. 10). Les 138 lettres de Descartes à Mersenne actuellement connues — souvent très longues et qui contiennent jusqu'à 12 ou 15 réponses à des questions numérotées — constituent la plus grande partie de la *Correspondance*. Dès son installation en Hollande (1628) Descartes, nous dit Baillet, « établit le P. Mersenne son correspondant pour le commerce des lettres qu'il devait entretenir en France [...] On savait qu'il n'y avait pas d'autre voie de communication que le canal de ce Père » pour le consulter. Mersenne, « résident de M. Descartes à Paris » groupait autour de lui les principaux savants de la ville, et sa correspondance s'étendait à la province et à l'Europe ; elle fut « comme la Revue unique et universelle, des sciences de son temps » (Adam et Milhaud, I, p. 456). Baillet lui prête « un talent particulier pour commettre les savants entre eux et pour prolonger les disputes ».

MESLAND, Denis (1615-1672 ou 74). Jésuite, entre au noviciat en 1630 ; poursuit ses études de théologie à La Flèche, de 1641 à 1646. Descartes le consulte assez souvent, notamment, sur l'Eucharistie et le trouve en accord à la fois déférent et amical avec lui. Le P. Mesland fut envoyé en mission « aux Indes », c'est-à-dire en Amérique ; il fit en 1646 ses adieux « à jamais » à Descartes, en s'embarquant pour la Martinique. Il prononça ses vœux en 1649, ne revint jamais en France, et mourut en Colombie, à Santa Fé.

MEYSSONNIER, Lazare (1602-1672). Médecin français. Fut professeur de chirurgie à Lyon, puis médecin du roi à partir de 1642 — et quelque peu astrologue.

MORIN, Jean-Baptiste (mort en 1656). Docteur en médecine. Astronome et astrologue. Prend parti contre Galilée. Professeur de mathématiques au Collège de France (1629-1656).

MORUS, c'est-à-dire Henri More (1614-1687), théologien et philosophe de Cambridge, s'inspire du platonisme ; il s'enthousiasma pour la philosophie de Descartes, à laquelle il voudrait néanmoins apporter certaines modifications.

NEWCASTLE, William Cavendish (marquis DE) (1592-1676). D'une vieille famille anglaise du Norfolk. Fidèle aux Stuarts, volontaire pendant la guerre civile, il fut le gouverneur du prince de Galles, futur Charles II, qui le fera duc à son retour en 1660. Réfugié en Hollande vers 1644, se lie avec Descartes. Parfait « seigneur anglais », grand chasseur, il interroge Descartes sur l'âme des bêtes. S'occupe de sciences et de poésie ; il fut l'ami de Dryden.

PICOT, Claude (1601-1668). L'abbé Picot, prieur de Rouvre, grand ami et admirateur passionné de Descartes, qu'il avait connu avant l'installation en Hollande. Descartes loge chez lui pendant ses séjours à Paris en 1644 et 1647. Traducteur des *Principia* en français (1647).

POLLOT (ou POLLOTI), Alphonse (1602-1668). D'origine piémontaise. Fait fortune à l'armée et à la Cour de Hollande ; perd un bras en 1630. Devient gentilhomme de la Chambre du prince d'Orange. Entre en relation avec Descartes en lui écrivant de courtoises objections sur la *Géométrie*. Au nom du prince d'Orange soumet diverses questions à Descartes (sur le « lèvement des eaux »). Multiplie les démarches en faveur de Descartes (en accord avec l'ambassade de France) au cours des querelles d'Utrecht et de Leyde ; (une nouvelle offensive à Leyde en juillet 1648 est arrêtée par le prince d'Orange, Guillaume II).

REGIUS, c'est-à-dire Henri de Roy (1598-1679), professeur à l'Université d'Utrecht, sa ville natale. Fonde son enseignement, principalement de médecine et de botanique, sur la philosophie de Descartes. En 1642, Voët, professeur de théologie à la même université, mène une violente campagne contre Regius, visant le maître à travers son zélé et maladroit disciple, auquel il fait interdire d'enseigner la philosophie nouvelle. A partir de 1645, Regius se sépare de plus en plus de Descartes ; celui-ci, sans le nommer, signalera ses erreurs dans la Préface à la traduction française des *Principes*, en 1647. Regius semble lui en avoir gardé une définitive rancune.

RENERI, Henricus (1593-1639). Né en Flandre. S'étant fait protestant est déshérité par ses parents catholiques et gagne sa vie à Amsterdam en donnant des leçons. C'est là qu'il connut Descartes dès juillet 1629. Celui-ci désigne Mersenne et Reneri comme « ses deux meilleurs amis » (27 février 1637). Reneri devint maître ès-arts médicaux. Enseigna la philosophie de Descartes à l'Université nouvelle d'Utrecht à partir de 1634.

ROBERVAL, Gille Personnier de (1602-1673). Professeur de mathématiques au Collège de France ; faisait partie du petit groupe de savants autour du P. Mersenne. Un des premiers et des plus acharnés critiques de la *Géométrie*. En 1647, prit le parti de Pascal contre Descartes. Son hostilité, malgré des accalmies, ne désarma même pas après la mort de Descartes. Roberval avait dans la discussion des « manières peu polies et désobligeantes » (Baillet). Descartes écrit (17 mai 1638) ne pas plus se soucier de ses injures que de celles « d'un perroquet pendu à une fenêtre ».

SILHON, Jean de (fin XVIe siècle-1667), protégé par Richelieu, secrétaire de Mazarin, membre de l'Académie française dès sa fondation, ami de Balzac. Publie, en 1626 : *Les deux Vérités : l'une de Dieu et de sa Providence, l'autre de l'immortalité de l'âme*, et, en 1634, *De l'immortalité de l'âme*.

VATIER, Antoine (1596-1659). Jésuite. Élève, puis professeur au Collège de La Flèche — ensuite à Paris. Enseigne mathématiques, physique, métaphysique. Surtout connu comme théologien. Il soutient le *Discours* et les *Essais*, et semble approuver l'explication de l'Eucharistie selon la philosophie cartésienne.

VOETIUS ou VOËT, Gisbert (1589-1676). Professeur de théologie et d'hébreu à l'Université d'Utrecht, en même temps ministre et prédicateur. Fut le principal adversaire de Descartes en tant que philosophe, mais surtout que théologien. En 1639, l'accuse indirectement d'athéisme à propos des thèses de Regius sur la circulation du sang. En 1641, l'attaque nommément sur les formes substantielles. La querelle très âpre, et par instant menaçante pour Descartes, dura jusqu'en 1645.

INDEX ANALYTIQUE

abstraction, 88, 90 ; (s'abstraire), 77.
accidents, 152, 197-198.
action, (résolution), 36-37, 122, 123, 153 ; (et mouvement), 44-45 ; (et idée), 82 ; (de l'homme), 84-85 ; (et liberté), 113-114 ; (de l'âme sur le corps), 98 ; 106 ; (héroïsme), 130, 135 ; (mécanique), 163.
admiration, 150, 196.
agréable, 7, 120, 124 ; (et pénible), 135, 158.
altruisme, 130, 132, 135, 140.
ambition, 23, note, 127.
âme, 28-29, 39 ; (facultés de), 56-57 ; (mot équivoque), 84-85 ; (imagination et entendement), 86-87 ; (distincte du corps), 88, 91, 96-97, 99-100 ; (unie au corps), 101-02 ; (« toute pure »), 93 ; (pense toujours), 92, 191 ; (et ses idées), 106, 128-129 ; (incorporée dans la joie), 168 ; (et Dieu), 170, 171 ; (puissance sur le corps), 136, 184, 185, 190. (Cf. *Cogito* ; *glande pinéale* ; *immortalité*.)
amitié, 1, 18, 27-28, 74, 79, 135, 148, 157 ; (et respect), 172, 173 ; (principal bien), 183, 198.
amour, (physiologie), 149-150 ; (lettre à Chanut), 165-169 ; (de Dieu), 128, 169-172 ; (du lait),

168 ; (jusqu'à la mort), 173 ; (et vertu), 174-175 ; (bienfait), 175-176 ; (fureur), 176 ; (causes), 183.
anatomie, 8, 35, 52, 57-58, 162.
Angleterre, 65-66.
animal, 39-41, 70, 162-165 ; (âme sensitive), 84 ; (entité), 89 ; (sans imagination), 93 ; (sans liberté), 107 ; (traité des animaux), 136, 140 ; (si les singes parlaient), 160 ; (superstitions pythagoriciennes), 165, note.
appétits, (des animaux), 70 ; 38, 122, 166 ; (appétit), 150, 168.
a priori, 20, 33.
arc en ciel, 5, 45.
Aristote, 43, note ; 83, 95, 109.
astrologie, 61, 185, 197.
astronomie, (étoiles), 20 ; (lune), 33, 41, 143.
athéisme, 71, 161.
atome, 68, 70, 92.
attention, 5, 80-81, 100-101, 107 ; (bonne action), 108 ; (non continue), 131, 134.
Augustin (saint), (le *Cogito*), 74, 75, 80-81, 105, 109.
automates et automatisme, 39-40, 163. (Cf. *animal*.)

béatitude, 121 ; (et raison), 123 124, 126 ; (et amour de Dieu), 171 ; (et connaissance de Dieu), 189.

bien (le) et les biens, 113-114, 128, 130, 133, 142, 145-146, 148, 158, note, 185.
bien public, 129-130, 134-135. (Cf. *société*.)
biologie, (l'œil de bœuf), 35 ; (mécanisme végétal), 44 ; (mouvement du cœur), 52 ; (« mouvement animal »), 89 ; (transsubstantiation), 110-112 ; (embryologie), 162. (Cf. *anatomie, médecine*.)
bon côté des choses, 80, 120, 134.
bonheur, 26, 116-117, 120-122, 124 sq., 130, 171, 185, 188. (Cf. *béatitude, bien*.)
bon sens, 55, 56, 109.

calomnies, 19 ; (des fanatiques), 57-58 ; (des Jésuites), 78, 109, 161 ; (des théologiens de Leyde), 179-181.
catholique, 55, 66 ; (infaillibilité), 78 ; (Saint-Sacrement), 83, 110-111 ; (conversion), 143.
causes, 31, 43 ; (des formes), 45 ; (insuffisance de Galilée), 47 ; (des plaisirs), 126 ; (première), 138 ; (des passions), 145-146 ; (pluie de sang), 155-156 ; (de l'amour), 182 ; (de la violence), 188, 193.
cerveau, 56-57, 60, 65, 150, 175, 183, 191, 193. (Cf. *glande pinéale*.)
charité, 51 ; (sympathie), 135 ; (sans affliction), 158 ; (amitié), 173 ; 186.
charlatans, 3, 197.
christianisme, (vertus chrétiennes), 6-7, 135 ; (Saint-Sacrement), 83, 110 sq. ; (Jésus-Christ), 108, 169-170.
clarté et distinction, (âme et corps), 39, 66, 69, 88, 91 ; (existence), 93, 115. (Cf. *atome, contradiction, notions primitives*.)
cœur, (herbe sensitive), 44 ; 52, 89 ; (émotion), 137-138 ; (chaleur), 168, 171 ; (amour), 167, 175. (Cf. *sang*.)
colère, (vengeance), 126 ; (indignation), 13-17, 161-162, 175, 176 ; (homicide), 187.
Cogito (le), 29, 39 ; (saint Augustin), 74 ; (contesté), 84, 88, 155, 190.
comparaison, 45 ; (des deux philosophies), 72, 101-102, 144.
compassion, 116-117, 135 (Cf. *condoléances*.)
comprendre, (et savoir), 12 ; (être compris), 26, 32, 188, 191.
concevoir, 68, 86-87, 97-98, 100-101, 182. (Cf. *clarté et distinction*.)
concupiscence, 169.
condoléances, (à Huygens), 26-28 ; (à Pollot), 79-81.
connaître, 12, 14, 189. (Cf. *âme, Cogito, Dieu*.)
conscience, (et volonté), 82 ; (principe), 90 ; (sans souvenirs), 93 ; (témoignage de), 117, 123, 125, 186 ; (lucidité), 133 ; (et souvenirs), 192.
construction (rigueur de), (du *Discours*), 31, 32, 66-67 ; (des *Méditations*), 76.
contentement, (dépend de nous), 139, 186. (Cf. *bon côté des choses*.)
contradiction, (pouvoir sur les pensées), 37-38, 75 ; (le vide), 50 ; (contradictoires), 108-109 ; (libre arbitre), 142, 144, note ; (contredire), 157. (Cf. *atome*.)
conversation, 5, 18, 46, 100-101, 148, 191.
conversion, 143-144.

corps, 70 ; (distinct de l'âme), 88, 91 ; (notion équivoque), 111, 193.
corps (organisme), (« seul »), 37 ; 52 ; (mortel), 116-117 ; (plaisirs du), 127 ; (matière du), 168 ; (confiance en son), 184.
cosmologie, 68, 170-171, 181 sq.
cour, 18, 125 ; (de Suède), 201-202.
courage, (par stupidité), 130, 141 ; (et amour), 175.
coutume. (Cf. *habitude.*)
crainte. (Cf. *peur.*)
création, 11-13, 82, 142, 170.
crédulité, (astrologie), 61 ; (chiens enragés, stigmates), 63 ; (du P. Mersenne), 64 ; (exploitation de), 159 et note 2.
critiques, (les réclame), 26, 31, 147, 191 ; (savoir critiquer), 32 ; (mépris des), 48, note 1 ; (expériences), 50-51 ; (de la Sorbonne), 73. (Cf. *objections.*)
culpabilité, 187.
curiosité, 17, 57-58, 72, 162 ; (curieux) 197 ; (de Christine de Suède), 198.

damnation, 13.
déduction, 32-33, 149. (Cf. *démonstration.*)
définitions, 45, 55 ; (de l'amour), 172.
démonstration, 22, 30, 32-33, 41, 43, 63, 70, 105. (Cf. *raisonnement.*)
dépend de nous (ce qui), 37-38, 75, 80, 115-117 ; (santé), 119, 120 ; (définition), 121, 122-123, 124, 134, 139, 145, note ; 146, 151, 185-186.
déplaisirs, 79, 117-118, 133.

DESCARTES.

Combativité : (éloge de l'indignation), 161-162 ; (les adversaires), 13, 35-36, 47-48, 66-67, 71, 77, 86, 179, 180, 181, 188 ; (mépris et prudence), 32, 50, 154, 156-157 ; 12, 22, 23, 120.
« *Félicité de la vie tranquille et retirée* » : (solitude), 18-19, 42-43, 94, 190, note ; 201 ; (liberté et loisirs), 1, 8, 24 ; (se garder de la réputation), 8, 16-17, 23 et note 160, 181 ; (difficile à dessein), 30, 32, 53, 189 ; (se garder de ses amis), 13, 25, 49, 52, 54 ; (se garder des grands), 18-19, 160, 196, 197 ; (pitié pour les puissants), 159, 194, 202.
Sagesse : (indifférence à la patrie), 92, 190-191 ; (indifférence à la fortune), 17, 23 ; (hauteur), 15, 25, 34 ; (songes heureux), 124 ; (se guérir), 119-120 ; (se connaître), 183 ; (se réserver pour les siens), 26, 103, 148, 160 ; (amour de la vie), 29, 50.
Recherche de la vérité : (« mon principal bien en cette vie ») 200 ; 26, 29, 120, 191 ; (discipline), 5, 101-102.
Foi en lui-même et en son œuvre : 9, 30-31, 34, 49, 64, 77 ; (double infaillibilité), 78, 80, 109-110, 120, 181.

désespoir, 176, 177.
désir, 27, 107, 121, 123, 150 ; (du nécessaire), 151 et note ; 152, 166, 169.
dialectique, 4.
Dieu (auteur de toute vérité), 11, 12, 108-109 ; (véracité divine), 66, 92 ; (existence, 1re preuve), 28, 170 ; (existence, 2e preuve), 105 ; (« la cause de »), 67, 74 ; (de l'inconnaissable en), 78, 108-109 ; (liberté de), 84 ; (idée de), 86-87 ; (douter de), 103-104 ; (et les dieux), 115 ; (volonté de), 128, 138 ; (et liberté

humaine), 142, 144, 185 ; (comme principe), 154 ; (amour de), 169 sq. ; (œuvre infinie), 182 ; (par intuition), 189.

diligence, 150, 152-153.

« *Dioptrique* » *(la)*, 21, note, 23, 24, 26, 30, 33, 48, 65, 67.

« *Discours de la Méthode* » *(le)*, (du titre), 8-9, 25 ; (1re preuve de l'existence de Dieu), 28-29 ; (morale), 36-37, 122 ; (métaphysique), 67.

disputes, 22 ; (Voetius), 71 ; (jésuites), 77-78 ; 156-157, 161, 179-181 ; (disputeurs), 191.

distinction, 81, 97-98. (Cf. *clarté et distinction*.)

divertissement, (de Paris), 42-43 ; (contre le deuil), 80 ; (contre les « ennemis domestiques »), 117-119 ; 134.

douleur (deuil), 26 sq., 79 ; (épreuves), 116 ; (les maux), 135, 171 ; (et plaisir), 193.

doute, 6, 37 ; *(Cogito)*, 39, 84, 102, note ; (mettre Dieu en), 103-104 ; (sur le bonheur), 133 ; 159, 161. (Cf. *expériences, objections*.)

dressage, 7, 163-164.

droit, (enseignement), 46 ; (bon), 74 ; (et la force), 194.

eau, 24, 31, 34-35 ; (eaux de Spa), 119.

« *École* » *(l')* (Cf. *scolastique*.)

égalité, (au collège), 46 ; (inégalité), 172.

Église (l'), 22-23 ; (infaillible), 78.

embrasser, 166.

embryologie, 52, 162.

émotion, 26, 79-80, 117 ; (et passion), 131, 136, 137, 184.

enfance, (et signes des passions), 38 ; (préjugés d'), 40, 88, 106 ; (collèges), 46 ; (impressions premières), 150, 167-168 ; (amour d'), 183 ; (mémoire), 191-192.

enseignement, (s'instruire soi-même), 1, 8 ; (ce qui peut s'enseigner), 13 ; 23, note ; (de la philosophie), 46, 71-72.

entendement, (limité), 78-79 ; (et volonté), 82, 103-104, 107, 109 ; (et imagination), 86-87, 100, 117-119 ; (fortifier), 128 ; (et clarté divine), 189 ; (réflexion), 193.

équivoque, (âme), 84-85 ; (idée), 86-87 ; (corps), 111 ; (pensée), 193.

erreur, (des autres), 29 ; (suivre opinions douteuses), 36-37 ; (des bons esprits), 47-48 ; (et consentement universel), 56 ; (cause principale), 97-98 ; (morale), 107-108, 123, 125-126 ; (et joie), 133-134 ; (suicide), 146 ; (maladie de), 190, note.

espace, 50-51, 88, 182. (Cf. *atome*.)

espérance, (de vie), 30 ; (de santé), 119 ; (de survie), 27, 142 ; (de plaisir), 130 ; (et amour), 150, 169, 175.

esprits animaux, 62, 89, 136, 137-138, 148, 175-176.

étendue (cf. *corps, espace*).

étoiles, 20.

évidence, 22, 95, 104, 109, 120. (Cf. *intuition*.)

excès, (des passions), 141, 151-152, 174, 175-176, 188.

existence, 38 ; (de l'âme), 92-93 ; (possible), 93, 154-155. (Cf. le *Cogito*.)

expérience, 124 ; (de son corps), 141 ; (de la vie civile), 152, 158, 175, 196.

expérimentale (méthode), (couronne de la chandelle), 6, 32 ; 34-35 ; (l'œil de bœuf), 35 ; 43, 51, 70, 90, 147, 154 ; (pluie de sang),

INDEX ANALYTIQUE

155-156 ; (Pascal), 199-200. (Cf. *anatomie*.)
expliquer, (« prouver, démontrer »), 43 ; (par comparaisons), 45-46 ; (et ordre) 76 ; usage des notions), 97 ; (la Genèse), 148. (Cf. *causes*.)

facilité (apparente), 32, 197.
facultés, 56, 85.
famille, 27-28 ; (collège), 46 ; (mort de son père), 75 ; (frère et amis), 79-80 ; (héritage), 89 ; (joies de), 158 ; (passions de), 187.
fanatisme, 55, 57, 83, 180.
foi, 78, 83, 104, 142 ; (accord avec la physique), 148, 189.
force, 70 ; (de l'âme), 97 ; (et pesanteur), 98 ; (et droit), 194. (Cf. *grandeur d'âme*.)
fortune, (inventions de), 15 ; (indifférence à), 17 ; (être supérieur à), 117, 125 ; (mépris de), 129 ; (dépend de nous), 134, 158-159 ; (s'y livrer), 152 ; (mauvaise), 197. (Cf. *ce qui dépend de nous, propriété*.)
France, 93, 194 ; (indifférence à la patrie), 195 ; (y être bête curieuse), 197-198. (Cf. *Paris*.)

Galilée, (condamnation), 21-22, 23 (note) ; 47, 49, 82-83.
générosité. (Cf. *grandeur d'âme*.)
Genèse (la), 148, 181-182.
« *Géométrie* » *(la)*, 26, 30, 53, 188.
géométrie, 2 ; (problèmes), 10, 49 ; (orgueil), 30-31, 53, 156 ; (contre la géométrie abstraite), 44.
glande pinéale, 61, 65.
grâce, (et liberté), 107-108 ; 138 ; (amour de Dieu), 170 ; (droit de), 186.
grandeur d'âme, 116-117, 140 ; (et pratique des hommes), 143 ; (et libre arbitre), 185.

grands (les), (enfantillage), 38 ; (amitié et respect), 172 ; (décevants), 196-197, 200 ; (dignes de pitié), 194, 202.
guérison, (du chagrin moral), 80 ; (de Descartes par lui-même), 119 ; (miraculeuses), 159 ; (par confiance en son corps), 184.
guerre, 93, 190 ; (règlement de compte), 194-195.

habitude, (du joueur de luth), 63, 65 ; (accoutumance), 79, 124 ; (et jugement), 128 ; (vertu), 131 ; (et émotion), 135 ; (et passions), 175.
haine, 168, 174-176, 195.
hasard. (Cf. *fortune*.)
héroïsme, 130 ; (et amour), 176.
hiver, 19, 147, 201.
Hobbes, 103.
Hollande, 18-19, 57-58, 177-178, 191.
homicide, 186-188.
homme, (attributs), 37-38 ; (et automates), 39 ; (lumière naturelle), 56 ; (glande pinéale), 62 ; (de cœur), 79 ; (âme), 84-85 ; (corps), 111-112 ; (plaisirs de), 125 ; (difficile à connaître), 143, 152 ; (et animal), 163-164 ; (égalité), 172 ; 196.
honneur, (gens d'honneur), 80, 126.
humanité, (demande de grâce), 186-188. (Cf. *amitié, charité, politique*.)
humeur, 22 ; (mélange), 46-47 ; (et bonheur), 125, 133, 158 ; (mouvements d'), 51, 52, 67, 157 ; (à connaître), 143.
hypothèses, 32-33, 41-42, 43 ; (exemple : la glande pinéale), 62, 65.

idées, 82 ; (et images), 86 sq., 88, 90 ; (trois genres d'idées), 99 sq., 106.

imagination, (en mathématiques), 58-59 ; (et entendement), 86 sq. ; (et sensibilité), 92 ; (trois genres d'idées), 99-102 ; (les dieux), 115 ; (force de), 118-119, 133 ; (illusions), 125-126, 134 ; (et mouvements du corps), 136-137, 149, 184 ; (d'une poule), 162 ; (Dieu non imaginable), 169, 171-172.

imitation, 40, 63 ; (exemple), 122 ; (mécanique), 163.

immortalité, 76, 80 ; (et grandeur d'âme), 116, 124-125 ; (plaisirs immortels), 126, 128-129 ; (et suicide), 139, 142 ; (inconcevable de l'animal), 165, 190.

impressions premières (complexes), 150, 167-168, 191-192.

incarnation, 112, 170. (Cf. *christianisme.*)

indifférence. (Cf. *libre arbitre.*)

indignation, 161-162 ; (mouvements d'), 179-181.

individu, (« moi »), 74, 129-130 ; (différences), 150.

induction, 6, 43-44, 155.

infini, 68, 81-82 ; (de Dieu), 105, 139, 141-142, 170-171 ; (et indéfini), 181-182.

innéité (lumière naturelle), 11 ; (vérité), 55-56 ; (libre arbitre), 78, 97 ; (idée de Dieu), 115.

inquisition (Galilée), 23, 180.

inspiration (suivre l'), 158-159 ; (répugnance), 198-199.

instinct (et intuition), 57, 164. (Cf. *animal.*)

instruire (s'), 1, 8-9, 10 ; (par le voyage), 17, 24, 26 ; (temps de l'étude), 134.

intellection pure, 193.

intuition, 55, 189-190.

invention, 14 sq. ; (n'y prétend pas), 34, 105 ; (y inviter le lecteur), 53.

irrésolution, 131, 141.
Italie, 19, 59.

Jésuites, 33-34 ; (enseignement), 46, 67, 77, 110 et note, 161.
joie, 118-119, 128, 130 ; (et gaîté), 133 ; (vertu de), 158-159 ; (amour), 166-168 ; (guérison par la), 184.
jugement, 36 ; (suspendre son), 106-107, 130-131, 151-152 ; (moral), 122, note, 128-131 ; (de la Sorbonne), 73-74. (Cf. *opinion.*)
justice, (déni de), 181, 186-188.

lait maternel (cf. *enfance*).
lâcheté, 28, 79.
langage, (signes et sens), 87, 167 ; (l'usage), 107 ; (si les singes parlaient), 160 ; (pas de langage animal), 163-164 ; (nuances), 173.
langueur, 152, 153.
larmes, 79, 118, 135, 184.
liberté, 8 ; (en Hollande), 19, 55 ; (d'enseigner), 71, 191.
liberté de conscience, 66, 180, 181.
libre arbitre, 75 ; (notion première), 78 ; (indifférence), 106-107, 108, 113-114 ; (et raison), 124 ; (et providence), 141-142, 143, 144-145 ; (nous égale à Dieu), 185.
lois, (de la nature), 69 ; (de Dieu), 145 ; (de la justice), 187.
loisir, 1, 8, 24, 32, 101, 119, 147 ; (relâche), 134 ; (laisser mûrir la pensée), 24, 54.
longévité, 29-30, 50, 54.
louange, 15, 16, 181, 197.
louche (la jeune fille), 183.
Lulle (art de), 3.
lumière, 32, 42, 45.
lumière naturelle, 55, 84, 115, 146 ; (et amour de Dieu), 169 sq., 189 (Cf. *notions primitives.*)

INDEX ANALYTIQUE

magiciens, 5.
maîtrise de soi, 125, 126, 135.
mal (les maux), 135, 145-146. (Cf. *les biens*) ; (faire le mal), 120, 123 ; (haine et habitude du), 174-175.
maladie, (fièvre lente), 116 ; (inquiétude), 187. (Cf. *santé*.)
mathématiques, (méthode universelle), 2 ; (science des miracles), 4 ; (lassitude), 10 ; (dépendent de Dieu), 11, 13, 108 ; (et métaphysique), 59 ; (et mécanique), 70 ; (et imagination), 100. (Cf. *géométrie*.)
matière, (étendue), 66, 182 ; (Saint-Sacrement), 110-112 ; (du corps, 168.
mécanisme, 45, 52, 69-70, 89 ; (en l'homme), 163. (Cf. *animal, biologie, physique*.)
médecine, 30, 50, 115-116 ; (les eaux), 119 ; 140-141, 154, 184. (Cf. *guérison, santé*.)
médisance, (contre Descartes), 32 ; 127.
« *Méditations* » *(les)*, 59, 67 ; (titre), 72-73, 82 ; (en Sorbonne), 73 ; 98, 105, 110, 160, 179. (Cf. « *Objections* »).
méditer, 29, 37, 38, 81, note ; (obscurcit), 101 ; (habitude), 131 ; (amour de Dieu), 170.
mémoire, (dressage), 7 ; (et cerveau), 62 ; (corporelle et intellectuelle), 64-65, 68 ; (et véracité divine), 66 ; (souvenirs de jeunesse), 68, 93, 106, 136 ; (association), 167, 191 ; (réminiscence), 192-193.
mérite, 142, 145 ; (et amour), 183.
métaphysique, 10 ; (premiers écrits), 26 ; (accessible à peu de gens), 55, 67 ; (et mathématiques), 59 ; (principal but), 69 ; (temps à y consacrer), 101, 102, 174 ; (principe unique), 155 ; (fatigue), 174. (Cf. *Cogito, cosmologie*).
« *Météores* » *(les)*, 5, 24, 26, 30, 53, 147.
méthode, (universelle), 2 ; (à pratiquer), 26 ; (estime de sa), 30-31 ; (exemple de), 155.
miracle, (prudence), 71 ; (transsubstantiation sans), 112 ; (guérisons), 159-160.
misanthropie, (du *de Cive*), 103; 148, 161. (Cf. *disputes*.)
mœurs, 131, 133, 140, 174.
« *Monde* » *(Traité du)*, 21-22, 23 ; (animal), 53, 54-55.
Montaigne, 162, 164.
morale, (vertus chrétiennes), 6 ; (« morale provisoire »), 36-38, 113, 122-123 ; (faute est ignorance), 107-108 ; (mal), 145-146 ; (expérience), 152 ; (liée à physique), 154 ; (danger d'en écrire), 161, 173 ; (et politique), 194. (Cf. *bien, bonheur, libre arbitre, mort*.)
mort, (condoléances), 26-28, 79 ; 54, 75 ; (se savoir mortel), 116-117, 128-129 ; (s'exposer à), 129-131 ; (suicide), 139 ; (et le bûcheron), 146 ; (ne pas craindre), 154 ; (volonté de Dieu), 171.
mots, (science de), 3-4, 45, 89 ; (suivre l'usage), 107 ; (association), 167.
mouvement, (local), 42 ; (définitions scolastiques), 45 ; (preuve), 55-56 ; (lois du), 69 ; (volontaire), 114 ; (de la Terre), 21-22, 23, note, 78 ; (âme et corps), 96-102 ; (du corps), 150. (Cf. *animal, imagination, mécanisme, réflexes*.)
musique, 1, 7.

nature, (lois), 11, 69 ; 31, 40, 45, 52-53 ; (impulsion de), 57 ; (humaine), 109, 123, 134, 142, 143, 196-197 ; (et grâce), 170.
natures simples (cf. *lumière naturelle*).
nécessité, (mort), 27 ; (d'entendement), 86, 88 ; (et Dieu), 109 ; 122-123. (Cf. *ce qui dépend de nous.*)
neige, 24, 44, 52-53, 147.
notions premières (et primitives), (objet des « *Méditations* »), 73 ; (libre arbitre), 78 ; 97, 99-100. (Cf. *clarté et distinction, intuition.*)
nouveauté, (indifférence à), 15, 32, 105, 109 ; (des impressions sensibles), 192.
nutrition, 168, 175.

objections, 12, 31, 32, 48, 75, 77, 81, 82, 191.
« *Objections* » (aux « *Méditations* »), 75 ; (de Caterus), 76-77, 79 ; (d'Arnauld), 83 ; (projet de les publier), 84 ; (de Gassendi), 85 ; (de Hobbes), 103 ; (réponse aux 1res), 105 ; (aux 4es), 110 ; (aux 5es), 191, note.
observation, (du ciel), 20 ; (de la neige), 147 ; (pluie de sang), 155.
opinion, (jugement des autres), 8, 147, 154 ; (d'enfance), 39 ; (racontars), 57-58 ; (diversité), 71 ; (mœurs), 122, 131 ; (ses opinions), 36, 89, 109, 127, 185, 196.
optimisme, 118-119, 134, 142, 146. (Cf. *joie.*)
ordre, (de la nature), 20 ; (des *Méditations*), 73, 76 ; (de la Providence), 139.
organisme. (Cf. *corps.*)

Pappus, 30, 156.
paradoxes, 120.

Paris, 42, 148, 190, note, 190-191, 197.
Pascal, 199.
passions, (et raison), 116-117 ; (trompeuses), 126, 130 ; (suspendre son jugement), 130-131 ; (définition et physiologie), 136-137, 149-150 ; (chez l'animal), 164 ; (de l'amour), 165-169 ; (amour et haine), 173-176 ; (homicide), 186.
Remèdes : 80, 151-152, 183.
Signes : 40, 151.
Usage : 127, 135, 141, 161, 170, 188.
« *Traité des Passions* », 148-149, 153, 154.
patrie, 129-130, 194, 195.
péché, 104, 107-108.
pédanterie, 46, 71.
peines (cf. *plaisirs*).
pensée, (seule en notre pouvoir), 37-38, 75 ; (et corps), 81 ; (substance), 92-93 ; (entendement, imagination, sens), 100 ; (de Dieu), 170 ; (mot ambigu), 193. (Cf. *âme, Cogito.*)
perception, (et glande pinéale), 62 ; (des choses), 90 ; (de l'entendement), 97 ; (distraction), 119 ; (impressions sensibles), 136 ; (de l'âme), 185 ; (trouble), 189-190 ; (et mémoire), 192-193.
perfection, (recherche de), 125-127 ; (et imperfections), 129 ; (et vérité), 133 ; (de Dieu), 138 ; (de l'instinct), 164.
persécutions (cf. *disputes*).
persuasion, 14, 33 ; (et savoir), 66, 120 ; (du succès), 159.
pesanteur, 49, 98, 102 ; (de l'air), 199.
peur, 3, 137-138 ; (et amour de Dieu), 171 ; (lâcheté), 176 ; (et cruauté), 176.
philosophe, (et les sens), 18, 100 ;

(langue de), 37 ; (occupation de), 38 ; (résolution de), 54 ; (philosopher par ordre), 73 ; (cruauté de), 116 ; (songes raisonnables), 124 ; (rôle de), 125, 146, 147 ; (impertinence), 152 ; (et définitions), 172 ; (philosopher), 187.

philosophie, (peut-on l'enseigner ?), 13-14 ; (et mouvement de la terre), 22 ; (« clef des sciences »), 46 ; (de Galilée), 47 ; (projet d'un cours), 71-72 ; (publication), 78 ; (vulgaire), 83, 88 ; (naturelle), 107 ; (foi en sa philosophie), 109 ; (et le suicide), 139 ; (et la Genèse), 148 ; (et le souverain bien), 185.

physique, (et connaissance de Dieu), 10 ; (et astronomie), 20 ; (« était naturel »), 31 ; (déductive), 33 ; (et mathématiques), 41, 45, 63 ; (mécanisme), 45-46 ; (et métaphysique), 41, 68-72 ; (et les « *Méditations* »), 82 ; (pesanteur), 98 ; (Genèse), 148 ; (fondement de la morale), 154, 195 ; (Pascal), 199.

pitié, (faire), 16 ; 135 ; (pour les princes), 159 ; (pour les grands), 194, 202.

plaisir, (l'agréable), 7 ; (des Fables), 18 ; (de la recherche), 24 ; (et douleur), 116-117, 118-119, 125-127 ; (du corps), 130, 131 ; (de l'âme), 135 ; (licites), 171 ; (souverain bien), 185.

politique, (séditieux), 55 ; (Hobbes), 103 ; 159 ; (liberté de conscience), 180 et note ; droit de grâce), 186 ; (orages), 190-191 ; (force et droit), 194.

possible et impossible, 41, 108-109.

postérité, 109.

pratique, (morale), 131 ; (des affaires), 153 ; (croire au succès), 159.

précipitation, 32.

préjugés. (Cf. *enfance*, *opinion*.)

preuves, 33 ; (des géomètres), 41-42, 43. (Cf. *démonstration*.)

prière, 63, 139. (Cf. *Providence*.)

principes, 63, 149, 154-155.

« *Principes* » (les), 105, 129, 166, 193, 195.

promesses, (pour s'obliger), 9, 22 ; (des puissants), 195, 197.

propriété, (en matière de science), 15 ; (gain), 23 ; (héritage), 89 ; (terres), 94 ; (richesse et pauvreté), 121, 123, 194.

Providence, 50, 132, 139, 170-171.

prudence, 57, 120 ; (sagesse), 134, 143 ; (et paradoxe), 151-152 ; (politique), 194 ; (et doute), 159, 160.

public (ou *lecteur*), (concessions au), 77, 80-81, 82 ; (des titres), 82 ; (se sait difficile), 104, 188 ; (indifférent au), 196-197. (Cf. *Descartes*, *géométrie*.)

qualités, (sensibles), 7, 70-71 ; (« réelles »), 88 ; (substances), 98 ; (aimables), 167.

raison, (évidence de), 95 ; (Dieu par), 104 ; (et passions), 116 ; (et déplaisirs), 118 ; (3ᵉ règle de la morale), 123 ; (perdre la), 124-125 ; (vrai usage), 127 ; (culture de), 134 ; (naturelle), 104, 121, 142 ; (et intuition), 189-190. (Cf. *ce qui dépend de nous*.)

raisonnement, (en physique), 63 ; (puissance), 64 ; (raison), 116 ; (scolastique), 135 ; (insuffisance), 189.

reconnaissance, 8, 34, 103, 188-189.

réflexes, (conditionnés), 7, 163-164.

réflexion, 56 ; (d'entendement), 193 ; (sur les vrais biens), 197.

réfraction, 32, 41-42.
regret, 27 ; (de la mort de son père), 75 ; 122, 126 ; (irrésolution), 131.
religion, 13 ; (damnation) (prêtres catholiques), 55 ; (prêches), 57-58 ; (crédulité), 61-62 ; (et immortalité), 76 ; (impiété), 87 ; (purgatoire), 142 ; (conversion), 142-143 ; (ses limites), 180. (Cf. *christianisme, inquisition, Saint-Sacrement.*)
repentir, 123. (Cf. *regret.*)
réputation, 16, 17, 34, 108-109 ; (contradicteurs), 157, 161.
résolution, (exemples de), 9, 25, 54 ; (vertu), 36-37, 153 ; (2ᵉ règle de la morale), 122 ; 131 ; (excès), 141. (Cf. *action.*)
ressemblance, (association par), 183.
rêveries, 17-18, 19, 23, 54, 136.
richesses, 17, 23, 125, 194. (Cf. *propriété.*)
rire, (faire rire), 16, 39, 48, 58, 133, 135, 151, 184. (Cf. *larmes.*)
Rome, 13, 21.
rougeur, 151, 184.

sacrifice de soi, 173.
sagesse. (Cf. *prudence.*)
Saint-Sacrement, 83, 110-112.
sang, 149-151 ; (circulation du), 52, 112, 137-138.
santé, (de Descartes), 50 ; (insalubre Italie), 59 ; (fièvre et tristesse), 115-116 ; (et imagination), 117-119 ; (maladie, obstacle à la raison), 124 ; (but principal), 140 ; (et esprit), 158 ; (se fier au corps), 184 ; (bien méconnu), 197. (Cf. *guérison, médecine.*)
savoir, 12, 14, 15 ; (contre la pédanterie), 46. (Cf. *science.*)
sceptiques, 29, 102 (note).
science, 1, 3, 14 ; (de livres), 4 ; (lois du ciel), 20 ; (et argent), 23 ; (et guerre), 93 ; (définition), 97.
scolastique, (définitions), 45 ; 55-57, 71, 88, 89, 95 ; (ne cherche pas à réfuter l'École), 109 ; (vertu habitude), 131 ; (causes), 138 ; (suspect aux gens de l'École), 161. (Cf. *mots.*)
secret, (Lulle), 4 ; (prestige du), 197.
Sénèque, 120, 124, 128.
sens (les), (contentement des), 17-18 ; (connaissance par), 37, 62, 100, 190 ; (erreur), 57 ; (âme insaisissable par), 87-88 ; (plis du cerveau, 183 ; (premières sensations), 191.
sens commun, 56-57 ; (Gassendi), 86 ; (assurance), 101 ; (approuvé par), 109 ; 141, note ; (simplicité), 196 ; (non-sens), 81.
signes, 164. (Cf. *langage.*)
simple, (vérité du), 196.
société, (ville), 18, 42-43 ; (négoce), 19, 23 ; (artisans), 23 ; (collèges), 46 ; (clergé), 55 ; (héritage), 89 ; (science et guerre), 93 ; (« menue noblesse »), 197 ; (vie sociale), 102, 133, 152, 197-198 ; (Hobbes), 103 ; (mœurs), 131 ; (bien public), 129-130, 173-174 ; (sympathie), 135-140 ; (cloître), 144 ; (honnêtes gens), 148 ; (mercenaires), 159, note ; (droit de punir), 186. Cf. (*voisins, voyages.*)
Socrate, 158-159.
solitude (urbaine), 18 ; (être préservé de), 28, 93-94, 115. (Cf. *voisins.*)
sommeil, 17-18, 93, 104 ; (et volonté), 124 ; (somnambules), 163.
songes, 15, 17-18, 93, 124 ; (rêveries), 136.
Sorbonne, 72 ; (la « cause de Dieu »), 73.

INDEX ANALYTIQUE

soupirs, 118, 151.
souverain bien, 133, 185. (Cf. *bonheur*.)
spectateur de soi (être), 116-117. (Cf. *maîtrise de soi*.)
substance, 29, 88, 89, note ; 90-92, 98 ; (transsubstantiation), 110-112.
succès, (réputation), 8 ; 16-17 ; (de sa philosophie), 109-110 ; (fortune), 158.
suicide, 139, 146.
superstition, 159 ; (à l'égard des bêtes), 165, note. (Cf. *crédulité*.)

témérité, 12, 194.
Terre (mouvement de la), 21-22, 23, note, 78 ; (place de), 129, 142.
Thalès, 33.
théologie, (définition), 10, 13 ; (et Galilée), 21-23 ; (les mystères), 78 ; (Saint-Sacrement), 83, 110 ; (prière), 139 ; (la Genèse), 148.
théologiens, 76, 142-143 ; (questions brûlantes), 161 ; (de Leyde), 179-180.
Thomas (saint), 78.
titres, (du « *Discours* »), 25, 26 ; (des « *Méditations* »), 72-73, 82.
tragédies, 117, 118, 135, 140, 146.
transsubstantiation, 110-112.
tristesse, 75, 79 ; (et maladie), 116-117, 118, 136-137 ; (et appétit), 150, 169 ; (et colère), 187.

union de l'âme et du corps, 91, 96-97 ; (connue par usage de la vie), 100-101 ; (Saint-Sacrement), 110-112 ; (tristesse), 116 ; (entendement et imagination), 118-119 ; (machine du corps), 149 ; (amour), 167 ; (volonté), 184 ; (cause d'erreur), 185.
univers, 129, 143.

vanité, 9, 17, 54, 64, 73, 130.

végétal, 40.
vengeance, 7, 126, 175.
véracité, (divine), 66, 92 ; (de l'écrivain), 120.
vérité, (« lumière »), 3 ; (ignorance de), 4 ; (n'est à personne), 15, 105 ; (peur de), 23 (note) ; (sans preuve), 32-33 ; (lumière naturelle), 55-56 ; (recherche de), 62, 200 ; (« montrée du doigt »), 81 ; (indivisible), 93 ; (et vertu), 128 ; (et souverain bien), 133 ; (de sa philosophie), 109, 181 ; (« seule »), 191 ; (« santé de l'âme »), 197. (Cf. *erreur*, *véracité divine*.)
vertu, (chrétienne), 6-7, 135 ; (bonheur du sage), 27-28, 121 ; (résolution), 37, 122, 153 ; (Hobbes), 103 ; (force d'âme), 116-117 ; (et plaisir), 125-126 ; (est habitude), 131 ; (bien principal), 158, note ; (bonne volonté), 185 ; (reconnaissance), 188-189.
vie, (longévité), 29-30, 50 ; (automates), 40 ; (aimer la), 50, 139, 142, 145-146. (Cf. *mort*.)
vide, 51, 59, 182, 199.
villes, (Amsterdam), 18-19, 101 ; (d'eau), 119 ; (rêvée), 148. (Cf. *Paris*.)
vin, 71, 112, 133.
voisins, 18, 42, 93-94.
volonté, (promettre pour s'obliger), 9-22 ; (violence), 31 ; (et idée), 82 ; (et indifférence), 113-114 ; (et mouvement), 95-99, 102 ; (et foi), 104 ; (et amour), 166 ; (de Dieu), 171 ; (action indirecte sur soi), 184. (Cf. *ce qui dépend de nous, libre arbitre*.)
volupté, 57, 137 ; (du mal), 174-176.
voyages, (en mer), 3, 4, 201, note ; (par curiosité), 17, 46-47 ; (en France), 190, 194, 197 ; (en Suède), 195-196, 198, 201.

TABLE DES LETTRES
par Correspondants

LETTRES DE DESCARTES A :

ARNAULD	4 juin 1648	(De la mémoire)........	191
	29 juill. 1648	(Le cerveau et la mémoire — Contre l'ambiguïté du mot « pensée »).....	192
BALZAC	15 avril 1631	(Du repos et du sommeil) .	17
	5 mai 1631	(Solitude urbaine. Le négoce et la pensée) ..	18
BEAUNE (DE)	12 sept. 1638	(Conseils à un étudiant)..	46
	20 févr. 1639	(Sur *La Géométrie* : qu'elle a été difficile à dessein)	53
BEECKMAN	24 janv. 1619	(Compliments et amitiés. — Sur les lois de la musique)	1
	26 mars 1619	(Premières lumières sur une méthode universelle — Navigation)	2
	29 avril 1619	(Un charlatan : l'art de Lulle)	3
	17 oct. 1630	(Des choses qui peuvent s'enseigner. — La vérité n'est à personne. — Trois sortes d'inventions)	13
BOSWELL	1646	(La Genèse confirmée par la physique cartésienne	148
BRASSET	23 avril 1649	(La Suède et la Touraine)	198, n. 1
BRÉGY	18 déc. 1649	(Nouvelles de la Suède)...	201, n. 1
	15 janvier 1650	(Aspiration au retour)...	201
BUITENDIJK	1643	(Le doute : moyen de connaître l'existence de Dieu	103

Carcavi	11 juin 1649	(Après la mort du P. Mersenne. L'expérience de Pascal)	199
	17 août 1649	(Sur l'expérience de Pascal)	200, n. 1
Chanut	6 mars 1646	(Hivernage. De la conversation des personnes qu'on estime)	147
	15 juin 1646	(Rapports de la morale et de la physique)	156
	1ᵉʳ nov. 1646	(Première mention de Christine de Suède. — Des calomnies des « gens d'école ». — Éloge des passions)	160
	1ᵉʳ février 1647	(Descartes répond ici à des questions, qu'à la suite d'un entretien avec Christine de Suède, Chanut lui avait envoyées. — 1° De l'Amour. Amour de raison et amour passion. — Les deux amours sont le plus souvent unies. — Les quatre passions premières et les impressions d'enfance. — 2° De l'Amour de Dieu. — « Une chose qui pense ». — L'amitié et le respect. — Le sacrifice de soi. — 3° De l'Amour et de la Haine)	165
	6 juin 1647	(Cosmologie : le monde est-il infini ? — Les causes de l'amour (la jeune fille louche)	181
	4 mai 1648	(L'air de Paris)	190, n. 1
	26 févr. 1649	(Sur *Les Principes de la philosophie*. — Hésite à se mettre en voyage)...	195
	31 mars 1649	(La « simple » vérité mésestimée. — Hésitations et remarques désabusées)	196
Charlet (le P.)	6 oct. 1644	(Foi en sa philosophie et assurance en la postérité)	109

Charlet (le P.) *(suite)*	9 févr. 1645 14 déc. 1646	(Intérêt de la philosophie) (Ne rien faire imprimer) .	100, n. 1 154, n. 1
Christine (la reine)	20 nov. 1647	(Que le libre arbitre nous égale à Dieu)	185
Clerselier	17 févr. 1645 juin ou juill. 1646 23 avril 1649	(Dieu et les dieux) ..... (Des principes) .... (Voyage décidé)	115 154 198
Colvius	14 nov. 1640	(Le *Cogito* et saint Augustin)	74
Elisabeth (la princesse)	21 mai 1643	(Les notions primitives. Union de l'âme et du corps)	96
	28 juin 1643	(De l'union et de la distinction de l'âme et du corps. — De la part à faire à la métaphysique)	99
	18 mai 1645	(Maladie et tristesse. — Raison contre passions : être spectateur de soi)..	115
	mai ou juin 1645	(De la force de l'imagination. Influence du milieu : décor tragique ou nature. — Sur sa propre guérison)	117
	21 juill. 1645 4 août 1645	(Le vrai bonheur) ...... (Fortune et Béatitude. — Les trois règles de la Morale par provision. — Raison et conscience) ..	120, n. 1 120
	18 août 1645 1er sept. 1645	(La morale (Sénèque))... (Il n'est de bonheur que pour l'homme libre. — Des plaisirs et de la vertu. — Plaisirs du corps et plaisirs de l'esprit)..	122, n. 2 124
	15 sept. 1645	(Du Jugement moral : qu'il dépend de ce que nous savons de Dieu, de l'âme, de la grandeur de de l'univers. — Qu'il dépend de la considération du bien public. — Qu'il faut surmonter les	

ÉLISABETH (la princesse) *(suite)*

                apparences. — et savoir que la vertu est habitude) 128

6 oct. 1645   (Vérité et optimisme. — Sympathie et charité. — Usage des passions. — Définition et physiologie des passions. — L'émotion. — Réponse à la lettre du 30 septembre.) 133

3 nov. 1645   (Deux sortes d'excès des passions. — Libre arbitre et volonté de Dieu. — Ni craindre ni désirer la mort. — Cosmologie. — De la connaissance des autres)............ 141

janv. 1646   (D'une conversion. — Libre arbitre et volonté de Dieu. — Qu'il faut aimer la vie.) 143

mai 1646 (I)   (Physiologie des passions : amour, joie, tristesse, admiration, etc. — Les signes des passions. — Remèdes contre les passions. — L'expérience de la vie civile.) 148

mai 1646 (II)   (De la résolution) 153

nov. 1646   (De la joie : condition de la santé et du succès. — Des guérisons miraculeuses).............. 157

déc. 1646   (Santé et joie) .... 158, n. 1

10 mai 1647   (Persécutions (Les théologiens de Leyde)) 179

6 juin 1647   (Les théologiens de Leyde) 181, n. 2

juillet 1647   (Puissance de l'esprit sur le corps : guérison par la confiance en la santé).. 184

juin ou juill. 1648   (Entre deux pays : pour finir les orages politiques) 190

oct. 1648   (Sur la vie en France).... 194

TABLE DES LETTRES

Elisabeth (la princesse) *(suite)*	22 févr. 1649	(La force et le droit. Indifférence à la patrie)..	194
	9 oct. 1649	(Descartes et la reine de Suède. La recherche de la vérité)	200
Freinshemins	juin 1649	(Préparatifs de départ)..	198, n. 1
Gibieuf (le P.)	19 janv. 1642	(L'abstraction. — Distinction et union de l'âme et du corps. — L'âme pense toujours.—L'animal)	90
Huygens	1er nov. 1635	(Négligence)	24
	30 oct. 1636	(Travaux d'imprimerie et esprit en friche)	24
	25 févr. 1637	(Sur le mot *Discours*)....	25
	3 mars 1637	(Sur Mme Huygens)	26, n. 1
	29 mars 1637	(Bonheur d'être compris)	26
	20 mai 1637	(Sur la mort de Mme Huygens)	26
	4 déc. 1637	(Longévité)	30
	6 juin 1639	(De la publication du *Monde*)	54
	oct. 1639	(Sur deux prêtres catholiques)	55
	12 mars 1640	(Exemples de crédulité : les stigmates)	63
	juillet 1640	(Difficulté de bien lire les écrits de métaphysique. — Des Jésuites)......	66
	5 oct. 1646	(Pluie de sang. De la recherche des causes) ...	155
	12 mai 1647	(Contre l'Inquisition)....	180
	27 déc. 1647	(Demande de grâce. De la force des passions).....	186
La Bretaillière	28 déc. 1641	(Héritage)	89
Launay (l'abbé de)	22 juill. 1641	(De la distinction de l'âme et du corps. Distinction et abstraction)	88
Mersenne (le P.)	8 oct. 1629	(Contention d'esprit : les fameux *Météores*)	5
	20 nov. 1629	(Sur le mot « secret »).....	4, n. 1
	18 déc. 1629	(Expériences « universelles ». La couronne de	

DESCARTES

MERSENNE (le P.)
(suite)

	la chandelle. Résistance de l'air)	6
janv. 1630	(Vertus chrétiennes)	6
4 mars 1630	(De l'agréable et du doux)	7
18 mars 1630	(Réflexes conditionnés) ..	7
15 avril 1630	(Règles de vie et rédaction du *Discours de la Méthode*. — Lassitude à l'égard des mathématiques. — Dieu et les vérités éternelles)	8
27 mai 1630	(Dieu auteur de toute vérité)	12
4 nov. 1630	(Voyager)	17
10 mai 1632	(Astronomie, clef des sciences physiques)	20
fin nov. 1633	(Condamnation de Galilée)	21
février 1634	(Les Jésuites et le système de Copernic)	23, n. 1
avril 1634	(« Bene vixit, bene qui latuit »)	22
mars 1636	(D'un premier titre du *Discours*)	25, n. 1
27 févr. 1637	(Sur le mot *Discours*. Pratique de la Méthode)...	25
12 juin 1637	(Indifférence aux erreurs des autres)...........	29
fin déc. 1637	(Estime de soi : *La Géométrie*)................	30
janvier 1638	(Réclame des objections valables. — « État naturel » de l'eau)	31
25 janv. 1638	(Méconnaissance par précipitation)	32
1ᵉʳ mars 1638	(Malveillance. — Savoir faire les expériences)...	34
31 mars 1638	(Observation : l'œil de bœuf. — A un contradicteur impérieux)	35
17 mai 1638	(Démonstration : de la certitude propre à la physique. — L'air de Paris)	41
27 juill. 1638	(Contre la « géométrie abstraite »)	44
23 août 1638	(L'herbe sensitive)	44

TABLE DES LETTRES

MERSENNE (le P.) *(suite)*	11 oct. 1638	(Galilée et la physique mathématique. — Défi à des contradicteurs. — Problème du cylindre égal à un anneau)	47
	9 janv. 1639	(« Aimer la vie sans craindre la mort ». — Sur le vide. — Expériences. — Impatience).	50
	9 févr. 1639	(Amitié sans foi (De la circulation du sang))	52
	20 févr. 1639	(Compétence en anatomie)	52
	30 avril 1639	(Sur Pierre Petit)	48, n. 1
	16 oct. 1639	(Vérité, lumière naturelle. — Contre les facultés de de l'âme. — Instinct et intuition)	57
	13 nov. 1639	(Descartes aux prêches et chez les bouchers. — Mathématiques et métaphysique. — Italie)	57
	29 janv. 1640	(Astrologie)	61
	11 mars 1640	(Expérience et raisonnement)	63
	1er avril 1640	(La glande pinéale. Mémoire corporelle et mémoire intellectuelle. — Angleterre)	64
	6 août 1640	(De la mémoire : souvenirs de jeunesse)	68
	30 sept. 1640	(Notions claires et distinctes. L'atome)	68
	28 oct. 1640	(Questions de physique. — Pas d'inclination dans les corps. — Mécanisme et athéisme)	69
	11 nov. 1640 (I)	(Querelles (Voëtius). — Projet d'un cours de philosophie : métaphysique, fondement de la physique. — Le secret des lettres — Du titre des *Méditations*)	71
	11 nov. 1640 (II)	(Les *Méditations* en Sorbonne : « la cause de Dieu »)	73

MERSENNE (le P.) *(suite)*	18 nov. 1640	(Sur les objections du P. Bourdin)	78, n. 1
	3 déc. 1640	(Du pouvoir sur les pensées. — Sur la mort de son père)	75
	24 déc. 1640	(De l'âme, et de « l'ordre des raisons » dans les *Méditations*. — *L'Abrégé*, concession aux lecteurs)	75
	déc. 1640	(Prudence armée : à l'égard des Jésuites et de l'Église. — Le libre arbitre : notion première)	77
	31 déc. 1640	(De l'inconnaissable en Dieu)................	78
	21 janv. 1641	(Assurance à l'égard des objections. — Pensée et mouvement)	80
	28 janv. 1641	(N'être pas compris : bienvenue aux objections. — De l'usage des titres. — Prudence à l'égard d'Aristote)	81
	4 mars 1641	(Les *Objections* d'Arnauld)	83, n. 4
	31 mars 1641	(Le Saint-Sacrement et la philosophie cartésienne)	83
	21 avril 1641	(La liberté d'indifférence. — Le *Cogito* contesté. — Projet de publier les *Objections*)	84
	23 juin 1641	(Sur les *Objections* de Gassendi)	85
	juillet 1641	(Imagination et entendement : des idées de Dieu et de l'âme)	86
	mars 1642	(La vérité indivisible)....	93
	4 janv. 1643	(Science et guerre)......	93
	20 avril 1646	(Le métier de faire des livres)	154, n. 1
	12 oct. 1646	(Dégoût de la polémique et des livres).........	156
	2 nov. 1646	(Expériences d'embryologie)	162
	13 déc. 1647	(Sur l'expérience de Pascal)	199, n. 1

TABLE DES LETTRES

Mersenne (le P.) *(suite)*	4 avril 1648	(Sur *La Géométrie* : se défendre contre les monstres)	188
Mesland (le P.)	2 mai 1644	(De la deuxième preuve de l'existence de Dieu. — L'âme et ses idées. — De la liberté. — Tout pécheur l'est par ignorance. — Dieu et la vérité)	104
	9 févr. 1645 (I)	(Les corps et le corps (organisme). La transsubstantiation impliquée par l'union de l'âme et du corps)	110
	9 févr. 1645 (II)	(Liberté d'indifférence et libre arbitre)	113
Meyssonnier	29 janv. 1640	(La glande pinéale. Mémoire et habitude)	61
Morin	sept. ou oct. 1634	(La récompense des chercheurs)	23
	13 juill. 1638	(Prouver, expliquer, démontrer)	43
	12 sept. 1638	(Définitions scolastiques. — Physique mécaniste)	45
Morus	21 févr. 1649	(L'âme des bêtes)	165, n. 1
Newcastle (marquis de)	oct. 1645	(Médecine)	140
	23 nov. 1646	(De l'homme machine. — Langage et dressage. — De l'instinct des bêtes)	162
Picot (l'abbé)	2 févr. 1643	(Voisins de campagne)	94
Pollot	mi-janv. 1641	(Sur la mort des proches. De la tristesse. De l'émotion)	79
	6 oct. 1642	(Premier jugement sur la princesse Elisabeth)	95
	30 nov. 1643	(De la gratitude)	103
Regius	24 mai 1640	(Science et véracité divine)	66
	mai 1641	(L'âme, mot « équivoque »)	84
	nov. 1641	(Entité : « Mouvement animal »)	89
	déc. 1641	(Les maladies ne sont pas des substances)	89, n. 1

Regius *(suite)*	juillet 1645	(Véracité de l'écrivain) ...	120
Reneri	avr. ou mai 1638	(Pour Pollot) Morale : deuxième maxime. — Troisième maxime. — Le *Cogito*. — L'animal-machine)	36
Silhon	mars ou avr. 1648	(De la reconnaissance. — De la connaissance intuitive)	188
Vatier (le P.)	22 févr. 1638	(Usage déductif des hypothèses. — Vérité indivisible)	32
Père Jésuite	1643	(Hobbes, faible soutien de la monarchie)	103
X...	sept. 1629	(Les magies mathématiques)	4
X...	fin mai 1637	(Sur la première preuve de l'existence de Dieu)...	28
X...	27 mai 1647	(Indignation : les chats-huants)	181

LETTRES ADRESSÉES A DESCARTES PAR :

Arnauld	3 juin 1648	(De la mémoire).........	191, n. 1
	juill. 1648	(Si l'âme pense toujours)..	192, n. 1
Chanut	1er déc. 1646	(De la part de la reine Christine, demande à Descartes son opinion sur l'amour)	174, n. 1
Élisabeth	16 mai 1643	(Comment l'âme peut-elle mouvoir le corps ?) ...	95
	20 juin 1643	(Plus facile d'accorder à l'âme la matière et l'extension, que le pouvoir d'agir sur le corps)	99, n. 1
	1er juill. 1643	(Se défendre du scepticisme)	102, n. 1
	24 mai 1645	(Les eaux de Spa)	119, n. 1
	août 1645	(Morale)	128, n. 1
	30 sept. 1645	(Réponses et questions) .	131
	28 oct. 1645	(Du libre arbitre)	141, n. 1
		(Du purgatoire)	142, n. 1

TABLE DES LETTRES

Elisabeth *(suite)*	30 nov. 1645	(Du libre arbitre)	144, n. 1
		(Notre part de biens et de maux)	145, n. 1
	25 avril 1646	(Remèdes aux passions)..	151, n. 1
		(De la vie civile)	152, n. 1
	10 oct. 1646	(Des guérisons miraculeuses)	159, n. 2
	mai 1647	(Sur les théologiens de Leyde)	180, n. 1
Huygens	2 juin 1637	(Compliments)	28, n. 1
Morin	22 févr. 1638	(Rapports des causes aux effets)	43, n. 1

AUTRES LETTRES :

De Chanut à De Brienne	12 févr. 1650	(La mort de Descartes)..	202
De Chanut à Périer	28 mars 1650	(Éloge de Descartes).....	202

TABLE DES MATIÈRES

	Pages
Avertissement	v
Chronologie de la Vie de Descartes	ix

Lettres de Descartes :

1re Partie.	—	Jeunesse (1619-1632)	1
2^e	—	— Au temps du *Discours de la Méthode* (1633-1639)	21
3^e	—	— Au temps des *Méditations* (1640-1642)	61
4^e	—	— Au temps des *Principes* et des *Passions de l'âme* (1643-1647)	95
5^e	—	— Dernières années (1647-1650)	179

Index biographique des Correspondants	203
Index analytique	211
Table des Lettres par Correspondants	223

1964. — Imprimerie des Presses Universitaires de France. — Vendôme (France)
ÉDIT. N° 27 318   IMPRIMÉ EN FRANCE   IMP. N° 17 734